Alexander von Pronay

Die große Partnerschafts-Analyse

Die Beziehungen zwischen den Menschen im Horoskopvergleich

ROHM

Rohm Verlag 7120 Bietigheim

2. Auflage

ISBN 3 87683 123 7

Inhalt

Voraussetzungen der astrologischen Partnerschaftsanalyse . . . 6
Zur Technik der Partnerschaftsanalyse 14
Bewertung und Deutung der Partnerschaftsanalyse 18
Die Sonne im Horoskopvergleich 27
Der Mond im Horoskopvergleich 67
Merkur im Horoskopvergleich 107
Venus im Horoskopvergleich 145
Mars im Horoskopvergleich 181
Jupiter im Horoskopvergleich 211
Saturn im Horoskopvergleich 235
Uranus im Horoskopvergleich 261
Neptun im Horoskopvergleich 279
Pluto im Horoskopvergleich 295
Der Aszendent im Horoskopvergleich 307
Das MC im Horoskopvergleich 317
Das Wichtigste auf einen Blick – worauf es ankommt 323
Astrologische Aphorismen über die Ehe 326
Die Liebenden – George Sand und Frédéric Chopin 330
Die Liebe des Diktators – Adolf Hitler und Eva Braun 332
Thron und Liebe – Maria Theresia und Franz I. 336
Zwei Politiker im Gespann? 337
Anhang 341
Die Planeten 342
Die zwölf Sektoren 343
Die zwölf Tierkreiszeichen 344

Voraussetzungen der astrologischen Partnerschaftsanalyse

Wenn wir einmal einen Tag aus unserem Leben vor unserem geistigen Auge vorüberziehen lassen, stellen wir fest, daß er sehr wesentlich durch die Art und Weise bestimmt ist, wie wir mit unseren Mitmenschen auskommen. Es beginnt und endet der Tag in der Regel mit den Beziehungen in der Familie, sei es zwischen den Ehegatten, zwischen Eltern und Kindern oder auch bei einem privaten Zusammentreffen mit Freunden. Außer Haus müssen wir uns in der Schule, im Geschäft, Büro oder an jedem anderen Arbeitsplatz auf fremde Menschen einstellen, wovon zum Teil nicht nur unser Wohlbefinden, sondern auch unsere materielle Existenz abhängt. Als Kinder lernen wir spielerisch den Umgang mit unseren Nächsten, wir hören Ratschläge und Hinweise der Erwachsenen, bzw. sammeln im Laufe unseres Lebens eigene Erfahrungen. Wie wir sie auswerten, hängt davon ab, wie wir dazu befähigt sind. Jeder Mensch bringt dazu eine andere Veranlagung mit. Es gibt Situationen, in denen wir uns bemühen, unseren Partner besonders gründlich zu verstehen. Das junge Mädchen möchte wissen, ob es mit einem bestimmten Partner glücklich werden kann, Verheirateten stellt sich die Frage zum Beispiel in einer Ehekrise, sei es, daß im Laufe der Zeit Fehler in der Partnerwahl deutlich werden, wodurch das Zusammenleben problematisch oder unerträglich wird, sei es, daß dritte Personen die Zweisamkeit stören. Künftige Schwiegereltern möchten sich über die Eheaussichten ihrer Kinder orientieren, ein Betriebsleiter Mitarbeiter einstellen, ein Schüler hat Probleme mit seinem Lehrer. Diese Beispiele ließen sich beliebig vermehren, ja, es scheint auch nicht abwegig zu sein, wenn ein Patient wissen möchte, wer der Arzt ist, dem er bei einer Operation sein Leben anvertraut.

Durch psychologische Testverfahren, aber auch durch graphologische Gutachten läßt sich ergründen, wer unser Partner ist. Schlußfolgerungen können helfen, die besonderen Fragen zu beantworten. Das alles und mehr vermag aber auch die Astrologie. Sie ist in erster Linie eine *Methode der Psychodiagnostik*, in zweiter Hinsicht aber auch eine *Methode der Schicksalspsychologie*. Das heißt, daß ein exakt berechnetes Horoskop, das auf der Geburtsminute und den geographischen Koordinaten des Geburtsortes aufbaut, Mutmaßungen erlaubt, denen ein hoher Grad an Wahrscheinlichkeit zukommt, zu welchem Zeitpunkt bestimmte Strukturelemente eines Geborenen für die Schicksalsführung wichtig werden bzw. hervortreten. Das heißt nichts anderes, als daß die seit der Geburt eines Menschen in ihm vorhandenen Anlagen hinsichtlich ihrer Ent-Faltung und Ent-Wicklung erfaßt werden können.

Die Auswertung einer astrologischen Partnerschaftsanalyse setzt demnach voraus, daß der Bearbeiter in der Lage ist, ein Geburtshoroskop – für sich genommen – zu deuten und eine Prognose dazu, wie sie sich aus Direktionen und Transiten ergibt, zusammenzustellen. Es genügt dabei nicht, Deutungsregeln aneinanderzufügen, wie das auch bei Computer-Horoskopen geschieht, sondern der Astrologe muß in der Lage sein, die Schwerpunkte einer Nativität herauszufinden. Welche Methoden er dabei für sich anwendet, erscheint zweitrangig. Ich habe immer wieder festgestellt, daß die *klassische* Astrologie mit ihrem Häusersystem sich am besten bewährt.

Die Deutung eines Partnervergleichs ist eine Sache, die Niederschrift des Ergebnisses und damit die Mitteilung an einen bestimmten Auftraggeber eine andere. Es ist zwar kaum zu vermeiden, jedoch nicht wünschenswert, daß der Bearbeiter einer Partnerschaftsanalyse bei der Auswertung der Horoskopfakten eigene Lebenserfahrung einfließen läßt. Er hat objektiv zu bleiben und sollte keine Ratschläge erteilen, wie *er* handeln würde. Nun gibt es eine ganze Reihe von Umständen, die für Begründung oder Fortführung einer Partnerbeziehung sehr wichtig sein können, die aber nicht im Horoskop stehen. Deswegen darf der Bearbeiter einer Partnerschaftsanalyse auch nicht davon ausgehen, daß allein *seine* Beurteilung der Weisheit letzter Schluß wäre. Nicht im Horoskop stehen zum Beispiel die sozialen Bedingungen einer Existenz, die wirtschaftliche Situation eines Menschen oder einer Familie, wovon in der Regel auch Schulbildung oder Berufswahl der Kinder abhängig ist. Auch die Konfession kann zum Beispiel bei der Begründung einer Ehe eine Rolle spielen. Auf entsprechende Angaben darf der Bearbeiter einer Partnerschaftsanalyse (künftig PA abgekürzt) nicht verzichten. Ebenso müssen ihm der

Bildungsgrad, ferner Angaben zur beruflichen Tätigkeit bekannt sein. Schließlich ist auch der Familienstand nicht aus dem Horoskop zu ersehen, ebensowenig die Anzahl der Kinder.

Sehr häufig wird der Astrologe in Ehesachen zu Rate gezogen, wenn ein Dreiecksverhältnis vorliegt. Wohl kann er urteilen, ob die Beziehungen eines Probanden zum Partner A oder zum Partner B stärker sind und worin dies zum Ausdruck kommt. Wenn aber A oder B selbst nicht frei sind für eine neue Partnerverbindung, müssen möglicherweise weitere Analysen angefertigt werden. Es kommt sehr häufig vor, daß eine Partnerschaft eben nicht allein nur eine Beziehung zwischen zwei Personen ist, sondern daß andere dabei noch eine Rolle spielen, deren Gewicht man nicht unterschätzen sollte. Deswegen muß der Auftraggeber einer Partnerschaftsanalyse auch klarstellen, was er wissen will. Die Fragen sollten so präzise wie möglich formuliert werden, damit darauf so erschöpfend geantwortet werden kann, wie es aus astrologischer Sicht möglich ist.

Kein Astrologe kann einem Ratsuchenden eine Entscheidung abnehmen. Er sollte sich auch dringend davor hüten, »Schicksal« spielen zu wollen. Schärfstens ist zu verurteilen, wenn das Horoskop als unabwendbares Fatum hingestellt wird. Es ist geradezu kriminell, wenn man hört, daß ein »Astrologe« zum Beispiel einer in einer Ehekrise lebenden Frau sagt: »Lassen Sie sich nicht scheiden, denn Ihr Mann stirbt sowieso in sechs Monaten.« Auch die Feststellung: »Sie werden von Ihrer Ehefrau geschieden« ist genauso unzulässig wie die Formulierung: »Diesen Mann werden Sie bestimmt heiraten«.

Es ist jedermanns Privatsache, was er für moralisch hält. Dem Bearbeiter einer PA kommt es daher nicht zu, aus seiner Sicht über ein bestimmtes Verhältnis von zwei Menschen als erlaubt oder nicht erlaubt zu urteilen. Er hat nur die Fakten zu sehen und muß diese *in der geeigneten Form* dem Ratsuchenden mitteilen. Da dieser in der Regel ein Laie ist, braucht die PA nur so viel an astrologischen Begründungen zu enthalten, aus denen hervorgeht, worauf sich die Feststellung des Bearbeiters gründet. Insoweit muß eine PA auch nachprüfbar sein. Was die rechtliche Seite der Erstellung einer astrologischen PA angeht, gilt das gleiche, wie für jedes astrologische Gutachten. Ich empfehle die Lektüre der Seiten 205–11 in meinem Buch »Die Sterne

haben doch recht«, Econ Verlag 1976, als Taschenbuch Nr. 4576 erschienen im Heyne-Verlag München.
Die Vorbesinnung, was eine PA eigentlich einem Auftraggeber erbringen soll, kann helfen, die Aufgabe im richtigen Blickwinkel zu sehen. Für einen Bräutigam mit Sonne, Merkur und Venus im Stier, in harmonischer Distanz zu Jupiter und Saturn dürfte die materielle Sicherung der Ehe im Vordergrund stehen, wenn diese Konstellation das 2. Haus besetzt. Ist aber das Zeichen Stier im 5. Sektor, läßt die gleiche Gestirnverteilung im Tierkreis auch starke triebhafte Wünsche erwarten. Fällt sie in den 12. Sektor, wird die Gattin eine besonders optimistische Natur sein müssen, um ihm aus gewissen Nöten und Verklemmungen herauszuhelfen. Dies nur als kurze Denkanstöße, um einer oberflächlichen Behandlung vorzubeugen. In dem Heyne-Taschenbuch **»Glücklich durch richtige Partnerwahl – Die 12 antiken Tierkreiszeichen neu gesehen«** habe ich versucht, grundsätzliche Überlegungen im Hinblick auf Liebe und Ehe aus astrologischer Sicht darzustellen, soweit ein Laie es versteht. Dies machte eine Reduzierung etwa im Sinne der Frage »Wer paßt zu wem?« nötig, soweit sie sich allein aus dem Sonnenzeichen beantworten läßt. Somit beschäftigen sich Kapitel obigen Buches mit dem Problem der astrologischen Typologie. Ich habe darin ganz bewußt versucht, diese »vom Himmel abzuhängen«, um Kritikern der Astrologie jede Ansatzmöglichkeit zu nehmen. Das astrologische System der zwölf Typen, wie es durch die Tierkreiszeichen ausgewiesen wird, ist damit vergleichbar mit anderen psychologischen Typologien. Um dies sicherzustellen, habe ich auch die üblichen Bezeichnungen für die zwölf Typen durch entsprechende Ausdrücke ersetzt. So wählte ich für den Widder »Initiator«, nannte den Stier »den Besitzenden«, den Zwillings-Typ »Vermittler«, den Krebs »den Empfindsamen« usw. Dennoch wird selbst der unbefangene Leser sofort einen Bezug zum astrologischen Typensystem herstellen können. Auch das ist beabsichtigt. Für das bessere Verständnis des vorliegenden Werkes über die astrologische PA wird die Lektüre des genannten Heyne-Taschenbuches vorausgesetzt. *Aus diesem Grunde wird nachstehend nicht mehr besonders ausführlich auf die zwölf Tierkreiszeichen als solche eingegangen.*
Das Heyne-Taschenbuch Nr. 4674 ist somit als Teil 1 eines Gesamt-

werkes zu verstehen. Der geringe Anschaffungspreis sollte jedem Leser die Lektüre möglich machen.

Zwar weiß jeder Astrologe, daß allein auf Grund des Sonnenzeichens über einen Menschen bereits oft weitgehend gültige Aussagen gemacht werden können. Aber ob deswegen ein Zwillings-Geborener mit einer Waage-Dame, um es sehr verallgemeinernd zu sagen, auf die Dauer eine glückliche Verbindung haben kann, muß doch sehr dahingestellt bleiben. Schließlich sind wir Menschen alle »Mischtypen«. Es kommt ja nicht nur auf die Position der Sonne an. Nimmt man den Mond hinzu, ergeben sich bereits 12 x 12 = 144 *Mischtypen.* Berücksichtigt man noch den Aszendenten, also das zur Geburtszeit im Osten aufsteigende Zeichen, ergibt dies 144 x 12 = 1728 Mischtypen. Diese große Anzahl gestattet es, das Typische eines bestimmten Menschen zu beschreiben. Aber es genügt keineswegs. Ein farbigeres Bild der Wesenszüge ergibt sich durch Berücksichtigung der *Mittagskonstellation,* die man immer dann nehmen wird, wenn keine Angaben zur Geburtszeit vorliegen. Immerhin werden so die Positionen der langsam laufenden Planeten recht genau erfaßt, und selbst für Merkur, Venus und Mars sind die Abweichungen unbeträchtlich, zur Not für einen kurzen Partnervergleich oft ausreichend, wenn die Geburtszeit nicht zu ermitteln ist. Die Position des Mondes allerdings, der während eines Tages ein halbes Tierkreiszeichen durchwandert, kann nicht bestimmt werden, wenn man die Geburtsminute nicht kennt. Es kann die Frage auftauchen, ob er an einem bestimmten Tag noch im Widder oder schon im Stier war, weshalb Aspektverhältnisse und die Frage nach den entsprechenden Wesenseigentümlichkeiten offenbleiben müssen. Aber da gerade der Mond neben der Sonne zu den wichtigsten Deutungselementen eines Horoskops gehört, darf der Bearbeiter einer PA dem Auftraggeber nicht verschweigen, daß das Gutachten in wesentlichen Punkten unvollständig bleiben muß.

Jeder Astrologe weiß, daß die Geburtsminute zur Bestimmung der Hauptachsen des Horoskops und der Zwischenfelder dient. Ohne die Geburtszeit kann man weder den Horizont angeben, wodurch sowohl Aszendent wie Deszendent entfallen, noch den Meridian mit MC und IC ermitteln. Doch gerade Aszendent und MC sind die individuellen und gravierenden Punkte im Tierkreis einer Nativität.

Es könnte die Frage auftauchen, warum nicht alle Zeichen, sondern nur die *genauen* Planetenpositionen oder die *exakten* Grade von Aszendent und MC so wichtig sind. Diese Frage beantwortet sich von selbst, wenn man über den *zulässigen Orbis* nachdenkt. Gemeint ist der Wirkungsumkreis eines Gestirns. Ich habe gefunden, daß sich ein Orbis von sieben Grad bei der Bearbeitung eines Radix bewährt. Ist also ein Aspekt, zum Beispiel zwischen Sonne und Mars noch innerhalb von sieben Grad, wird er wirksam sein. Es gilt die Faustregel: Je genauer ein Aspekt, um so wirksamer ist er. Gleiches trifft auf die PA zu, nur sollte hier der Orbis nicht mehr als *drei Grad* betragen.
Warum das so ist, kann man sich an einem Beispiel klarmachen. Herr A hat am 8. August Geburtstag, die Sonne somit annähernd in 15 Grad Löwe, Frau B ist am 8. November geboren, hat die Sonne demnach in 15 Grad Skorpion, Frau C, geboren am 8. Dezember, hat die Geburtssonne in 15 Grad Schütze. Wandert zum Beispiel Saturn über den Sonnenort von Herrn A, hat Frau B zur selben Zeit den Saturn im Quadrat zu ihrem Sonnenort, Frau C erlebt dagegen einen Trigonalaspekt. Berücksichtigen wir einmal nur diese unterschiedliche Lage, zeigt es sich, daß Herr A vermutlich depressiv gestimmt sein wird, also zu einem negativen Erleben neigt, wobei er auch egoistischer sein kann und despotische Neigungen entwickeln dürfte. Frau B wird infolge des Saturn-Quadrates während der Dauer des Transits ebenfalls zu einem unglücklichen Verhalten disponiert sein, auch zu Härten neigen, so daß der Quadratabstand der beiden Sonnen unter diesem Saturntransit besonders unangenehm spürbar wird. Die Partner werden kaum in der Lage sein, füreinander Verständnis aufzubringen. Anders im Fall von Frau C, die zur gleichen Zeit wie Herr A Saturn in harmonischem Aspekt zu ihrer Geburtssonne erlebt. Deswegen kann sie dann fördernd auf Herrn A einwirken, wird ihm helfen, sich in Geduld zu fassen, und kann dazu beitragen, daß sich seine Verkrampfungen lösen, so daß der Übergang des Saturn über seinen Sonnenort sogar sein Gutes haben kann. Das Beispiel zeigt nicht nur, wie wichtig es ist, ob zwei Gestirne in harmonischem Aspekt oder in einem Spannungsverhältnis zueinander stehen, sondern auch, daß es auf die Genauigkeit des Aspekts ankommt, denn nur dann werden bestimmte Aspekte gleichzeitig erlebt werden kön-

nen. Bei langsam laufenden Gestirnen, zum Beispiel beim Übergang des Saturn über den Sonnenort, kann man mit einer längeren Dauer rechnen, mindestens so lange, wie der Planet braucht, um einen Grad des Tierkreises zu durchwandern. (»Das große Transitbuch«, Rohm Verlag 1977, informiert ausführlich über die Möglichkeiten der Vorausschau.) Handelt es sich um einen Aspekt von Mars, der nur ein oder zwei Tage wirksam ist, kann der Fall anders liegen. Hätte Frau B nicht am 8., sondern am 12. November Geburtstag, wäre der Sonnenort in ihrem Horoskop nicht bei 15 Grad Skorpion, sondern bei 19 Grad. Erlebt Herr A durch den Übergang des Mars über seinen Sonnenort in 15 Grad Löwe zwei spannungsreiche aufregende Tage, kann Frau B nicht folgen und wird wenig Verständnis für die Situation von Herrn A aufbringen (sofern nicht andere Fakten des Horoskops im Spiel sind). Ist bei ihm die Unruhe abgeklungen, wird sie Mars im Quadrat zu ihrer Geburtssonne erleben, was etwa drei Tage später der Fall sein kann. Nunmehr aber wird Herr A für Frau Bs Erregung wenig Verständnis haben.

Berücksichtigt man nun alle zehn Planeten des Horoskops und die zwei individuellen Punkte Aszendent und MC, dazu noch den Mondknoten, und setzt diese Positionen in Beziehung zum Geburtshoroskop eines Partners, hat man die Erklärung, warum ein Mensch Glück und Leid mit anderen teilen kann oder warum bestimmte Personen davon unberührt bleiben. Warum also zum Beispiel eine Ehe Leerlauf hat oder warum es mit einem Kollegen im Betrieb dauernd Mißverständnisse gibt. Aus dem Gesagten ergibt sich, daß es für eine PA sehr wichtig ist, ob und wie viele Grade des Tierkreises von den Partnern durch ihre Horoskope *gemeinsam* besetzt werden.

Beim Studium von Horoskopen Blutsverwandter wird man bald feststellen, was schon die alten Astrologen wußten. Kepler schrieb zum Beispiel in einem Brief an seinen Freund Mästlin: »Sieh Dir einmal die Verwandtschaften der Nativitäten an. Hast Du eine Konjunktion von Sonne und Merkur, so hat sie auch Dein Sohn. Hast Du ein Trigon von Saturn zum Mond, so hat er fast ein Sextil ... Wo Dein Saturn steht, steht seine Sonne und sein Merkur. Wo Dein Mond, steht sein Jupiter. Deine und seine Venus stehen in Opposition ... Ferner erinnere ich mich, daß für die meisten der Deinigen etwas im 7. Hause schlecht steht; das ist auch hier der Fall, denn der Mars weilt nahe dem 7. Hause.«

Das große Maß an Übereinstimmung in den Horoskopen Blutsverwandter spricht für zweierlei, einmal für die Vererbung der wichtigsten Horoskopfaktoren. Erbbezüglich sind besonders die Positionen von Sonne, Mond und Aszendent, zum Teil auch des MC. Ferner drückt diese »Synastrie«, d. h. »Zusammenstirnung« auch aus, daß die dadurch bezeugte Übereinstimmung oder Sympathie der Regelfall bei Familien ist. Es ist die Frage zu beantworten, was ererbt und was erworben ist. So hat man den Genotypus (Erbbild) vom Phänotypus (Erscheinungsbild) zu unterscheiden. Ererbt werden niemals fertige Eigenschaften, sondern lediglich Dispositionen, d. h. Neigungen zu ihnen. Vererbt wird die Art und Weise, wie wir auf die unterschiedlichen Umwelteinflüsse reagieren. Deswegen lassen sich aus einem Horoskop auch nur die Anlagen zu bestimmten Reaktionsweisen auf Umwelteinflüsse ermitteln. Eben deswegen bedarf der Deuter einer PA auch der Hinweise über den Lebensgang, denn es ist nicht gleichgültig, ob ein bestimmter Mensch im Schoße der Familie behütet aufgewachsen ist, bzw. ob und in welchem Maße er elterliche Zuwendung erfahren hat, oder ob jemand schon früh in einem Waisenhaus oder in einem Internat aufgezogen wurde. Zwar sind wir immer Ichselbst, aber das Horoskop zeigt, in welchem Maß ein Mensch zum Zuge kommen kann, wie er »in Form« ist, wie also die Welle beschaffen ist, die ihn trägt. Es ist der Hochzeitstag zum Beispiel deshalb wichtig, weil er der Starttermin in ein gemeinsames Leben ist. Aber wenn man die astrologischen Bedingungen zur Zeit des ersten Kennenlernens untersucht, von dem vielfach ein besonderer Impuls ausgeht (»Liebe auf den ersten Blick«), kann man Aufschluß erhalten, in welcher Verfassung ein Mensch damals war, ob er etwa in euphorischer Stimmung die Welt umarmen wollte oder ob er aus einer gewissen Depression heraus Anschluß suchte. So gleicht eine PA in vielfacher Hinsicht einem Mosaikbildchen, zu dem man Stein um Stein zusammentragen muß, bis das Werk vollendet ist. Wir Menschen sind Kinder unserer Zeit oder teilweise Produkte unserer Umwelt. Eine Vater-Sohn-Beziehung muß heute anders gesehen werden als vor fünfzig Jahren. Aber auch das Rollenverständnis der Geschlechter ist ein anderes geworden. (Hierüber lese man ausführlich im Heyne-Taschenbuch »Glücklich durch richtige Partnerwahl« nach.) Eine junge Dame, die weitgehend dem Widder-Typ entspricht, hat es heute einfacher, sich zu emanzipieren als vor Jahrzehnten. Die PA muß dem Rechnung tragen. Gleiches gilt selbstverständlich für einen femininen Mann, horoskopisch etwa durch einen starken Stier-Fische-Anteil ausgewiesen. Man sollte überhaupt im Gebrauch der Bezeichnungen männlich und weiblich zurückhaltend sein, sofern man mehr damit ausdrücken will, als geschlechtsspezifische Bedingtheiten. Auf dieser Linie liegt auch, daß über die Zuwendung zum eigenen Geschlecht heute freier geschrieben und geurteilt werden kann als früher, als diesbezügliche Bemerkungen in Gutachten oft Anlaß zu Mißverständnis oder Empörung waren. Überhaupt darf man heute auch bei Laien mehr psychologisches Verständnis voraussetzen, was freilich nicht dazu verführen sollte, eine Partneranalyse fachchinesisch abzuhandeln.

Zur Technik einer Partnerschaftsanalyse

Voraussetzung ist das Vorliegen von zwei kompletten Horoskopzeichnungen, denn jedes Horoskop ist *zunächst für sich* zu betrachten. Geklärt werden müssen in der Regel Gesundheitszustand, besondere Eignung für Tätigkeiten, sei es beruflicher Art oder hinsichtlich des sozialen Engagements. In diesen Bereich gehört auch die Eheeignung, also die Fähigkeit zum engen und intimen Zusammenleben mit einem Dauerpartner. Nur sehr versierte Astrologen werden auf eine besondere Horoskop-Vergleichszeichnung verzichten. Sie dient zur besseren Veranschaulichung des astrologischen Sachverhalts.
Auf ein Formular, wie das vom Autor entworfene, zeichnet man *innen das Horoskop des Auftraggebers oder desjenigen, um den es in erster Linie geht.* Bei dieser Zeichnung kann man die Aspektverbindungen besser weglassen, damit das Bild übersichtlich bleibt. Am Außenring werden die Gestirne des anderen Partners markiert. Manche Astrologen zeichnen innen das Horoskop der Frau, außen das des

Mannes, wenn es sich um einen Partnervergleich zum Thema Liebe oder Ehe handelt. Besser ist die erste Lösung, denn der Auftraggeber (künftig mit A bezeichnet) will schließlich wissen, *was er von der Person B zu erwarten hat*, wie sie zu ihm steht. Erst in zweiter Linie ist für ihn wichtig, *wie er* auf B wirkt, bzw. wie er zu B steht. Auf dem Außenring muß man auch die Positionen von Aszendent, MC und der Häuserspitzen markieren.

Anfänger sollten zu Übungszwecken sich nicht scheuen, nach der abgeschlossenen Deutung und Ausarbeitung des Horoskopvergleichs gewissermaßen die Probe darauf zu machen. D. h., es wird der gleiche Vorgang nochmals wiederholt, diesmal aber stellt man die Person B in den Mittelpunkt und markiert die Gestirnpositionen sowie Aszendent und MC und Häuserspitzen am Außenring. Nun sieht man die PA unter dem Blickwinkel, wie die äußere Person die innere umfängt, was recht aufschlußreich sein kann.

Nach diesem ersten Schritt, der Anfertigung der Vergleichszeichnung, beginnt die Untersuchung der einzelnen Vergleichskonstellationen. Die müssen zunächst tabellarisch erfaßt werden. Zu diesem Zweck schreibt man auf ein Blatt Papier untereinander die Symbole in der angegebenen Reihenfolge:

☉ **Sonne**
☽ **Mond**
☿ **Merkur**
♀ **Venus**
♂ **Mars**
♃ **Jupiter**
♄ **Saturn**
♅ **Uranus**
♆ **Neptun**
P **Pluto**

Asz Aszendent
MC Medium Coeli
☊ Mondknoten

Darüber vermerkt man den Namen der Person B, also desjenigen, dessen Horoskop-Fakten *auf dem Außenring notiert wurden.* Nun lautet die nächste Aufgabe festzustellen, wie die einzelnen Gestirne und Achsen von B auf A (= Innenkreis) wirken. Konkret, welche Aspekte hat die Sonne von B mit den Planeten von A? Man vergewissert sich, welche Position die Sonne von B hat und geht dann das Horoskop im Innenkreis in der Reihenfolge der Gestirne durch. Hat die Sonne des Außenrings einen Aspekt mit der Sonne von A? Hat die Sonne einen Aspekt mit dem Mond von A? Hat die Sonne von B einen Aspekt mit dem Merkur im inneren Horoskop? Man lasse nur jene Aspekte gelten, die einen maximalen Orbis von drei Grad haben! In Frage kommen nur die Hauptaspekte, also:

☌ Konjunktion
⚹ Sextil
□ Quadrat
△ Trigon
☍ Opposition

Ist zwischen der Sonne von B und einem der Gestirne oder Aszendent bzw. MC von A ein Aspekt festzustellen, notiert man dies in der Zeile der Übersicht. Ist man alle dreizehn Positionen durchgegangen, zeigt die Übersicht, ob und welche Vergleichsaspekte vorliegen.
So wie mit der Sonne von B, verfährt man mit dem Mond von B, mit Merkur von B usw.
Die Anfertigung einer solchen Übersicht wird schon bald zur Rou-

tine. Man gewöhne sich aber strikt an die Einhaltung der Reihenfolge, damit nicht die eine oder andere Position ausgelassen wird.
Das nächste ist die **Bewertung,** die mit Farbstift zu erfolgen hat. Es werden *die günstigen Aspekte grün* unterstrichen, die *disharmonischen Konstellationen rot.* Wer noch nicht genügend Erfahrung in der Bewertung von Vergleichskonstellationen hat, der sei gehalten, sich zunächst im Zweifelsfalle Klarheit zu verschaffen. Es gelten hier wesentlich die Regeln, die auch bei der Bearbeitung eines individuellen Horoskops angewendet werden. Es ist besser, sich ausgiebig mit der einzelnen Konstellation zu befassen, bevor man sich farbig festlegt.
Am wichtigsten sind ohne Zweifel die *Konjunktionen*; je enger sie sind, um so besser. Aber selbst eine Konjunktion, die nicht exakt ist und einen Orbis von drei bis evtl. vier Grad hat, wird stärker zu beurteilen sein, als ein recht genauer Sextilaspekt. Hinsichtlich der Qualität der Vergleichsaspekte verweise ich auf meine ausführlichen Erläuterungen im »Großen Transitbuch« auf Seite 31.

Allgemeine Wirkungsintensität der Aspekte im Radix

Konjunktion (☌) —	Opposition (☍) —	Quadrat (□) —
100 %	75 %	66 %
$^{1}/_{1}$	$^{3}/_{4}$	$^{2}/_{3}$

Trigon (△) —	Sextil (⚹) —
50 %	25 %
$^{1}/_{2}$	$^{1}/_{4}$

Das heißt also, daß man die Konjunktion für etwa viermal so wirksam hält wie einen Sextilaspekt und daß eine Opposition immerhin einenhalb mal so wirksam ist wie ein Trigon.
Man wird bald merken, daß es die Übersicht erleichtert, wenn man auffällige Konstellationen, also in erster Linie die Konjunktionen, *zweimal unterstreicht.* Am Ende wird zusammengezählt. Man vermerkt mit grüner Farbe die Anzahl der grünen, d. h. harmonischen

Vergleichsaspekte und vermerkt daneben mit rotem Stift die Anzahl der ergänzenden oder Spannungsaspekte. Es ist ratsam, wenn man die größere Zahl zuerst schreibt.
Damit sind die Vorarbeiten zur Partnerschaftsanalyse (PA) abgeschlossen.

Bewertung und Deutung der Partnerschaftsanalyse

Wenn zwei Menschen miteinander zu tun haben, d. h. aufeinander bezogen sind, sei es im Glück, sei es im Leid, wird sich das an der Zahl der gemeinsamen Konstellationen spiegeln. In der Regel kommen fünfzehn bis vierzig gemeinsame Aspekte zustande, selten sind es weniger, meistens liegt die Zahl im Mittelfeld. Ein solches Ergebnis besagt an sich noch nicht viel, außer, daß man bereits feststellen kann, ob die Partner rege, mittelmäßig oder nicht Anteil aneinander nehmen. Man hüte sich aber, von der Quantität der Aspekte her bereits eine Aussage zu machen, etwa vergleichbar dem Torverhältnis bei einem Fußball- oder Handballspiel. Überwiegen die positiven Aspekte weitaus, könnte das freilich dazu ermuntern, die harmonischen Aussichten hoch zu veranschlagen. Wie eine schlechte Bohne den ganzen Kaffee verderben kann, hängt aber mehr von der Qualität der Aspekte ab. Erinnert sei in diesem Zusammenhang an *Calderón de la Barca*, der in seinem »Das Leben ist ein Traum« Astolf, den Herzog von Moskau, sagen läßt:

> »Oh, wie selten lügt das Schicksal, wenn es Unglücksfälle kündet,
> sicher ist es in den Leiden, unbeständig nur im Glücke
> und ein Astrolog tut gut,
> immer Übel zu verkünden; sie nur werden Wirklichkeit!«*

Diese poetische Erinnerung sei angebracht, weil es die »bösen« Konstellationen sind, die eine Verbindung zwischen zwei Menschen mei-

* A. von Prónay »Sterne in uns« – Überlegungen zur Astrologie, Rohm Verlag, Bietigheim 1975.

stens zerbrechen lassen, obwohl zu Anfang alles gut läuft. Horoskope spiegeln nur zu gut die Natur ihrer Eigner. Es sind die zunächst unter der Oberfläche verborgenen Klippen, an denen schließlich das Lebensschifflein manchen Paares zu scheitern droht. Deswegen also kann von der Zahl der gemeinsamen Aspekte her noch nicht viel ausgesagt werden. Schließlich ist z. B. eine Konjunktion zwischen Saturn und Venus in der PA nicht nur ungleich stärker als z. B. ein Trigon zwischen Saturn und Mond, das sich in derselben PA finden kann, weil Konjunktionen immer wirksamer sind als Trigone, hier kommt noch dazu, daß negative Aspekte sich ungleich härter zeigen werden. Man sollte es sich aber mit der Bewertung von Konstellationen nach dem Schema »Gut oder Böse« nicht zu leicht machen. Dies sind Ausdrücke, mit denen man wie mit einer gängigen Münzsorte zurechtzukommen meint. Aber die menschliche Natur läßt sich sehr unvollkommen im Schwarz-Weiß-Verfahren wiedergeben. Es sind zu viele Zwischentöne da. Dieses Beispiel mag zeigen, wie wichtig es ist, daß in den beiden Horoskopen ganz für sich untersucht wird, welche Rolle Saturn bzw. Venus spielen, ob ihre Position prononciert ist oder unauffällig. Die richtige Bewertung eines Aspekts in der Übersichtstabelle ist zwangsläufig das Ergebnis einer entsprechenden Denkarbeit, bei der es das Für und Wider abzuwägen gilt.

Wann ist ein Aspekt als »harmonisch« zu bezeichnen?

Das Ergebnis einer PA wird im wesentlichen durch den Charakter der Aspekte bestimmt. Somit lautet die Gretchenfrage, wann ein Aspekt als harmonisch zu bezeichnen ist. Harmonie bedeutet eigentlich »Fügung«. Man bezeichnet damit die Übereinstimmung, den Einklang, auch Eintracht oder Ebenmaß. Somit heißt im Sprachgebrauch harmonieren soviel wie gut zusammenpassen oder übereinstimmen. Der Regelfall wird sein, daß es wünschenswert ist, wenn zwei Partner miteinander harmonieren. Harmonieaspekte wären demnach als günstig zu beurteilen, weil sie auf problemlose Art und Weise fördern, Hilfe anzeigen und somit Gutes im Partner oder durch ihn bewirken.

Disharmonie läßt sich als Mißklang oder Uneinigkeit übersetzen. Wenn zwei Partner disharmonieren, so stimmen sie nicht zusammen und sind uneinig. Davon ist abzuleiten, daß ein disharmonischer Aspekt eine ungünstige Auswirkung haben wird, weil er Probleme schafft, die das Zusammenleben belasten können oder die Zusammenarbeit erschweren.

Die Intensität eines Vergleichsaspektes schwankt zwischen ganz stark bei der Konjunktion und schwach beim Sextil. **Halbquadrat** (∟ 45°) und **Halbsextil** (⚺ 30°) sollten höchstens zur Abrundung eines Urteils herangezogen werden, doch gilt hier ein Orbis von höchstens 1°.

Eine gewisse Besonderheit macht der **Quincunx**-Aspekt (⚻ 150°). Er ist ein Aspekt, der Enttäuschung anzeigt, weil er Hoffnungen weckt, die sich nicht realisieren lassen. Eine Ausnahme könnte sein, wenn sich zwei Gestirne in der PA im Widder und im Skorpion befinden. Handelt es sich dabei um Mars oder Venus, die einen Bezug zur Erotik haben, wird dieser Trend günstig verstärkt sein, da beide genannte Zeichen vom Mars regiert sind. Man darf dann auf Gefühlsintensität schließen und ein starkes, aufeinander bezogenes Sexualverhalten vermuten. Aber die Bewertung eines Quincunx-Aspektes darf *niemals gesondert* erfolgen, sondern sollte »ins Bild passen«. Das gilt auch für den Quincunx-Aspekt zwischen Gestirnen in den beiden Venuszeichen Stier und Waage, denn dann liegt ein Venuseinfluß vor. Venus regiert die beiden Zeichen, was venushafte Interessen fördert, ein friedliches, genußvolles Miteinanderleben, Gastlichkeit.

Ein Quincunx-Aspekt zwischen Gestirnen in den Fischen und im Löwen kann dann als günstig gelten, wenn geistig-schöpferische Bereiche betroffen werden, etwa künstlerische Arbeit, Theaterinteressen.

Das **Halbsextil** zwischen Steinbock und Wassermann macht eine Ausnahme. Zwar ist im Wassermann Uranus vorherrschend, aber mit Recht wurde dieses Zeichen des Tierkreises früher als Region des Saturn bewertet. Darum sind Planetenstellungen in beiden Zeichen unter dem festigenden Einfluß des Saturn zu verstehen.

Das kann für einen gemeinsamen Lebenskampf von Vorteil sein.

Ob man einen Aspekt als harmonisch oder disharmonisch bewerten soll, ist oft nicht leicht zu entscheiden. Das **Trigon** kann allgemein als

harmonisch im Sinne von begünstigend gelten. Dies wird vor allem der Fall sein, wenn die Planeten *in Zeichen des gleichen Elements* stehen. Die vier Elemente Feuer, Erde, Luft und Wasser bezeichnen stets geistig-seelische Grundfunktionen. Weniger »rein« wird ein Trigon zu beurteilen sein, bei dem es aufgrund des Orbis geschieht, daß der Aspektpartner im Zeichen eines anderen Elements steht. In diesem Fall wird sich die positive Bewertung des Aspekts bei der Charakteristik abschwächen. Die gegenseitige Anteilnahme bleibt aber harmonisch, was man verstehen wird, wenn man an das erwähnte Beispiel mit den Transiten denkt. Die Konjunktion eines Transitplaneten mit einem der Aspektpartner, wird vom anderen intensiv miterlebt, was Anteilnahme oder Förderung bringt. Deswegen gilt folgender *Merksatz*: Die Bewertung der Distanz, also des Aspekts, ist in der PA stärker als die Stellung in den Zeichen. Beispiel: Mond A 29° Fische – Trigon Merkur B 1° Löwe ist günstig zu bewerten. Hier ist das Trigon wirksamer als die Stellung in den Zeichen von ungleichem Element.
Ähnlich verhält es sich mit dem **Sextil-Aspekt,** der ebenfalls als harmonisch gelten kann. In der Regel verbindet er Zeichen gleicher Polarität.*
Das **Quadrat** muß als disharmonisch gelten. Es ist ein Spannungsaspekt, der in der Regel negativ zu beurteilen ist. Bestrebungen, die durch die Art des einen Aspektpartners näher bezeichnet sind, werden durch den anderen Aspektpartner gewissermaßen »durchkreuzt«. Beispiel: Venus B – Quadrat – Saturn A heißt, daß die Harmoniegefühle, die der Partner B entwickelt, von A nicht verstanden und daher nicht aufgenommen werden können. A wird z. B. auf Liebeswünsche von B »eisig«, befremdend antworten. In einer PA, die Eheeignung zum Inhalt hat, ist dieser Aspekt kritisch zu beurteilen. Handelt es sich um eine PA für geschäftliche Angelegenheiten zwischen gleichgeschlechtlichen Personen, wird diese Vergleichskonstellation zwar die Sympathie beeinträchtigen, aber nicht so nachteilig einzuschätzen sein. Negativ bleibt diese Winkelverbindung jedoch auch da.

* Vgl. die Ausführungen zu Polarität, Elementen und Dynamik in »Helfen Horoskope hoffen?« von A. von Prónay, Rohm Verlag, Bietigheim 1973.

Schwieriger gestaltet sich die Bewertung der **Opposition.** In der Regel fallen die Gestirnpositionen in gegenüberliegende Zeichen. Sie harmonieren in gewisser Weise miteinander, da es sich um Zeichen gleicher Dynamik handelt. Das drückt aus, mit welcher Intensität oder Kraft ein Geborener die dem Tierkreiszeichen innewohnenden Tendenzen verwirklichen kann. So ist das tätige Prinzip, das die Selbstbehauptung durch einen starken Willen unterstreicht, in den »kardinalen« Zeichen Widder, Krebs, Waage und Steinbock vorhanden. Das Prinzip der Zweckmäßigkeit verbindet die »fixen« oder festen Zeichen, Stier, Löwe, Skorpion und Wassermann; zur dritten Gruppe der »beweglichen« Zeichen zählen Zwillinge, Jungfrau, Schütze und Fische, denen eine labile, schwankende Haltung gegenüber der Umwelt eigen ist.
Ferner sind die einander gegenüberliegenden Zeichen auch von gleicher Polarität, also entweder positiv oder negativ, »männlich« oder »weiblich«, extra- oder introvertiert. Demnach ist eine Oppositionsstellung auch nicht so nachteilig zu beurteilen wie das Quadrat. Es muß sehr genau abgewogen werden, was nach der Natur der Planeten geschieht, ob die Opposition disharmonisch ist oder ob sie mehr eine Ergänzung ausdrückt. Ein Spannungsaspekt wird die Opposition in der Regel bleiben, vor allem, wenn es sich um Gestirne handelt, die traditionell als »böse« angesehen werden, z. B. Mars und Saturn. Die Intensität der Opposition ist stark, kommt der Konjunktion am nächsten. Die Qualität kann günstig sein, wenn sie eine Ergänzung ausdrückt, die Förderung bedeutet.
Als kleiner Denkanstoß sei auf die Überlegung hingewiesen, daß die Veränderungen, die ein bestimmter Zeichentyp im Laufe seines Lebens erfährt, dem des Gegenzeichens entsprechen. Das heißt, daß ein »reiner« Widder im Laufe seines Lebens sich in einer Richtung entwickelt, die dem Gegenzeichen, also dem Waage-Typ angenähert ist. Der spontane Widder wird im Laufe des Lebens ruhiger und versteht besser die Balance zu halten. Der konservative, »irdische« Stier bekommt Skorpion-Züge, wird leidenschaftlicher, marsischer usw. ...
Bei der Bewertung von Vergleichsaspekten in der PA muß der Bearbeiter also immer beachten, um welche Art von Gutachten es sich handelt. Der stärkste Vergleichsaspekt in der PA ist zugleich der am

schwierigsten zu beurteilende, die **Konjunktion.** Man kann es sich nicht so einfach machen und von einer »Mischung« sprechen, was nur bedingt zutrifft, da ja die einzelnen Planeten ganz bestimmte Symbolbedeutungen haben. Mond bleibt immer Gefühl, Mars immer Wille, Jupiter immer Expansion usw., um es vereinfacht zu sagen. Eine Vermischung oder besser gesagt Verschmelzung findet höchstens in der Weise statt, daß, um bei dem Beispiel zu bleiben, die Gefühlsintensionen des einen Partners mit den Willensäußerungen des anderen in eine bestimmte Beziehung treten. In einem Geburtshoroskop ist die Beurteilung einer Konjunktion relativ einfach. Sie gilt als harmonisch zwischen den früher als *»Wohltäter«* (Jupiter, Venus) bezeichneten Planeten, bzw. zwischen diesen und Sonne, Mond, Merkur und Neptun, die eine Zwischenstellung einnahmen. Die Konjunktion zwischen *»Übeltätern«* (Mars, Saturn, Uranus, Pluto) wurde kritisch eingeschätzt, ebenfalls disharmonisch zwischen »Übeltätern« und den neutralen Gestirnen. Im Geburtshoroskop kommt es darauf an, ob eine Konjunktion ein lebensfördernder Winkel ist oder ob die Mischung als lebensfeindlich angesehen werden muß. An den Ausdrücken sollte man sich nicht stoßen, sie stammen aus der astrologischen Tradition und hatten bzw. haben auch noch eine gewisse Existenzberechtigung, weil sie den Sinn recht gut treffen. Wortwörtlich darf man diese Ausdrücke freilich nicht verstehen. In der PA drückt die Konjunktion von allen Aspekten am genauesten aus, *wie bestimmte Grundprinzipien der in uns wohnenden Kräfte des Lebens auf den Partner wirken.* Im Falle einer Konjunktion zwischen Merkur und Mars ist also zu fragen, wie Intelligenz und Zwecksinn, Sachdenken, Vermittlungsstreben und Nerventätigkeit des Merkur-Partners vom Mars-Partner, im umgekehrten Falle, wie das Mars-Prinzip auf den Merkur-Eigner einwirkt, ihn fördert oder hemmt. Die Entscheidung darüber kann nicht einfach sein. (Man lese darüber unter Nr. 70 nach.) Im allgemeinen wird man davon ausgehen, daß diese Konjunktion ein Spannungsaspekt ist.

Man sollte im Auge behalten, daß eine PA eine Art Querschnitt durch die Gesamtstruktur bedeutet, wobei zunächst der Faktor Zeit ausgeklammert ist. Nun ändert sich der Mensch im Laufe des Lebens, wenn auch im Rahmen der vorgegebenen Anlagen. Im Hinblick auf die Partnerschaft sagt der Volksmund, daß sich »zwei Menschen zusammenraufen« oder daß langjährige Partner »einen Zentner Salz miteinander gegessen haben«. Aber es ist wohl nicht zu leugnen, daß sehr häufig ein junges Paar meint, aus der ganz großen Liebe heraus zu heiraten und im Laufe der Jahre zeigen die Abnützungserscheinungen äußere Umstände wie innere Bedingtheiten, daß man eben doch nicht so sehr miteinander harmoniert. Das ist dann meistens auch der Zeitpunkt, einen Astrologen um eine Partnerschaftsanalyse zu bitten. Es spielt eben der Faktor Zeit eine beträchtliche Rolle. Im Falle der Beurteilung einer Konstellation kann es sehr wohl sein, daß in einem bestimmten Lebensabschnitt ein Aspekt nicht auffällig ist, mindestens nicht als störend bemerkt wird, was sehr häufig auf die Saturnverbindungen in der PA zutrifft. Andererseits schwächen sich manche Spannungsaspekte ab, so daß sie nicht mehr als wesentlich negativ zu beurteilen sind. Gerade bei Oppositionen kann man die Beobachtung machen, daß zunehmende menschliche Reife, die auf Erfahrungen gründet, Einsichten ermöglicht, die eine spannungsträchtige Opposition zu einer fördernden Ergänzungskonstellation umfunktionieren.

Die Direktionen können hier eine Deutungshilfe sein. Ist z. B. in der PA eine Konjunktion von Mars und Mond auf 5° genau, wird man sie bei der Auswertung nur schwach berücksichtigen, da der Orbis zu weit ist, d. h. über 3° hinausgeht. Aber es kann sein, daß nach fünf Jahren, wenn man die Gestirne nach der Formel 1° = 1 Jahr weiterdirigiert, dieser Aspekt doch in Erscheinung tritt. *Versteht man ein Partnerschaftshoroskop als Direktionshoroskop,* kann es diesbezüglich Aufschlüsse geben, warum und in welcher Weise sich der Charakter einer Partnerverbindung ändert. Man bedenke dabei, daß die weiterdirigierten Planeten ja Gestirnorte des Partners bzw. deren Aspektpunkte passieren und in andere Sektoren des Horoskops gelangen. Es lohnt sich, daraufhin einmal Partnerhoroskope von Menschen zu vergleichen, deren Lebenslauf und deren intime Beziehungen bekannt sind.

Die Deutungsregeln in diesem Buch machen keinen Unterschied zwischen Trigon und Sextil, bzw. Quadrat und Opposition. Vielmehr werden die Aspekte einander gegenübergestellt, jene, die eine Part-

nerschaft fördern, und diejenigen, die das Gegenteil bewirken. Die positiven Vergleichskonstellationen werden unter dem Begriff »harmonisch« zusammengefaßt. Sofern die Konjunktion, gegebenenfalls auch die Opposition nicht gesondert beschrieben sind, muß der Bearbeiter beachten, daß die Konjunktion etwa viermal so stark zu bewerten ist wie ein Sextil-Aspekt.
Schwierig war es aus den bereits dargelegten Gründen, ein Stichwort zu finden, das sowohl die negative Beurteilung deutlich macht, als auch die Ergänzung bezeichnet. Der Begriff »disharmonisch« erschien dazu nicht geeignet zu sein. Deshalb heißt es in der Regel, die für Quadrate und Oppositionen gilt, *»in Spannung zu«* (z. B. Sonne in Spannung zu Mars). Auf die Konjunktion wird gesondert eingegangen werden.

Hinweise zum Gebrauch der Regeln:

verwendete Abkürzungen:

PA = Partnerschaftsanalyse (Kurzform: Partneranalyse), gleichbedeutend mit PV = Partnervergleich
R = Radixhoroskop, d. h. Grundkonstellation, Geburtshoroskop
P-Hor = Partnerhoroskop
A und B = die beiden Vergleichspartner
Eigner = das Wort wird im Zusammenhang mit einem Planeten gebraucht, z. B. Mars-Eigner, d. h. Mars aus dem Geburtshoroskop eines bestimmten Partners, etwa des Mannes
m = männlich, aus dem Geburtshoroskop des Mannes
w = weiblich, aus dem Geburtshoroskop der Frau

Die Regeln sind nach einem bestimmten Schema geordnet, um eine rasche Übersicht zu gewährleisten.

1. Der Symbolgehalt des Planeten oder einer Achsenspitze wird für sich dargestellt
2. Bedeutung des Planeten in der PA
3. Was besonders zu beachten ist

4. Stellung des Planeten in den Zeichen des Tierkreises
5. Bewertung der Planetenposition im Radix
6. Stellung des Planeten in den Häusern (den 12 Sektoren) des Partnerhoroskops
7. Harmonische Aspekte
8. Spannungsaspekte
9. evtl. Konjunktion
10. evtl. zusätzliche Bemerkungen

Sowohl die harmonischen – wie die Spannungsaspekte werden nach zwei Gesichtspunkten betrachtet: Herzensbindungen und sachliche Beziehungen, dazu Hinweise, z. B.
Beruf: Verhältnis zwischen Chef – Mitarbeiter – abhängige Personen
Geschäft: Verkäufer – Kunde
Studien: Lehrer-Schüler-Verhältnis; Teamarbeit, evtl. auch Arzt – Patient
Rechtliches: Prozeß – Gegnerschaft
Herzensbindungen: Familie: Eltern – Kind
Verhalten der Geschwister
Liebe und Ehe: Mann und Frau

☉

Die Sonne im Horoskopvergleich

1. Die Sonne für sich betrachtet:

Die Sonne bezeichnet im Horoskop in erster Linie das Prinzip der Lebenskraft. Gemäß ihrer Stellung und Aspektverbindung läßt sie das Maß der Vitalität vermuten. Die Sonne ist das »Selbst«, die Individualität, die sich als Charakter und Temperament äußert. Sie symbolisiert damit die Persönlichkeit des Menschen in geistiger, moralischer und physischer Hinsicht. Aus der Stellung der Sonne in den 12 Häusern ist das Lebensgebiet zu ersehen, in dem sich die persönlichen Kräfte am stärksten auswirken werden bzw. der Lebensbereich, der von dem Geborenen als Hauptinteressengebiet ausgefüllt wird.
Das Sonnenzeichen gibt Hinweise, wie die inneren Kräfte ausgedrückt werden, also wie die Dynamik des Willens beschaffen ist.
Wie das weiße Licht alle Farben des Spektrums enthält, sind im Sonnensymbol auch alle anderen Planetensymbole integriert. Dadurch kann die Sonne als Symbol für ein »höheres Ich« aufgefaßt werden, als die Einheit aller geistigen, gefühlsmäßigen und materiellen Dimensionen eines Menschen. Darum erlaubt die Position der Sonne Schlüsse bezüglich der Existenz eines Menschen. Sie vertritt das Ich-Bewußtsein, jene Empfindung, daß man immer ein und derselbe Mensch war und ist. Die Sonne bedeutet das männliche Grundprinzip, ist eben deswegen auch für den Mann bedeutsamer als der Mond. Für einen weiblichen Nativen wird der Mond eine größere Bedeutung haben, da dessen geistige Interessen mehr gefühlsmäßig gefärbt sind.

2. Die Sonne in der PA:

Im Horoskop einer Frau entspricht die Sonne dem Vater oder auch dem Gatten. Stehen die *Sonnenzeichen* von zwei Partnern in harmonischem Aspekt, handelt es sich also um das gleiche Element (Trigon) oder um die gleiche Polarität (Sextil), passen die Naturen der Partner problemlos zueinander. Ist der Abstand zwischen beiden Sonnenzeichen gespannt (Quadrat, Opposition), ist nicht mit Harmonie im Grundsätzlichen zu rechnen, die Partner können sich im Wechsel anziehen oder abstoßen (beim Quadrat) oder eine Reizwirkung aufeinander ausüben, die danach verlangt, den anderen zu erobern. Winkelverbindungen von Planeten mit der Sonne werden vor allem bei dem engen Orbis von 3° *zu den wichtigsten* in der PA gezählt. Sie zeigen, wie die Natur des einen Partners auf den Eigner des anderen Aspektpartners wirkt, wie seine Vitalität bei ihm ankommt, wie das Ich-Bewußtsein auf ihn wirkt, bzw. von dem Partner gefördert oder beeinträchtigt wird.

3. Besonders zu beachten:

Empfängt die Sonne im Radix viele und kräftige Aspekte, ist es wünschenswert, daß eine solchermaßen herausgestellte Sonnenposition auch im Vergleich auffällig wird, d. h. etliche Aspekte empfängt. Im anderen Fall wird der Sonneneigner sich von seinem Partner nicht recht gewürdigt finden.
Wichtig ist im Radix das Verhältnis der Sonne zum *Aszendenten.* »Paßt« die Sonnenstellung nach Zeichen und Aspekt zum Aszendenten, wird der Eigner sich in seiner Umwelt so bewegen, wie es seiner Wesensstruktur gemäß ist. Man beachte: Der Aszendent ist der individuelle Punkt der Nativität. Er läßt erkennen, wie ein Nativer mit seiner Umwelt zurechtkommt, wie und welche Informationen er aus dem Milieu aufnimmt und auf welche Art und Weise er solche abgibt. Der Aszendent hat Bezug auf das Selbstverständnis und antwortet auf die Frage: Wie werden Erfahrungen bzw. Umweltreize verarbeitet? Im Hinblick auf die körperliche Situation, also auf die Vitalität, stehen Aszendent und Sonnenposition im Zusammenhang, denn der Aszendent hat auch Bezug auf das körperliche In-Form-Sein.

4. Die Stellung der Sonne in den Zeichen des Tierkreises:

☉

☉ in ♈

Typ des Initiators, ständig am Start und zu neuem Aufbruch bereit, will erobern, dominieren, ist rasch entschlossen, neigt zu übereilter Partnerbindung, braucht Verständnis für seine Aktivitäten und für sein Verlangen nach Selbständigkeit.

☉ in ♉

Strebt nach materieller Sicherung der Existenz, ist ausdauernd, konservativ und gegen Experimente. Erwartet vom Partner, daß dieser den Realitätssinn schätzt, sich auf die langsame Reaktionsweise einstellt.

☉ in ♊

Vielfältig, anpassend, kontaktbereit und aufgeschlossen. Sucht Verständnis für seinen Reizhunger, wünscht Nachsicht für seinen Mangel an Entscheidungsbereitschaft. Dem Abwechslungsbedürfnis entsprechen Flirts.

☉ in ♋

Ist aufnahmefähig, hilfsbereit und kann sich einfühlen. Braucht Verständnis für seine Phantasie, möchte sich hingeben, dabei aber auf Distanz bleiben.

☉ in ♌

Ist tatkräftig, selbstsicher, will führen und Macht ausüben. Der Partner darf seinen Stolz nicht verletzen und muß Beifall zollen.

☉ in ♍

Sorgfalt, Ordnungsliebe und Gründlichkeit sind Folge inneren Zweifelns. Der Partner soll geradlinig sein und keinen Anlaß zu Mißtrauen geben. Erwartet wird Interesse für das Bedürfnis nach einem gesicherten, gleichmäßigen Leben.

☉ in ♎

Entgegenkommen, Sympathiefähigkeit und Schönheitssinn lassen angenehme Gesellschaft suchen. Allgemeine Harmonie in der Partnerschaft ist Vorbedingung für das Gelingen.

☉ in ♏

Selbsterhaltungstrieb und Geschicklichkeit sind betont, die Gefahr übermäßiger Handlungsweise ist immer gegeben. Vom Partner wird Verständnis für die inneren Widersprüche und Leidenschaften erwartet. Das Sexualleben kann betont sein.

☉ in ♐

Begeisterung, Verinnerlichung und Tatkraft passen zu impulsiver Erregbarkeit. Der Partner muß für die Devise »Leben und leben lassen!« und für eine Neigung zum Stimmungswechsel Verständnis haben.

☉ in ♑

Konzentration, Gründlichkeit und Ausdauer lassen einseitig und konservativ erscheinen. Der Partner muß Verständnis haben, daß die Dinge ihre Zeit brauchen. Pflichterfüllung und Vorsicht stehen obenan.

☉ in ♒

Eine originelle Natur, mit Sinn fürs Moderne, voller geistiger Aktivität, sehr wandlungsfähig und auf Reformen aus. Der Partner muß geistig folgen können und widersprüchliche Reaktionen tolerieren.

☉ in ♓

Empfänglichkeit und Phantasie können von der Realität abziehen. Der Partner muß Sinn für Zwiespältigkeit und das labile Wesen haben, er darf die zarten Empfindungen nicht verletzen.

5. Bewertung der Sonne im Radix:

Je kräftiger und positiver die Radix-Sonne ist, um so günstiger können die Aussagen hinsichtlich der Profilierung einer Persönlichkeit sein.

6. Stellung der Sonne in den Häusern des Partnerhoroskops:

☉ in 1

Großer Einfluß auf das Selbstbewußtsein des Partners, auf dessen Fähigkeit, sich selbst zu verwirklichen. Das Verständnis füreinander ist groß, es erlaubt, gemeinsame Ziele zu verwirklichen und direkt aufeinander zuzugehen. Es ist aber nötig, daß egoistische Interessen zurücktreten, um Zusammenarbeit nicht zu gefährden. Für eine Heirat ist diese Konstellation günstig, denn sie unterstreicht die körperliche Anziehung.

☉ in 2

Anteilnahme an den Bemühungen des Partners, materielle Reserven anzulegen, also eingehen oder mitmachen bei seinen Geschäften, besonders in Geldangelegenheiten. Aber es wird auch möglich, mit dem anderen zusammen das Dasein zu genießen, Kunst zu erleben und

sich mit Luxus zu umgeben. Eine gewisse materialistische Einstellung zum Dasein gehört zu den Grundbedingungen der gemeinschaftlichen Existenz.
Der Sonne-Eigner gewinnt durch Verbindung mit dem Eigner des 2. Hauses Handlungsfreiheit und materiellen Rückhalt für seine Aktivitäten. Im Fall einer Heirat sind ihm die materiellen Interessen wichtig.

☉ in 3

Anteilnahme an Reisen, geistigen Interessen, an der Verwandtschaft und allem, was zum Nahbereich des Partners gehört. Es wird Interesse aufgebracht für Erziehungsfragen, Zweckverbindungen, soweit sie dem Vorwärtskommen dienen. Besonders günstig für eine Zusammenarbeit in wissenschaftlicher, schriftlicher, studienmäßiger Hinsicht. Sehr günstig für Lehrer-Schüler-Beziehung, besonders wenn der Lehrer Eigner der Sonne ist. Ebenfalls vorteilhaft für Beziehungen zwischen Geschwistern und Nachbarn.

☉ in 4

Anteilnahme an häuslichen und familiären Belangen. Der familiäre Hintergrund des Partners ist wichtig, Herkunft, worin er wurzelt, Traditionen, Elternhaus, aber auch frühkindliche Erfahrungen. Bei der Partnerschaft spielt Unbewußtes eine große Rolle. Es liegt ein Gefühl der Geborgenheit vor.
Der Sonne-Eigner übt Einfluß auf den 4. Haus-Eigner in häuslicher Hinsicht aus und begünstigt dessen heimatgebundene Interessen.

☉ in 5

Anteilnahme am Triebverhalten, wie es sich in sexueller Hinsicht oder in romantischen Bestrebungen zeigt. Man darf Interesse an Kindern, Kindererziehung ebenso erwarten wie an gemeinsamen Vergnügungen, künstlerischen Aktivitäten, Freizeitgestaltung oder sozialen Aktivitäten, wozu auch Gesellschaftliches, Spiele, Sport, Theater zählt.

Verheiratete mit dieser Konstellation wünschen sich Kinder. Sonne in 5 begünstigt Beziehungen zwischen Eltern und Kindern, Lehrern und Schülern sowie künstlerisch orientierte Kontakte, aber auch finanzielle Spekulationen, sofern diese an Personen gebunden sind. Aber auch die Möglichkeit zu einer schöpferischen Zusammenarbeit ist gegeben.

☉ in 6

Sinn für die Arbeit des Partners, für seine Pflichten und für die Verantwortung, die er bei einer ungeliebten Arbeit tragen muß. Eine wichtige Sonnenposition für das gemeinsame Schaffen, ebenso aber auch bezeugt sie Interesse an Gesundheit und Wohlergehen des Partners. Es wird ihm dadurch leichter gemacht, eine abhängige Position zu ertragen. Günstig für Chef-Mitarbeiter-Verbindung, Arbeitgeber-Arbeitnehmer-Kontakt, Arzt-Patient-Kombination.

☉ in 7

In erster Linie wichtig für die Ehe. Empfängt die Sonne von Planeten des P-Hor günstige Aspekte, wird die Ehe gelingen, sonst überwiegen Mißverständnisse. Kritische Aspekte können als Hinweis auf Scheidung oder Prozeß gewertet werden. Man beachte, wie die Regenten der beiden 7. Sektoren zueinander stehen, um richtig zu urteilen. Sonne in 7 ist günstig für Heirat, Personalbeziehungen und Freundschaften. Je näher die Sonne an der Hausspitze steht, um so größer ist die Bindung an den Partner. Es besteht dann die Aussicht auf Heirat, weil der 7. Haus-Eigner als körperlich attraktiv empfunden wird.

☉ in 8

Empfängt die Sonne vom Partner gute Aspekte, ist der Einfluß für Geldgeschäfte, Erbschaften und Versicherungsangelegenheiten günstig, im anderen Fall werden Unklarheiten, Intrigen oder mysteriöse Zusammenhänge gegeben sein. Sie betreffen alles, was das 8. Haus ausdrückt, also auch Bewußtseinsübergänge, parapsychologische oder grenzwissenschaftliche Studien. In zweiter Linie kann der 8. Sektor auch Aussagen über den Bereich machen, den der 5. ausdrückt, besonders in sexueller Hinsicht. Die Energie des Sonne-Eigners wird durch den 8. Haus-Eigner unterschwellig angestachelt und gespeist. So sieht sich der Sonne-Eigner zu größeren Anstrengungen in der Selbstverwirklichung ermuntert.

☉ in 9

Je nach der Aspektverbindung der Sonne Förderung oder Zusammenklang in religiösen oder philosophischen Fragen, in allem, was die »höhere Geistigkeit« ausmacht. Günstig für Zusammenarbeit mit Ausländern. Empfängt die Sonne Spannungsaspekte aus dem Partnerhoroskop (P-Hor), sind im angezeigten Bereich Schwierigkeiten zu erwarten. Die Konstellation begünstigt Lehrer-Schüler-Verhältnis, Beziehungen in geistiger, kultureller oder philosophischer Hinsicht, wobei der Sonne-Eigner der dynamisch Tätige ist.

☉ in 10

Der Sonne-Eigner nimmt Einfluß auf Beruf, Arbeit, Geschäftliches. Eine günstige Beziehung für Menschen, die durch ihre Karriere miteinander verbunden sind. Der Sonne-Eigner wird zur treibenden Kraft und ermuntert den 10. Haus-Eigner zu beruflichen Anstrengungen, fördert seinen Ehrgeiz und weckt seine schöpferischen Fähigkeiten. Er kann für den sozialen Aufstieg wichtig werden. Der Sonne-Eigner ebnet den Weg und hilft über Schwierigkeiten hinweg. Die Sonnenstellung begünstigt Arbeitgeber- und Arbeitnehmer-Beziehungen.

☉ in 11

Bedeutsam für Förderung oder Schwierigkeiten in Freundschaften, Gruppenaktivitäten, für das soziale oder humanitäre Engagement, auch für eine wissenschaftliche Betätigung, die nicht wegen des Lebensunterhalts vorgenommen wird. Sonne in 11 begünstigt intellektuelle Interessen, Freundschaften und Kontakte, die geistig ausgerichtet sind. Dieser Sonnenstand schafft die Voraussetzung für einen Kontakt, der eine ungewöhnliche Basis hat.

☉ in 12

Die Bedingung für die Partnerschaft kann karmischer Natur sein. Schicksalhaft kommt man zusammen oder wird getrennt. Die Gedanken beschäftigten sich auf ungewöhnliche Weise mit dem Partner, was bis zu neurotischen Zuständen gehen kann. Nicht das Vordergründige ist kennzeichnend für die Partnerbegegnung, sondern das Unbewußte, Unterschwellige. Empfängt die Sonne Spannungsaspekte aus dem P-Hor, kann der Freund zum Feind werden. Er könnte u. U. zur Auflösung der Persönlichkeitsstruktur beitragen und als Intrigant wirken.
Man muß gemäß der Natur des 12. Sektors prüfen, ob der Sonne-Eigner durch den 12. Haus-Eigner psychisch gebunden oder gestört werden kann. Häufig ist bei einer Partnerverbindung mit diesem Sonne-Haus-Stand ein Geheimnis oder Hintergründiges im Spiel, bzw. ergeben sich Schwierigkeiten, den Kontakt einzugehen oder aufrecht zu erhalten.

Beachte: Anstelle der Position in den Häusern des P-Hor sollte auch der Aspekt zwischen der Sonne und dem jeweiligen Hausherrn berücksichtigt werden. Beispiel: Fällt die Spitze des 4. Sektors in das Zeichen Krebs, kann der Aspekt zwischen Sonne und Mond ähnlich gedeutet werden wie Sonne in 4.

Die Sonne im Vergleichsaspekt:

☉ harmonisch zu ☉
☉ △ Trigon, ⚹ Sextil — ☉ 1

Stehen die Sonnen in verwandten Zeichen, also im *Trigon*, liegt eine ähnliche Grundgestimmtheit im Wesen vor. Man fühlt sich vom Partner verstanden, empfindet Sympathie für ihn, da man sieht, daß er ein ähnliches Temperament hat und somit eine Handlungsweise zeigt, die der eigenen angenähert ist. Er hat auf die gleiche Art Erfolg, macht aber auch die gleichen Fehler, was die menschliche Anteilnahme verstärkt. Beim *Sextil* ist die Übereinstimmung viel weniger gegeben, jedoch ist das Zusammenleben problemlos. Ein günstiger Sonnen-Aspekt festigt die Beziehungen zwischen Eltern und Kindern, andere Herzenskontakte, so in Freundschaften, ferner sind günstige Sonnen-Aspekte zwischen Lehrer und Schüler wünschenswert. Die Vergleichsaspekte der Sonne weisen indessen selten in eine bestimmte Richtung, sie schaffen vielmehr die Voraussetzung für eine gewisse sympathische Grundgestimmtheit, die eine gute Basis sowohl für die genannten Kontakte ist, als auch im Geschäftsleben und natürlich besonders als Grundlage für eine Herzensbindung zwischen Mann und Frau. Da die Sonne auch Beziehung zum Körperlichen hat, werden sich Partner mit harmonischem Sonnenaspekt körperlich anpassen und die Vitalität günstig beeinflussen. Wenn keine gravierenden anderen bösen Aspekte dem entgegenstehen, gibt es auch keine Aufregungen, die als psychosomatische Störungen spürbar werden könnten.

Selbst wenn der Orbis von 3° überschritten wird, ist beim Trigon eine starke Sympathiebeziehung gegeben, die es den Partnern möglich macht, harmonisch miteinander auszukommen und Wege zum Herzen und zum Verstand des Partners zu finden. Man beachte, ob es sich um Feuerzeichen, Erd-, Luft- oder Wasserzeichen handelt. Ein günstiger Vergleichsaspekt der Sonnen kann hoch veranschlagt werden, wird aber nicht verhindern, daß zum Beispiel kritische Mars- oder Saturn-Aspekte Störungen bringen. Man darf den Sonnen-Vergleichsaspekt auch nicht überschätzen, wie das in der Zeitungsastrologie geschieht.

Eigene Erfahrungen:

☉ im Spannungsaspekt zu ☉
☉ □ Quadrat, ☍ Opposition — ☉ 2

Ein Quadrat macht mindestens eine intensive Beziehung zwischen den Sonnen-Eignern (☉ Ich-Symbole) möglich. Deswegen wird eine solche Verbindung auch keinen Leerlauf kennen. Gemäß dem Grundsatz, daß auch eine disharmonische Gestirnverbindung im P-Hor besser ist, als wenn zwei Gestirne unverbunden stehen, zeigen die beiden Partner Gemeinsamkeiten. Aber es treten unterschwellig vorhandene Ich-Konflikte auf, etwa in der Form, daß der eine den anderen in seinem Selbstausdruck behindert, daß eine Tendenz vorhanden ist, den anderen – bewußt oder unbewußt – zu verletzen. Die Folge sind dann Vorbehalte, entweder ein allzu behutsames Vorgehen oder Unaufrichtigkeit. Beim Quadrat ist immer damit zu rechnen, daß Zündstoff vorhanden ist, der im Laufe der Zeit die Verbindung platzen lassen kann. Wenn auch ernsthafte Schwierigkeiten durch eine Quadrat-Verbindung ausgelöst werden können, genügt diese, allerdings für sich genommen, nicht, etwa das Zustandekommen einer Verbindung zu verhindern, bzw. sie unglücklich zu machen. Ergibt sich diese Konstellation in einer Eltern-Kind-Verbindung, wird aber das

Aufbegehren der Jüngeren, etwa zur Zeit der Pubertät, besonders heftig sein.
In einer etwas veränderten Form gelten diese Vergleiche auch für die *Opposition.* Aber man muß auch den Aspekt als Ergänzung auffassen, weshalb er günstig zu beurteilen ist, wenn er eine Verbindung betrifft, bei der weniger Gleichklang als vielmehr Ergänzung gewünscht wird, z. B. kann das auf die Ehe zutreffen. In jedem Fall spricht daraus ein Vorhandensein von Gegensätzen, die überwindbar sind. Bei reifen Menschen ist die Oppositionsstellung sicher weniger hart zu beurteilen als bei jenen, denen es noch an Lebenserfahrung fehlt. Sonnen-Opposition im P-Hor setzt voraus, daß man den anderen respektiert, ihn gewähren läßt und nicht versucht, ihn nach dem eigenen Ebenbild zu formen oder »umzuerziehen«. Der Partner hat Wesenseigentümlichkeiten, die einem selbst abgehen. Darin liegt das Plus. Negativ ist zu bewerten, daß, wenn der Partner der Erfolgreichere im Leben ist, Ressentiments aufkommen oder Neidgefühle erweckt werden, so daß die Gesamtsituation des Horoskops entscheiden lassen muß, ob die Partner einander helfen können, bzw. ob der eine des anderen Verfassung auszubalancieren in der Lage ist. Gemäß der Natur dieses Aspekts ist es von Vorteil, wenn er in das 5. Haus fällt, wenn es sich um eine Eltern-Kind-Beziehung handelt oder aber um eine Romanze zwischen Verliebten.

Eigene Erfahrungen:

☉ in Konjunktion mit ☉
☉ ☌ Konjunktion — ☉ 3

Stehen beide Sonnen in Konjunktion, kann diese Konstellation den Gleichklang und damit ein tiefes Verständnis füreinander verstärken.

Vor allem werden Transite ja fast gleichzeitig erlebt, besonders wenn der Radius sehr eng ist, etwa 1° beträgt. Dann werden Freude und Leid miteinander geteilt, was einen ähnlichen Lebensrhythmus zur Folge hat. Handelt es sich bei den beiden P-Hor aber um Konjunktions-Figurinen, stehen also die meisten Gestirne auf sehr engem Raum zusammen, so werden die Eigner sehr einseitig sein. Für eine Geschäftsbeziehung ist das nicht günstig, da beide dann gewissermaßen auf dem gleichen Auge blind sind. Ungünstig ist die Konjunktion demnach immer dort zu beurteilen, wo es darauf ankommt, daß die beiden Partner über ein differenziertes Wesen verfügen sollen. Auch gilt hier die Tatsache, daß die Transite gleichzeitig und auf ähnliche Art erlebt werden, so ist die Aussage doch überwiegend harmonisch zu formulieren. Es kann die Sonnen-Konjunktion zwischen zwei P-Hor einen sehr stark verbindenden, positiven Charakter haben.

Eigene Erfahrungen:

☉ harmonisch zu ☽
☉ ☌ Konjunktion, △ Trigon, ⚹ Sextil — ☽ 4

Der Konjunktionsaspekt zwischen Sonne und Mond zeigt am klarsten, daß es hier zu einer seelischen Harmonie kommt, zu einer Verschmelzung des Geistes mit der Seele. Besonders günstig wirkt die Konjunktion, wenn der Sonne-Eigner ein Mann, der Mond-Eigner eine Frau ist. Zu beachten bleibt, daß dieser Sonderfall umgekehrt als sehr kräftig anzusprechen ist, wenn es sich um den Mond im Horoskop eines femininen Mannes und um die Sonne einer virilen Frau handelt. Es ist eine ideale Aspektverbindung für Freundschaft, Liebe und Ehe, man findet sie aber auch in den Horoskopen von Verwand-

ten, die vorzüglich miteinander harmonieren. In gewisser Hinsicht ist die Konjunktion eine Ergänzung, jedoch in anderer Form als bei Sonnenaspekten. Bezeichnet die Sonne die Gesamtheit, besonders den Geist, so drückt der Mond mehr das Gefühlsleben aus. Darum liegt auch der Vergleich nahe, die Sonne-Mond-Konjunktion mit der glücklichen Vereinigung der Gegensätze zu vergleichen, wie sie im Chinesischen durch die yang-yin-Polarität gegeben ist.
Bei einem harmonischen Sonne-Mond-Aspekt kann man davon ausgehen, daß der Sonne-Eigner großen Einfluß auf den Mond-Eigner hat. Er wird möglicherweise dessen gemüthafte Reaktionen steuern können. Der Sonne-Eigner ist in dieser Verbindung der führende, »männliche« Teil (gemäß der bisher üblichen Rollenverteilung). Gut, wenn der Sonne-Eigner Arbeitgeber ist, der Lehrer oder der Gatte. Ist durch die Umstände bestimmt der Mond-Eigner dominierend, wird er auf den Partner psychologisch einzuwirken versuchen, vor allem, wenn der Mond durch seine Zeichenstellung, z. B. im Skorpion, die Eignung dafür bringt. Eine harmonische Sonne-Mond-Verbindung ist eine glückliche Voraussetzung zur Kooperation, sei sie sachlich oder emotional begründet.

Eigene Erfahrungen:

☉ im Spannungsaspekt zu ☽
☉ □ Quadrat, ☍ Opposition — ☽ 5

Das Quadrat erschwert das geistige Verstehen des Partners, weil Geist und Gefühl nicht auf derselben Wellenlänge zusammenstimmen. Der Mond-Eigner wird das Gefühl haben, sich nicht entfalten zu können, weil der Sonne-Eigner dies nicht zuläßt. Der Sonne-Eigner dagegen wird seinem Partner insgeheim vorwerfen, nicht mitziehen zu wollen,

hat keinen Zugang zu seinem Herzen, so daß Mißverständnisse aufkommen können. Dissonanzen ergeben sich familiär, in der Ehe, immer dort, wo Gefühle eine Rolle spielen. Die Quadrat-Verbindung zwischen Sonne und Mond ist aber immer noch besser als gar keine, vor allem, wenn andere stützende Vergleichsaspekte hinzutreten.
Die *Opposition* kann auch Spannungscharakter haben, wird aber im wesentlichen günstig zu beurteilen sein, da sie Ergänzungscharakter hat. Das wird vor allem bei einer Verbindung Verschiedengeschlechtlicher zu beachten sein. Man fördert und ergänzt sich in der Weise, daß Gedanken und Gefühle des jeweils anderen Partners einem selbst »heraushelfen«. Die Opposition ist vorzüglich in einer Ehe, wenn der Sonne-Eigner der Gatte, die Mond-Eignerin die Gattin ist. Das Miteinander oder Ineinander wird jedoch mitunter Reibungen bringen, wenn das Niveau der Partner zu unterschiedlich ist. Das Niveau aber ist durch das Horoskop nicht zu erfassen. Bei der Oppositionsstellung kann zeitweise zu beobachten sein, daß es der Mond-Eigner in seinem Verhalten zum Sonne-Eigner an Konsequenz mangeln läßt, daß Letztgenannter wiederum meint, Anlaß zu dem Vorwurf zu haben, seine Bestrebungen würden nicht voll gewürdigt.

Eigene Erfahrungen:

☉ harmonisch zu ☿
☉ ☌ Konjunktion, △ Trigon, ⚹ Sextil — ☿ 6

Die Vergleichskonstellation betrifft die geistige, d. h. verstandesmäßige Ebene, das intellektuelle Zusammenwirken. Es ist am stärksten ausgeprägt beim Konjunktionsaspekt. Die Mentalität ist gleich, wenn die Konjunktion in ein und dasselbe Tierkreiszeichen fällt. Selbst bei einem geringen Orbis wird die Konjunktion – das gilt auch für die anderen Aspekte – aber schwach zu beurteilen sein, wenn die Gestirnpositionen in verschiedenen Zeichen liegen. Noch mehr wird sie begünstigt, wenn die beiden Merkurpositionen, ohne daß sie in direktem Aspekt zueinander stehen, sich in dem gleichen Tierkreiszeichen oder in solchen gleichen Elementen befinden.

Der Sonne-Eigner wirkt aktivierend auf das Denken des Merkur-Eigners. Dieser wiederum gibt dem Erstgenannten Denkanstöße und kann dessen Denken in eine bestimmte Richtung lenken. Eine solche Aspektverbindung fördert Studien-, Geschäfts- oder Sachbeziehungen, bei denen Emotionen eine nachgeordnete Rolle spielen. Ein Sonne-Merkur-Vergleichsaspekt ist immer eine Hilfe, wenn zwischen Ehepartnern Probleme auftauchen, weil man diese dann besprechen und so ausräumen kann. Hat der eine Partner eine geistige Tätigkeit, sei es als Lehrer, Schriftsteller, aber auch als Kaufmann, ist sie also merkurischer Art, sollte ein Sonne-Merkur-Vergleichsaspekt nicht fehlen, damit der Partner am Beruf Anteil nehmen kann.

Man darf den Sonne-Merkur-Aspekt nicht nur unter intellektuellem Gesichtspunkt betrachten. Ihm kommt auch eine lebenspraktische Bedeutung zu. Die Partner denken aneinander, suchen den persönlichen Kontakt über das geistige Verständnis, also über die Vernunft, immer wieder zu knüpfen. Man ermuntert sich gegenseitig durch Ideen, die dem gemeinsamen Fortkommen dienen. Vor allem wenn es um Gruppenaktivitäten geht, kann ein Merkur-Vergleichsaspekt eine Hilfe sein, da er das Organisieren von Gemeinsamkeiten möglich macht. Deswegen kommt einer Sonne-Merkur-Verbindung auch Bedeutung für das Arbeitsleben zu. Ferner wird Kulturelles davon ebenso begünstigt wie Erziehungsangelegenheiten oder wissenschaftliche Bemühungen. Der Gedankenaustausch läuft unproblematisch ab, man reizt einander nicht, sondern vertritt selbst unterschiedliche Auffassungen in einem freundlichen Klima. Es ist ein Ratgeber-Aspekt, wobei vom Merkur-Eigner die entsprechenden Impulse ausgehen werden. Der Sonne-Eigner stärkt dagegen das Selbstvertrauen des Merkur-Partners und kann ihn ermuntern, in seinen Studiengängen, in geschäftlichen Bemühungen, bei Planungsvorhaben und in Jugend- oder Reiseangelegenheiten fortzufahren.

Eigene Erfahrungen:

☉ im Spannungsaspekt zu ☿
☉ □ Quadrat, ☍ Opposition — ☿ 7

Beim *Quadrat* wird unterschiedliche Beurteilung von Geschäften, Studien, Forschungsangelegenheiten, Reisen und Kommunikation überhaupt vorliegen. Man geht aufeinander ein, aber es gibt Mißverständnisse. Der Sonne-Eigner wird dem Merkur-Partner vorwerfen, fahrig und unstet zu sein und nicht bei der Sache zu bleiben. Umgekehrt ist der Merkur-Partner der Meinung, sein Sonne-Partner lege es darauf an, ihn zu dominieren, halte seine Ideen absichtlich für undurchführbar und versuche, ein unfreundliches Klima zu schaffen. Diese Konstellation wird ein Lehrer-Schüler-Verhältnis, aber auch Beziehungen zwischen Arbeitgeber und Arbeitnehmer unfreundlich gestalten. Ehegatten geraten aneinander, was besonders dann der Fall sein wird, wenn ein sehr unterschiedlicher Bildungsgrad vorliegt. Man möchte zueinander finden, aber Diskussionen verlaufen fruchtlos, wenn dies zur Zeit negativer Transitkonstellationen geschieht, da diese Aspekt-Partner betreffen.
Die *Opposition* ist weit weniger ungünstig anzusehen. Man muß an die Möglichkeiten denken, aufeinander ergänzend einzuwirken. Aber man geht dabei doch von unterschiedlichen Standpunkten aus oder verfolgt Interessen, die nicht unbedingt miteinander harmonieren. Das geistige Gleichgewicht wird nicht von selbst zustande kommen, kann aber das Ergebnis jener schönen Bemühungen sein, bei denen sich die Partner ganz bewußt aufeinander zubewegen. Forschungsaufgaben, Geschäftliches oder Studien können als gemeinsame Aufgabe gelingen, eben weil der Partner andere Gesichtspunkte ins Spiel bringt. Die Partner sollten sich aber gegenseitig einen geistigen Frei-

raum zubilligen, auch nicht versuchen, den anderen zu erziehen oder gemeinsame geistige Bemühungen unbedingt auf einen gemeinsamen Nenner abstimmen zu wollen. Es könnte an Kompromißbereitschaft mangeln.

Eigene Erfahrungen:

☉ harmonisch zu ♀
☉ ☌ Konjunktion, △ Trigon, ⚹ Sextil — ♀ 8

Sonne und Venus in harmonischem Aspekt deuten auf einen mehr oder weniger starken Gleichklang in Herzensdingen hin. Es ist ein Liebesaspekt, weil man einander nur das Beste wünscht, miteinander das gemeinsame Glück sucht und weil jeder Partner instinktiv fühlt, daß sein eigenes Harmoniestreben den Wünschen des Partners entspricht. Selbst geschäftliche Partnerverbindungen profitieren durch diesen Vergleichsaspekt, denn man wird den Partner nicht verletzen wollen. Besonders nachhaltig wirkt die Vergleichskonstellation, wenn der Sonne-Eigner ein Mann, die Venus-Eignerin eine Frau ist: *Venus im Horoskop einer Frau zeigt an, auf welche Art sie dem anderen Geschlecht entgegentritt*, so daß die Verbindung mit der Sonne sozusagen den Idealfall schafft, den Kontakt mit dem Wunschpartner. Nur Venus-Mars-Aspekte wirken noch stärker in erotischer Hinsicht. Es ist jedoch kein ausgesprochen sexueller Aspekt, da mehr das Prinzip der harmonischen Übereinstimmung angesprochen wird. Dennoch hat er eine Komponente der Sinnlichkeit und läßt innige Liebesempfindungen füreinander erwarten. Im Fall eines Sextils mäßigt sich die verbindende Kraft, genügt aber noch, um freundschaftliche, sympathische Gedanken füreinander zu hegen und Vergnügen miteinander erleben zu können. Es entspricht der Natur des Aspekts, daß Sonne-Venus-Verbindungen als finanzielle Großzügigkeit gegenüber dem Partner zu deuten sind, daß man füreinander etwas ausgibt, sich Vergnügungen gönnt, einander beschenkt, daß man sich auch einen gewissen Luxus leisten sollte, um auszuschöpfen, was dieser Aspekt möglich macht: gemeinsam das Leben genießen zu können.

Eigene Erfahrungen:

☉ im Spannungsaspekt zu ♀
☉ □ Quadrat, ☍ Opposition — ♀ 9

Zwar begegnen sich die Aspekt-Partner in dem Wunsch, miteinander zu harmonieren, aber die Verwirklichung stößt auf Schwierigkeiten. Das zeigt sich, wenn Mißverständnisse geschlichtet werden sollen. Es kann die Verbindung durch Vorurteile belastet sein, etwa in der Art, daß ein männlicher Sonne-Eigner seine Venus-Partnerin als oberflächlich ansieht, daß er Schwierigkeiten hat, sich auf ihre Empfindsamkeit einzustellen. Dennoch ist eine erotische Anziehungskraft zu erwarten. Die negativen Auswirkungen sind nicht zu groß, erstrecken sich mehr darauf, daß intimes Partnerglück nicht ohne weiteres zu erreichen ist. Es kann sein, daß der eine Partner intime Kontakte zu einer Zeit sucht, zu welcher der andere Partner nicht dazu aufgelegt ist. Finanzielles kann problematisch werden, etwa daß man sich Vorwürfe über zu große Ausgaben oder zu große Sparsamkeit macht, daß die Wege zur Befriedigung von Genußwünschen zu unterschiedlich sind.
Die Opposition ist für eine Heirat eher günstig, nur sollte sich der Sonne-Eigner darüber klar sein, daß der Venus-Partner sich dominiert fühlt, und er sollte darauf verzichten, ihn als zu weich anzuse-

hen, seine Genußliebe zu kritisieren, sein Verlangen nach einer anderen Lebensgestaltung als unangebracht großzügig abzutun. Für Partnerbeziehungen, bei denen es um Geldgeschäfte geht, ist die Opposition ungünstig anzusehen.

Eigene Erfahrungen:

☉ harmonisch zu ♂
☉ △ Trigon, ⚹ Sextil — ♂ 10

Die harmonische Verbindung von Geist (☉) und Wille (♂) erlaubt es, gemeinsam etwas zu schaffen. In Verbindung von Personen gleichen Geschlechts wird dadurch eine Zusammenarbeit zum Wohle beider Personen möglich. Günstig für das Berufsleben, für Studien, aber auch für die Ehe, weil sich die Partner, reibungslos einander anpassen können. Sie ermuntern einander in ihren Aktivitäten, in der Verfolgung des gemeinsamen Zieles, wobei der Sonne-Eigner dem Mars-Partner hilft, Vertrauen in die eigene Kraft zu haben, während andererseits der Mars-Eigner zu Aktionen ermuntert.
Mars im Horoskop einer Frau zeigt deren Wunschpartner an, so daß ein Aspekt der Sonne mit dem Mars-Ort bei triebhaft bedingten Partnerbeziehungen erwünscht ist. Sonne-Mars-Aspekte sind dynamische Kombinationen, die gemeinsame Anstrengungen erfolgreich verlaufen lassen. Gemäß der Mars-Natur wird gelingen, was rasche und mächtige Anstrengungen erfordert, was technischer Art ist oder aber wozu körperliche Kondition gehört (Wandern, Sport etc.) Alle Mars-Sonne-Verbindungen haben einen sexuellen Aspekt.

Eigene Erfahrungen:

☉

☉ im Spannungsaspekt zu ♂
☉ □ Quadrat, ☍ Opposition — ♂ 11

Besonders das Quadrat ist ein sehr schwieriger Vergleichsaspekt, denn er zeigt die Möglichkeit gewaltsamer Konflikte an. Meistens geraten Partner mit dieser Aspektverbindung schon recht bald heftig aneinander, wobei die Aggressivität des Mars-Eigners den Sonne-Eigner bedroht, während dieser gegen Bevormundung aufbegehrt. Auch die Opposition ist ungünstig. Gemäß seinem Naturell wird der Mars-Eigner zwar unterschiedlich reagieren, in der Regel aber impulsiv. Der Bogen spannt sich von verhaltener oder scharfer Kritik bis hin zur Tätlichkeit. Von der Reife der Partner hängt es ab, ob es möglich ist, miteinander auszukommen, die gegeneinander gerichteten Kräfte zu kanalisieren. Bei der Opposition wird das eher gelingen als beim Quadrat. Die Partnerschaft ist zum Scheitern verurteilt, wenn der Wille des andern nicht respektiert wird. Geschäftsbeziehungen scheitern, ein romantischer Kontakt wird rasch ernüchtert und abgebrochen werden. Zwar hat jeder Marsaspekt auch eine innerliche Verbindung, eine sexuelle Komponente, so daß es mindestens zeitweise möglich wird, vor allem, wenn andere Aspekte in eine ähnliche Richtung weisen, Leidenschaften zu zeigen. Es kann auch sein, daß die Gegensätze so weit gehen, daß die Partner bewußt versuchen, einander zu schaden. Ebenso ist zu beobachten, daß gemeinsame Aktionen, besonders wenn es sich um Kraftakte handelt, mißlingen, daß einer dem anderen die Schuld gibt und daß man sich zwangsweise in ein gemeinsames Joch gespannt sieht.

Eigene Erfahrungen:

☉ in Konjunktion mit ♂
☉ ☌ Konjunktion — ♂ 12

Ist der Mars-Eigner eine Frau, der Sonne-Eigner ein Mann, kann diese Konstellation eine sehr starke sexuelle Ausstrahlung anzeigen. Es ist ein Aspekt der Leidenschaft, der in einer etwas abgeschwächten Form auch vorliegt, wenn der Mars-Eigner ein Mann, die Sonne-Eignerin eine Frau ist. Dann wird das begehrliche Verlangen des Mannes aber einem Strohfeuer gleichkommen. Eine Leidenschaftlichkeit, die die Konjunktionsverbindung ausdrückt, ist nicht frei vom mißliebigen Begleiterscheinungen. Es mangelt an Harmonie. Die Liebe ist zu heftig. Bei Gleichgeschlechtlichen überwiegt das Negative, denn Geist und Wille sind gegeneinander gerichtet. Es bedarf beträchtlicher Selbstdisziplin, um Zwischenfälle und Gewaltreaktionen zu vermeiden. Es ist der Vorteil von Sonne-Mars-Konjunktionen, daß die Partner von Anfang an wissen, wie sie zueinander stehen, denn die Spannungen zwischen ihnen treten schon sehr früh auf. Besonders bei der Konjunktion aber ist zu beobachten, daß leidenschaftliches Für und Wider um die Vorherrschaft in der Beurteilung ringen. Deshalb kann es plötzliche Trennungen geben, aber ebenso unvermittelt finden die Partner wieder zueinander, um sich neuerdings gegenseitig aufzuregen. Weiche, empfindsame Gemüter können unter einer solchen Vergleichskonstellation sehr leiden; sie sollten von der Partnerverbindung besser Abstand nehmen.

Eigene Erfahrungen:

☉

☉ harmonisch zu ♃
☉ △ Trigon, ⚹ Sextil — ♃ 13

Vor allem die Konjunktion ist einer der am stärksten wirksamen Vergleichsaspekte für Zusammenwirken und Zweisamkeit. Die Konjunktion stellt die legale Partnerschaft in Aussicht, zeigt an, daß der Sonne-Eigner auf einen Partner trifft, der ihm mit Güte, Wohlwollen und Freundlichkeit entgegentritt. Es wird möglich, daß die beiden Partner legales Glück genießen, in ein Vertragsverhältnis treten, Gedankenaustausch über geistige, philosophische, kulturelle oder religiöse Dinge hegen, daß sie einander beistehen, einen positiven und optimistischen Einfluß aufeinander ausüben. Einer läßt den anderen nicht im Stich, sie unterstützten sich gegenseitig großzügig und sorgen für die soziale Sicherheit des anderen. Die Konstellation bedeutet bei Liebenden eine Ehe, gemeinsames Glück und begünstigt die Gründung einer Familie.
Selbst das schwache Trigon erlaubt es, freundschaftlich zusammenzuwirken, einander fördernd beizustehen, wenn es um die Ausdehnung des Lebenskreises geht. Bei günstiger Sonne-Jupiter-Verbindung im P-Hor geschieht es selten, daß die Partner einander mißtrauen oder ausnützen. Eher werden sie sich gegenseitig ermutigen und Vertrauen in die Zuverlässigkeit des Partners setzen. Diese Aspekte begünstigen familiäre Beziehungen ebenso wie solche, bei denen eine rechtliche Grundlage gegeben ist. Es ist aber auch eine Hilfe bei einem Arzt-Patienten-Verhältnis, wobei es günstig ist, wenn der Jupiter-Eigner der Heiler ist. Dem Expansionscharakter der Verbindung entspricht auch, daß mit diesem Vergleichsaspekt Partnerschaften gefördert wer-

den, die ein soziales, religiöses oder humanitäres Anliegen haben, die Geldgeschäften dienen oder aber die Reisegefährten verbinden.
Man beachte, daß die Konjunktion als der stärkste Aspekt zwar für Verliebte Standesamt oder Altar bedeuten kann, es aber nicht sein muß. Auch ist dieser Aspekt keine unbedingte Garantie für die Verhinderung einer Scheidung, wenngleich es schon sehr kritischer anderer Aspekte (z. B. von Saturn, Uranus und Neptun) bedarf, um die Trennung zu realisieren. Selbst in diesem Fall aber werden die Partner einander Wohlwollen bewahren.

Eigene Erfahrungen:

☉ im Spannungsaspekt zu ♃
☉ □ Quadrat, ☍ Opposition — ♃ 14

Eine ungünstige Sonnen-Jupiter-Verbindung ist immerhin noch besser als gar keine, denn wenn die Partner Niveau haben und wenn andere hilfreiche Aspekte hinzutreten, können Übermaß und Extravagantes gemildert werden. In der Regel bezeichnen diese Aspekte Schwierigkeiten, miteinander in ein Vertragsverhältnis zu treten, eine Verbindung zu legalisieren, zu heiraten und auch gedeihliche Geschäfte abzuschließen. Oberflächliche Naturen neigen zu Leichtsinn, fühlen sich vom Partner aufgestachelt, gezogene Grenzen zu überschreiten, sich unmoralisch zu verhalten, über die Stränge zu schlagen. Auch ernsthafte Differenzen in ethischer oder politischer Hinsicht, Meinungsverschiedenheiten in Religion, Philosophie oder Erziehung können darunter erfaßt werden. In zerstrittenen Familien kann es ums Geld gehen, bei Geschäftsbeziehungen ist mit Vertragsbruch zu rechnen, auch mit Verantwortungslosigkeit und Unordnung. Beide Partner haben Schwierigkeiten, einander ohne Neidgefühle gegenüberzutreten. Sie können den sozialen Status des einzelnen ebenso betreffen wie rein materielle Belange. Liebende mit dieser Konstellation heiraten selten. Es gibt meist rechtliche Schwierigkeiten, etwa auch in der Art, daß der eine Partner bereits gebunden ist, daß der andere einen sozialen Aufstieg anstrebt, bei dem der Partner nicht mithalten kann, weil er aus einer anderen Gesellschaftsschicht stammt. Jeder versucht auf die ihm zukommende Art wirtschaftliche, soziale, politische oder aber auch religiöse Ziele zu erreichen. Die Partner werden jedoch zu unterschiedlichen Zeiten aktiv, können nicht gemeinsam Chancen wahrnehmen und sind damit in ihren eigenen Grenzen befangen. Jene Partnerbeziehungen, etwa zwischen Lehrer und Schüler, die durch innere Reife getragen werden und die kein äußeres Fortune benötigen, werden von äußeren Anfechtungen indessen frei bleiben.

Eigene Erfahrungen:

☉ harmonisch zu ♄
☉ △ Trigon, ⚹ Sextil — ♄ 15

Mit Sonne und Saturn verbinden sich Lebensernst, Disziplin, Reife, Einsicht mit Selbstverständnis und Gestaltungskraft. Deswegen werden vor allem jene Partnerbeziehungen davon profitieren, die aus nüchterner Überlegung und aus ernstgemeinten Gründen geschlossen werden. Zu denken ist hierbei an Geschäfte, Berufsbeziehungen, Verbindungen zu Studienzwecken. Es ist ein Aspekt, der Dauer und Treue verleiht, daher sowohl für die Ehe, wie auch für Arbeitgeber-Arbeitnehmer-Kontakte eine günstige Voraussetzung. Bei dieser Konstellation darf man weder überstömende Glücksgefühle noch romantische Anziehungskraft erwarten, dagegen hält man fest zueinander, bleibt standhaft in allen Stürmen und versteht es durch Übereinkunft, die gemeinsamen Beziehungen langsam aber sicher zu entwikkeln. Der Saturn-Eigner fühlt sich für den Sonne-Eigner verantwortlich, dieser kann allzu ernste Bestrebungen in einem milderen Licht sehen, aufmuntern und freundlichen Zuspruch erteilen.

Eigene Erfahrungen:

☉ im Spannungsaspekt zu ♄
☉ □ Quadrat, ☍ Opposition — ♄ 16

Vor allem der Quadrataspekt gilt als kritisch, da der Sonne-Eigner sich bedrückt oder gequält fühlen kann. Bei einer solchen Aspektverbindung ist Unfrohes im Spiel, Kümmernis, Sorgen, Schwierigkeiten. Der Sonne-Eigner kann sich der negativen Wirkung seines Saturn-Partners nicht entziehen. Er verbittert und ist doch nicht in der Lage, von sich aus die Verbindung aufzulösen. Wohl kann Trennendes sehr stark werden, so daß man nebeneinander lebt. Auch die Auflösung von Verträgen (die Ehe ist ein solcher) wird davon betroffen. Partner fügen einander Leid zu, weniger aus Boshaftigkeit oder Absicht, eher schicksalhaft oder karmisch begründet, durch Unverständnis, Mißtrauen und schwarze Gedanken.
Dem Saturn-Partner ist der Sonne-Eigner zu impulsiv und unruhig, zu wenig ehrgeizig, während der Saturn-Eigner eifersüchtig und vor allem egoistisch erscheint. Kein günstiger Vergleichsaspekt für Familienbeziehungen, denn es wird die Harmonie fehlen. Bei Geschäftsverbindungen oder Arbeitsverhältnissen werden beide Partner zusammen nicht froh werden können. Es ist besser, wenn eine enge Verbindung unterbleibt. Sofern die Konstellation keine direkte Trennung bezeugt, kann sie doch bei Menschen, die eng aufeinander ange-

wiesen sind, zu einem Nebeneinanderherleben führen und beglükkende Kontakte unmöglich machen. Empfindsame Partner werden mit dieser Vergleichskonstellation meistens unglücklich. Sie fühlen sich unverstanden, isoliert, in ihren Wirkungsmöglichkeiten beschnitten. Man achte besonders auf die Haus-Stellung der Aspektpartner, um die entsprechenden Lebensbereiche zu ermitteln. Der Sonne-Eigner kann sich auch in seinem körperlichen Wohlbefinden beeinträchtigt sehen. Hemmungen, Hindernisse oder Enttäuschung in dieser Partnerschaft haben nicht nur geistige und seelische Konsequenzen, sondern zerstören auch die Gesundheit.
Man beachte, daß negative Saturnaspekte vorhanden sein können, ohne daß z. B. eine Liebesbeziehung zunächst in Frage gestellt wäre. Typisch ist vielmehr, daß erst im Laufe der Zeit, oft nach vielen Jahren Unverträglichkeit aufkommt und daß dann die Schwierigkeiten so groß sein können, daß die Verbindung nicht mehr zu retten ist.

Eigene Erfahrungen:

☉ in Konjunktion mit ♄
☉ ☌ Konjunktion — ♄ 17

Die Konjunktion ist nicht nur der stärkste Aspekt, er kann auch ein doppeltes Gesicht haben. Entscheidend ist hierbei, welcher Aspekt-Partner die kosmisch stärkere Position hat, z. B. im Zeichen Löwe die Sonne, im Steinbock oder Wassermann der Saturn. Die Partner gehen fair miteinander um. In der Regel wird man eine negative Bedeutung annehmen müssen, etwa in der Hinsicht, daß vom Saturn-Eigner eine dämpfende Wirkung auf Energie und Lebensglück des Sonne-Eigners ausgeht. Dieser hat es allerdings schwer, sich dem Einfluß des Saturn-Partners zu entziehen, der in der Regel der stärkere ist. Von ihm geht

eine Art schicksalhafter Impuls aus. Ist der Sonne-Eigner sehr gefestigt, lebenstüchtig, vielleicht aber auch zu Leichtsinn neigend, kann der Saturneinfluß günstig sein, stärken, mäßigen, Richtung weisen, was dem Selbstvertrauen zugute kommt. Bei Geschäftsverbindungen kann die Art des Zusammenwirkens sehr effektiv sein, zielgerichtet und exakt den geplanten Wegen folgen. Es wird Ernst und Verantwortungsbewußtsein vorhanden sein. Ist aber der Sonne-Eigner schwach, gerät er unter den negativen Einfluß des Saturn-Partners und wird versuchen, sich dessen Herrschaft zu entziehen. Ist er zu schwach, um eine harte Entscheidung im Sinne einer Trennung zu treffen, wird er schließlich isoliert werden und verbittert sein.
Man beachte, daß die Sonne-Saturn-Konjunktion zwar ein außerordentlich wirksamer Vergleichsaspekt ist, der aber niemals für sich allein gesehen werden sollte. Saturnaspekte können oftmals vorliegen, wenn ein bestimmtes Abhängigkeitsverhältnis vom Partner gegeben ist, etwa wenn ein unreifer Mensch sich einer einsichtsvollen überlegenen Natur anschließt. Das freilich eröffnet einen ganzen Komplex von Problemen. Darum ist es wichtig, bei einem Partner-Aspekt von Sonne und Saturn das Lebensalter beider Partner zu berücksichtigen.

Eigene Erfahrungen:

☉ harmonisch zu ⛢
☉ △ Trigon, ⚹ Sextil — ⛢ 18

Diese Partnerverbindung ist durch Ungewöhnliches gekennzeichnet. Es kann sein, daß sie unter nicht alltäglichen Umständen eingegangen wurde, es ist aber auch möglich, daß beide Partner äußerlich sehr unterschiedlich sind, so daß dritte Personen überhaupt nicht verstehen können, daß zwischen diesen beiden Menschen ein enger Kontakt vorliegen soll. Das ist ein Beispiel für eine starke magnetische Kraft, die beide Personen verbindet. Der Uranus-Eigner gibt Anregungen, inspiriert den Sonne-Eigner zu schöpferischen oder ungewöhnlichen Ideen, ermuntert originelle Wege zu gehen oder weckt Anteilnahme an einem wissenschaftlichen Vorgang, an grenzwissenschaftlichen oder okkulten Fragen, begünstigt aber auch unkonventionelles Verhalten dritten gegenüber. Schließlich ist dieser Aspekt auch von einer gewissen erotischen Anziehungskraft. Sonne-Uranus-Verbindungen sind selten langweilig. Aber selbst die harmonischen gelingen auf die Dauer nur, wenn dem Partner Unabhängigkeit und Freiheit gewahrt bleiben.

Eigene Erfahrungen:

☉ im Spannungsaspekt zu ⛢
☉ □ Quadrat, ☍ Opposition — ⛢ 19

Wie bei der harmonischen Aspektverbindung schwingt Unbestimmtes mit. Deswegen können auch hier Partner zusammentreffen, die nach der landläufigen Meinung gar nicht miteinander auskommen können. Dies wird sich allerdings schon nach kurzer Zeit zeigen, denn die sehr starke gegenseitige Anziehung ist nur von kurzer Dauer und steckt voller Konfliktstoffe. Der Sonne-Eigner wird versuchen, den Uranus-Partner zu dominieren, dieser aber begehrt dagegen heftig auf. Meinungsverschiedenheiten werden nicht in aller Stille ausgetragen, sondern entzünden sich an Kleinigkeiten und verlaufen dann sehr heftig. Der Sonne-Eigner hat von seinem Partner die Vorstellung, daß dieser in seiner eigenen, ihm unverständlichen Gedankenwelt eingesponnen ist. Er erscheint dem Sonne-Partner ferner sprunghaft, daher unzuverlässig, seine Forderungen sind unannehmbar. Man gerät einander leicht in die Haare, meistens wegen Angelegenheiten, die wie Freundschaft, Kunst oder dergl. keinen materiellen Bezug haben. Der Sonne-Eigner hat nicht die Kraft, die Schwankungen des Uranus-Partners auszubalancieren. Dieser wiederum findet sich nur schwer in der Gedankenwelt des Sonne-Eigners zurecht. So schnell wie die Partner aufeinander zugegangen sein mögen, so plötzlich kommt die Entfremdung. Allerdings kann besonders bei der Opposition die Anziehungskraft immer wieder aufflackern und zu einer neuen Verbindung führen.

Eigene Erfahrungen:

☉ in Konjunktion mit ♅
☉ ☌ Konjunktion — ♅ 20

Bei der Konjunktion zeigt es sich, daß eine einzigartige Verbindung vorliegt, für die vieles zutrifft, was sowohl die harmonische Aspektverbindung wie den Spannungsaspekt auszeichnet. Charakteristisch ist vor allem der Verlauf der Beziehung, nämlich das plötzliche Zustandekommen, aber auch eine abrupte Trennung, zu der es wiederholt kommen kann. Die Sonne-Person wird sich bald über das Naturell des Uranus-Partners wundern, dessen Vorstellungen und Handlungsweise unberechenbar scheinen, vom Zufall bestimmt sind. Sie wirken in jedem Fall originell. Eine solche Konjunktion bezeichnet häufig großen Altersunterschied bzw. wirft Probleme auf, die z. B. eine Ehe außergewöhnlich erfüllt und glücklich verlaufen lassen, die aber auch ein ungewöhnliches Maß an Unruhe und Spannung bringen können. Die Partner ermuntern einander zu abenteuerlicher Handlungsweise, zu Spekulationen, zu körperlichen Aktivitäten, die aus dem Rahmen fallen. Vor allem der Uranus-Eigner kann provozierende Ansichten vertreten und sehr aus seiner Inspiration handeln. Sofern es Verliebte betrifft, darf man auch eine ungewöhnliche sexuelle Anziehungskraft vermuten. Dies im Sinne leidenschaftlichen Verlangens, das als ein Strohfeuer heftig aufflammen, aber ebenso rasch erlöschen kann. Bei einem Forscherteam kann die Konjunktion sehr belebend sein, Wissenschaftler sogar begünstigen. Bei Aussagen über die Ehe darf man diese Konjunktion nicht isoliert betrachten. Sie bietet keine Gewähr für die Dauer einer Zweierbeziehung, so daß anderes noch hinzutreten muß, um ein Urteil abgeben zu können.

Eigene Erfahrungen:

☉ harmonisch zu ♆
☉ △ Trigon, ⚹ Sextil — ♆ 21

Jeder Sonne-Neptun-Aspekt geht in Richtung einer schwer faßbaren Verbindung. Die Partner fühlen sich zueinander hingezogen, ohne gleich die Gründe nennen zu können. Dies liegt daran, daß Intuition eine große Rolle spielt. Insofern kann der Neptun-Eigner die Vorstellungskraft des Sonne-Partners beflügeln und kann seine schöpferischen Kräfte aktivieren. Dieser wiederum vermag das Selbstvertrauen des Neptun-Eigners zu verstärken und kann dessen intuitive Vorstellungen und seine Phantasietätigkeit in realistische Bahnen lenken. Eine harmonische Sonne-Neptun-Verbindung läßt teilhaben an geistigen Werten, begünstigt demnach künstlerische, psychische oder geistige Kontakte. Sie stärkt die Familienbande oder häusliche Beziehungen ebenso wie eine Liebesbeziehung.
Das Trigon verstärkt bei beiden Partnern die Empfindung, einen Freund zu haben, der auf gleicher Wellenlänge empfindet. Eine derar-

tig gestaltete Bindung wird als Bereicherung empfunden, kann aber bei materiellen Kontakten höchstens indirekt wirksam werden.

Eigene Erfahrungen:

☉ im Spannungsaspekt zu ♆
☉ □ Quadrat, ☍ Opposition — ♆ 22

Verwirrung, Mißverständnisse und Enttäuschungen zeigen, daß man sich im anderen irrt. Entweder hat man das Gefühl, den falschen Partner gewählt zu haben oder man wird ernüchtert, weil Illusionen wie Seifenblasen platzen. Der Neptun-Eigner enttäuscht den Sonne-Partner, weil er sich als unzuverlässig erweist, vielleicht auch Tricks versucht und unaufrichtig ist. Der Neptun-Eigner wiederum vermag nicht, sich der strengen Führung des Sonne-Partners unterzuordnen, bzw. kann dessen Autorität nicht anerkennen. Beide arbeiten gegeneinander, wobei es zu unehrenhaften Handlungen kommen kann, die emotional bedingt sind. Zwar wird ein Neptunaspekt in seiner negativen Auswirkung nur selten die Kraft haben, eine bestehende Verbindung zu trennen, aber man findet immer wieder, daß Betrug, Irrtum oder vermeintliche Charakterfehler einen leidvollen Verzicht bewirken. Sie machen es schwer, über einen absurden Zwischenfall hinwegzukommen, widersinniges Verhalten zu tolerieren und offen auf eine Abkühlung zu reagieren. Mitunter bedarf es gar keines direkten Ereignisses, sondern es entwickelt sich die Partnerbeziehung einfach auseinander, ohne daß freilich die Betroffenen davon seelisch unberührt bleiben.

Eigene Erfahrungen:

☉

☉ in Konjunktion zu ♆
☉ ☌ Konjunktion — ♆ 23

Die Konjunktion bedeutet ein besonderes seelisch-geistiges Aufeinander-Gestimmtsein. Doch weniger als bei den anderen Aspekten vermögen die Partner sich gegenseitig zu entziehen. Ein geheimes Band verknüpft beider Wesen und Interessen, ohne daß dies von Vorteil sein müßte. Es scheint, als ob hier eine karmische Bedingung für den Kontakt vorläge. Der Sonne-Partner wird durch die seltsame Verfassung des Neptun-Eigners fasziniert, wobei es von der Gesamtverfassung abhängt, wie dessen schwer zu fassende psychische Eigenheiten sich darstellen. Mit Vernunft oder über den Verstand findet der Sonne-Eigner keinen Zugang zum Wesen des Partners. Da aber der Sonne-Eigner dazu neigt, den Neptun-Partner zu beherrschen, wird er dies falsch machen, sofern er sein Bewußtsein einsetzt. Mithin ist es bei einer Konjunktion sehr schwierig, daß die Partner einander verstehen. An Vorbehalten, die jeder für sich nur schwer artikulieren kann, scheitern Freundschaft, Liebe oder jene Beziehungen, bei denen Offenheit und Ehrlichkeit Voraussetzungen sind. Es handelt sich hierbei meistens auch um eine Verbindung, die aus den genannten Gründen niemals ganz auszuloten ist und die an »Geheimnissen« scheitern kann, sofern die Partner zu jenen gehören, die nicht tolerieren mögen, daß der Freund oder Geschäftspartner sich ihnen in der einen oder anderen Hinsicht nicht offenbart.

Eigene Erfahrungen:

☉ harmonisch zu P
☉ △ Trigon, ⚹ Sextil — P 24

Als Symbol für Gewalt bzw. außerordentliche Kraft, vermag eine Sonne-Pluto-Verbindung die Intensität eines Kontaktes zu steigern, bringt Konstruktives ins Spiel und begünstigt eine entschiedene Handlungsweise in gemeinsamen Angelegenheiten. Begünstigt sind gegenseitige Anregungen, Förderung des Selbstverständnisses der Partner und Verstärkung jener Anstrengungen, die der Durchsetzung gemeinsamer Ansprüche dienen.
Stimmen die bisherigen Überlegungen zu Pluto, die in den letzten Jahren angestellt wurden, dann kann die Sonne-Pluto-Verbindung auch den schicksalhaften Charakter eines Kontakts unterstreichen und hebt den Bund über das Alltägliche hinaus.

Eigene Erfahrungen:

☉ im Spannungsaspekt zu P
☉ □ Quadrat, ☍ Opposition — P 25

Es liegen starke gegeneinander gerichtete Kräfte vor. Vor allem widersteht der Pluto-Eigner dem Sonne-Partner, wenn dieser die Führung übernehmen will. Der Sonne-Eigner fühlt sich verletzt, angegriffen und leidet unter Eigenmächtigkeiten. Die Partnerschaft scheitert am Übermaß, sei es an zu großen finanziellen Projekten, Erbschaften, Versicherungen, auch an einer Handlungsweise, bei der Psychisches eine Rolle spielt. Es ist immer das Ungewöhnliche, das hier zum Problem wird. Bei Liebenden kann es zu einer negativen Überbewertung sexueller Praktiken kommen. Partner scheitern daran, daß einer vom andern etwas mit Gewalt erzwingen will. ⊙

Eigene Erfahrungen:

⊙ in Konjunktion mit P
⊙ ☌ Konjunktion — P 26

Die Verbindung gestaltet sich außergewöhnlich, nicht harmonisch, aber auch nicht unbedingt schlecht, wenngleich die negative Auslegung gut berücksichtigt werden kann. Geheime, unbewußte, unterschwellige Kräfte des Pluto-Partners wirken auf den Sonne-Eigner, treiben ihn voran, nötigen ihm Handlungsweise oder Entscheidungen auf, die er im Grunde nicht mag oder gegen die er sich, freilich vergebens, wehrt. Umgekehrt ist der Pluto-Eigner von seinem Sonne-Partner gefesselt, sieht deutlicher als andere das Strahlende seines Wesens, wodurch vor allem eine sexuelle Partnerschaft profitiert. Aber auch sie kann an der starken Leidenschaft zerbrechen, an einer Gewalt, die das Maß des Alltäglichen überschreitet.

Eigene Erfahrungen:

☉ harmonisch zu ☊
☉ ☌ Konjunktion, △ Trigon, ⚹ Sextil — ☊ 27

Der Sonne-Eigner geht auf Kommunikationswünsche des Mondknoten-Eigners ein. Er paßt sich an, fügt sich in die Gemeinschaft ein, aber auch in umgekehrter Hinsicht ist diese Konstellation von Vorteil für alle Kombinationen, seien sie privat, geschäftlich oder anderer Art. Der Mondknoten-Eigner wird durch den Sonne-Partner auf soziale Verpflichtungen hingewiesen, er wird günstig beeinflußt, sich in einer Gemeinschaft vorbildlich zu benehmen, Gruppenaktivitäten mitzumachen, so daß diese Konstellation wichtig für alle ist, die im öffentlichen Leben stehen oder auf die Hilfe anderer angewiesen sind.

Eigene Erfahrungen:

☉ im Spannungsaspekt zu ☊
☉ □ Quadrat, ☍ Opposition — ☊ 28

Die Partner haben es nicht leicht, miteinander auszukommen, weil Anpassungsschwierigkeiten vorliegen. Das kann bei der Opposition so weit gehen, daß bewußt Bemühungen um soziale Anpassung gestört werden. Selbst wenn andere Aspekte einen Kontakt wahrscheinlich und glücklich machen, bleibt doch ein gewisses Unbehagen festzustellen, das in Gesellschaft des Partners empfunden wird. Aus den anderen Aspekten muß dann ergründet werden, woran das liegt, ob z. B. Minderwertigkeitsgefühle vorliegen, ob es sich um mentales Nichtverstehen handelt, um seelisch bedingte Störungen oder ob solche in der sexuellen Sphäre vorliegen.

Eigene Erfahrungen:

☉ harmonisch zu Asz
☉ ☌ Konjunktion, △ Trigon, ⚹ Sextil, aber auch ☍ Opposition — Asz 29

Die Konjunktion ist eindeutig ein ganz außerordentlich wichtiger Vergleichsaspekt, wenn es um Liebe oder Heirat geht, die Opposition nicht minder. Das Trigon ist ungleich schwächer zu beurteilen, dem Sextil kann man lediglich einen fördernden Einfluß für freundschaftliches Verstehen einräumen. Bei der Konjunktion und in einer mehr ergänzenden Art, auch bei der Opposition, liegt der Fall vor, daß die Gesamtpersönlichkeit des Sonne-Partners von der Art des Selbstausdrucks des Asz-Eigners zu tiefst angesprochen wird. Es liegt eine starke Sympathie vor, wahrscheinlich auch durch eine körperliche Anziehung, wenigstens bei Konjunktion und Opposition. Diese beiden Aspekte führen oft zur Ehe. Es ist dann so, daß der Sonne-Eigner den Asz- bzw. Desz-Eigner liebt, daß er ihn (bes. körperlich) attraktiv findet, daß er ihn begehrt. Dieses Liebesverlangen wird zwar erwidert, doch muß dies nicht mit gleicher Intensität geschehen. Der Asz- bzw. Desz-Eigner ist gegenüber dem Sonne-Eigner im Vorteil. Er vermag ihn zu beherrschen, von sich abhängig zu machen, was, wenn andere Faktoren in die gleiche Richtung weisen, sogar bis zu einer gewissen Hörigkeit gehen kann. Im allgemeinen aber liegt hier ein sehr beglückender Aspekt vor. Er kann sich in den Horoskopen von Blutsverwandten beim PV ergeben, wo er die familiären Bande enger knüpft. Bei Nichtverwandten ist Sympathie gegeben, die für ein ganzes Leben reicht und die auch schwierige Probleme gemeinsam lösen läßt. Der Unterschied zwischen Konjunktion und Opposition liegt weniger in der Stärke des Aspekts als vielmehr in der Tatsache, daß die Opposition ergänzende Wesenseigenschaften anzeigt.

Eigene Erfahrungen:

☉ im Spannungsaspekt zu Asz / Desz
☉ □ Quadrat — Asz / Desz 30

Man sollte hier weniger die Zeichenstellung miteinander vergleichen, denn diese würde den Aspekt nur negativ beurteilen lassen. Vielmehr kann der recht genaue Quadratwinkel anzeigen, daß zwar gewisse Unvereinbarkeiten im Wesen vorliegen, daß die Partner aber dennoch aufeinander zugehen können. Allerdings wird Selbstdisziplin nötig sein, um Mißverständnisse auszuschalten. Meistens wird der Sonne-Eigner sich als der stärkere Aspekt-Partner erweisen. Zwischen beiden kann eine Art Konkurrenzdenken vorliegen, das es schwer macht, gemeinsam an einem Strang zu ziehen. Auch die Interessenrichtungen werden auseinandergehen, besonders was die Beziehung zur Öffentlichkeit angeht. Deswegen ist diese Konstellation für jene Verbindungen schädlich, bei denen es darauf ankommt, in der Öffentlichkeit eine gute Figur zu machen oder etwas zu leisten. Es hängt bei der Beurteilung dieses Aspektes von der Reife der Partner ab, ob sie die doch auch gegebenen gemeinsamen Interessen verfolgen oder ob die Schwierigkeiten überwiegen.

Eigene Erfahrungen:

☉

☉ harmonisch zu MC
☉ ☌ Konjunktion, △ Trigon, ⚹ Sextil — MC 31

In gewisser Hinsicht ist diese Konstellation ähnlich wie Nr. 29 zu beurteilen, jedoch weniger im Hinblick auf das Milieu als vielmehr auf die soziale Position. Dieser Konstellation kommt daher auch in beruflichen oder sachlichen Beziehungen ein größeres Gewicht zu. Besonders die Konjunktion begünstigt die Karriere oder den sozialen Aufstieg beim MC-Partner. Der Sonne-Eigner läßt sich den Fortschritt des MC-Partners sehr angelegen sein und fördert ihn. Umgekehrt ist die Wirkung etwas schwächer anzunehmen.

Eigene Erfahrungen:

☉ im Spannungsaspekt zu MC
☉ □ Quadrat — MC 32

Hier kann eine Behinderung des sozialen Aufstiegs durch den Sonne-Eigner möglich sein, bzw. ist mit Hindernissen zu rechnen. Der MC-Eigner sieht seine Bemühungen in beruflicher oder sozialer Hinsicht nicht gewürdigt, erlebt Störungen oder Unstimmigkeiten durch den

Sonne-Eigner. Für sachliche oder geschäftliche Verbindungen ist diese Konstellation ungünstig, kann aber auch familiär Nachteile bringen, weil gleichzeitig ja Sonne-Quadrat-IC fällig ist.

Eigene Erfahrungen:

☉ in Opposition zu MC
☉ ☍ Opposition zu MC = ☌ Konjunktion IC 33

Aus diesem Tatbestand ergibt sich, daß die Opposition nicht so fördernd für äußere Lebensziele sein kann, weil mehr der rein persönliche Bereich angesprochen wird, wie er sich durch Familie, Elternhaus oder Heimat des IC-Eigners ergibt. Darum ist diese Konstellation bei einer Heirat als durchaus fördernd anzusehen. Es ist zu erwarten, daß die Eltern diese Verbindung gutheißen.

Eigene Erfahrungen:

☽

Der Mond im Horoskopvergleich

1. Der Mond für sich betrachtet:

Der Mond symbolisiert das Grundprinzip des Gefühls, der Seele, der Phantasie. Er bezeichnet Wechsel und Veränderung, auch Fruchtbarkeit, hat Bezug auf Heimat und Volk, unter den Personen auf die Mutter oder Gattin. Er steht in der Astrologie für das Weibliche, aber auch für das Unvollkommene. Im Horoskop einer Frau bezeichnet der Mond das Ich, in der männlichen Nativität steht er für das Du. Mondaspekte haben Bezug auf die Kontaktfähigkeit, soweit Seelisches dabei eine Rolle spielt. Gesundheitlich ist der Mond zuständig für Drüsen und Sekretion, für Stoffwechsel, Fortpflanzung und Fruchtbarkeit.
Der Mond hat seine stärkste Wirksamkeit im Krebs, im Steinbock dagegen ist er »vernichtet«.

2. Der Mond in der Partneranalyse:

Mondaspekte sind im Horoskopvergleich besonders dann zu beachten, wenn es sich um eine PA bei Freunden, Verliebten, Eheleuten oder Familienangehörigen handelt. Sie zeigen, wie von der Gefühlsseite her sich ein Geborener mit seinem Partner verständigt. Der Mond in der PA gibt Aufschluß, ob und wie weit man auf häusliches, d. h. familiäres Verständnis rechnen kann, wie weit das innere Engagement in dem Kontakt geht. Da das Unterbewußtsein viele Impulse steuert, würde die Beurteilung einer Partnerschaft ohne Beachtung des Mondes viel zu vordergründig ausfallen und wesentliche Deutungselemente unberücksichtigt lassen. Schließlich lassen Mondaspekte in der PA auch vermuten, daß durch die Partnerbeziehung psychosomatische Störungen ausgelöst werden können.

3. Besonders zu beachten:

Ist einer der Partner sehr gefühlsbetont, was durch Besetzung von Wasserzeichen oder durch Mondstellungen ausgewiesen ist, kann eine glückliche Verbindung, gleich welcher Art, nur gelingen, wenn auch der Vergleich Mondverbindungen ausweist.

4. Stellung des Mondes in den Tierkreiszeichen:

☽ in ♈

Der Horoskop-Eigner ist schwer zu überzeugen, weil er sich für Argumente nicht Zeit nimmt. Er ist übereifrig, will in der Liebe erobern und ist leidenschaftlicher Gefühle fähig. Er neigt zu frühem Eheschluß, was er später dann bereuen wird. Partner mit dem Mond im Widder haben in der Ehe gern die Hosen an. Gut, wenn es der Partner versteht, sich anzupassen.

☽ in ♉

Anhaltende Zuneigung für den Partner. Die Leidenschaft wird gezügelt, ist aber tief. Die sinnliche Befriedigung ist ebenso wichtig, wie die Überzeugung, daß der Partner treu ist. Es besteht die Neigung, den Partner als Besitz zu vereinnahmen.

☽ in ♊

Sucht Abwechslung, unterliegt Stimmungsschwankungen, legt sich aber in seinen Gefühlen nicht gern fest. Ein ausgeglichener Partner kann den inneren Zwiespalt überwinden helfen. Die Triebnatur ist zwar leicht erregbar, doch wenig beständig. Der Partner soll aufgeschlossen und vielseitig interessiert sein, damit aufkommende Langeweile nicht das Interesse an der Partnerschaft mindert.

☽ in ♋

Eigner ist weich und gefühlsbetont, daher in seinen Empfindungen leicht zu beeinflussen. Er fühlt sich rasch gekränkt, weil er empfindsam ist und alle äußeren Eindrücke seelisch verarbeiten muß. Dieser Eigner kann Familiäres zu seinem Lebensziel machen. Nimmt der Partner nicht Rücksicht auf seine seelische Verfassung, kann sich der Mond-Eigner zurückziehen und freiwillig isolieren. Eine Verbindung mit einem Vielredner, dem manches unbedachte Wort herausrutscht, verläuft selten ersprießlich, da der Mond-Eigner übelnimmt. Die Partnerverbindung muß innig sein, der Mond-Eigner will sich anlehnen. Deswegen heiraten Frauen mit Mond im Krebs gern reife Partner.

☽ in ♌

Der selbstbewußte und autoritäre Partner will in der Zweierbeziehung dominieren. Der andere soll sich anpassen oder unterordnen, den Mond-Eigner bewundern. Selbst großzügig, hat er kein Verständnis für kleinkarierte Auffassungen.

☽ in ♍

Der Verstand regiert das Gefühl. Darum ist der Mond-Eigner ein ewiger Zweifler, von Bedenken geplagt und bereit zu kritisieren. Er sieht das Leben praktisch und nüchtern. Doch man sollte ihm nicht mit Romantik kommen, die keinen materiellen Hintergrund hat. Disharmonische Radixverbindungen lassen Mißtrauen gegenüber dem Partner vermuten. Der Mond-Eigner ist auch wählerisch und bevorzugt solide Verbindungen.

☽ in ♎

Das Liebesverlangen zeigt sich weniger vordergründig sinnlich als vielmehr ästhetisch, zärtlich, verspielt. Der Partner kann helfen, die Balance zu halten, sollte dem Mond-Eigner daher Gefühlsschocks ersparen.

☽ in ♏

Das Triebleben spielt eine hervorragende Rolle. Wenn der Partner diesbezüglich schwach veranlagt ist, wird der Mond-Eigner sich vernachlässigt und frustriert vorkommen. Der Partner muß die Eigenwilligkeiten respektieren. Er darf keinen Anlaß zur Eifersucht geben, sonst wird der Mond-Eigner leidenschaftlich »Rache nehmen«. Er kann in seinen Gefühlsäußerungen von einem Extrem ins andere fallen.

☽ in ♐

Anpassungsfähig und beweglich werden rasch Kontakte geschlossen. Aber starke Schwankungen und vielseitige Interessen erfordern vom Partner Toleranz und eine gewisse Festigkeit, damit es nicht zu Untreue kommt. Häufiger Stimmungswechsel, überschäumende Begeisterung und ebenso rasche Ernüchterung dürfen dem Mond-Eigner nicht vorgehalten werden. Der Partner sollte in seinen Gefühlen beweglich sein, um den Mond-Eigner aufzumuntern, bzw. leichtfertigen Gefühlsäußerungen vorzubeugen.

☽ in ♑

Es fällt schwer, dem Partner zu zeigen, wie es dem Mond-Eigner ums Herz ist. Er erscheint gefaßter, als er im Grunde ist. Für Zuwendung ist er dankbar, legt auch keinen Wert auf luxuriöses Leben, dafür aber auf Sicherheit. Der Partner muß ernst und verantwortungsbewußt sein. Aussprachen mit dem Mond-Eigner brauchen ihre Zeit, denn er äußert sich nicht gern spontan.

☽ in ♒

Das Gefühlsleben ist nicht mit der üblichen Elle zu messen. Der Mond-Eigner ist gern unabhängig, tut leichten Herzens Dinge, für die ein anderer wenig Verständnis hat. Seine soziale Einstellung macht den Mond-Eigner hilfsbereit, läßt ihn Schwächen des Partners tolerieren, doch sein Glücksverlangen kann ihn dennoch eigene Wege suchen lassen.

☽ in ♓

Sehr warmherzig und tief veranlagt, teils gesellig, teils Neigung zu Zurückhaltung und Isolation. Mißverständnisse gehen unter die Haut und deprimieren. Seelische Krisen wirken nachhaltig. Der Mond-Eigner verträgt nicht, wenn man seine Gefühle nicht ernst nimmt.

5. Bewertung der Mondposition im Radix:

Der Mond verkörpert mehr als nur das seelische Grundprinzip. Zusammen mit der Sonne drückt er die Polarität aus, die die Chinesen als yang (männlich, Sonne) und yin (weiblich, Mond) bezeichnen. Demgemäß sind die Aspekte zum Mond, besonders dessen Verhältnis zur Sonne wichtig, um die Ausgewogenheit eines Horoskop-Eigners zu beurteilen. Liegt eine solche vor, erleichtert das auch Partnerschaften.

6. Stellung des Mondes in den Häusern des Partnerhoroskops:

☽ in 1

zeigt an, wie der Mond-Eigner zu den individuellen Interessen des Haus-Eigners steht, wie er sich ihm familiär anpaßt, welche Gefühle er ihm entgegenbringt und wie er ihn in dem Bestreben fördert, in seinem Milieu aufzugehen. Der Mond-Eigner fördert das durch emotionale Anteilnahme. Der Haus-Eigner kann romantische Empfindungen für den Mond-Eigner entwickeln, wenn in irgendeiner Form Aspekte zum 5. Haus, dessen Regenten oder zu den Planeten in diesem Sektor, vorliegen. Der Haus-Eigner beeinflußt die häusliche Szene des Mond-Partners, sein Familienleben und seine Wünsche bezüglich der Kinder. Steht der Mond eines Kindes im 1. Haus eines Elternteils, wird er es schwerhaben, sich von ihm unabhängig zu machen. Umgekehrt ist vom Haus-Eigner eine besondere Fürsorge und Anhänglichkeit an den Mond-Partner zu erwarten. Ist der Mond im 1. Haus in negativ zu beurteilenden Vergleichsaspekten, muß der Haus-Eigner sich mit psychischen Problemen des Mond-Partners beschäftigen, was das Zusammenleben nicht gerade erleichtern wird.

☽ in 2

Diese Kombination fördert Geschäftsbeziehungen und solche, bei denen es um Ernährung, eine höhere Lebensqualität oder um Familienbesitz geht. Finanzielle Unternehmungen des Haus-Eigners können durch gefühlsmäßig bedingte Handlungsweisen des Mond-Eigners gefördert oder gestört werden, doch wird der Einfluß selten gleichmäßig sein. Häufig hat der Mond-Eigner etwas für gemeinsame Genüsse übrig, die er sich mit dem Haus-Eigner leisten möchte.

☽ in 3

Der Mond-Eigner stellt sich auf die familiäre Situation des Haus-Eigners ein, sucht Kontakt zu dessen Nahverwandten, fördert (in schlechten Aspekten hemmt) den häuslichen Umgang, andererseits können Personen aus der Umgebung des Haus-Eigners den Mond-Partner beeinflussen. Hat der Mond-Eigner im Radix einen starken Merkur-Einfluß, können bei ernsthafter Veranlagung gemeinsame Studien oder Reisen gelingen, mangelt es an Ernsthaftigkeit, wird nur Alltägliches beschwatzt. Ist der Mond-Eigner lebenspraktisch unerfahren, können vom Haus-Eigner Impulse ausgehen, die ihm helfen werden.

☽ in 4

Der Mond-Eigner fördert familiäre Belange seines Partners. Er stellt sich auf Eltern, Herkommen oder, was Heimatbezüge angeht, gut ein. Seine Anteilnahme ist herzlich und gefühlvoll, es werden frühkindliche Erlebnisse angesprochen. Umgekehrt kann der Haus-Eigner den Mond-Partner finanziell oder in anderer Weise fördern, ihm einen materiellen Rückhalt geben, wozu auch die Förderung durch seine Familie gehört.

☽ in 5

Diese Konstellation kommt den Liebeswünschen des Haus-Eigners entgegen. Sie begünstigt einen Flirt, eine romantische Beziehung, aber auch Triebhaftes, was bis zum gemeinsamen Wunsch nach Kindern gehen kann. Interesse liegt vor für Erziehungsfragen, so daß diese Konstellation die Partnerschaft von Lehrer–Schüler ebenso begünstigt, wie zwischen Eltern und Kindern. Da der 5. Sektor auch über schöpferische Qualitäten urteilen läßt, profitieren von einer solchen Haus-Stellung künstlerisch Tätige, durch Vergnügungen aneinander Gebundene, doch ist es auch für Geschäftsverbindungen ein erfreulicher Mondstand, wenn es dabei um Unterhaltungen oder Spekulationen geht. Der Mond-Partner ermuntert den Haus-Eigner, als Künstler oder in sozialer Hinsicht tätig zu werden.

☽ in 6

Der Mond-Partner nimmt Interesse an Gesundheitsbelangen des Haus-Eigners, so daß die Konstellation besonders günstig ist für Partnerschaft zwischen Arzt und Patient, Krankenschwester und Pflegling, darüber hinaus aber auch erfolgversprechend für Arbeitnehmer und Arbeitgeber. Ein Haus-Eigner in abhängiger Position wird durch den Mond-Partner profitieren. Wenn es um die Erfüllung kleiner oder alltäglicher Pflichten geht, kann der Mond-Eigner im Haus-Partner eine verläßliche Stütze haben.

☽ in 7

Je näher der Mond am Deszendenten steht, um so intensiver ist die Verbindung, besonders in einer Ehe. Der Mond-Eigner ist hier der Gebende, weil der Haus-Eigner in ihm seine gefühlvollen Erwartungen verkörpert sieht. Darüber hinaus begünstigt diese Konstellation Beziehungen der Partner zur Öffentlichkeit, aber auch familiär, d. h.

in allem, was der Haus-Eigner als sein »Du« empfindet. Für eine Ehe ist diese Konstellation eine gute Voraussetzung. Der Mond nahe der Horizontachse zeigt, daß dessen Eigner den Haus-Partner begehrt und ihn in einem romantischen Licht sieht. Eben deshalb und weil wechselvolle Empfindungen im Spiel sind, ist diese Beziehung emotional anfällig. Dennoch wird der Haus-Eigner vom Mond-Partner gut und gern versorgt werden, es sei denn, daß widrige Aspekte aus dem P-Hor den Mondort verletzen.

☽ in 8

Begünstigt sind Geschäftsbeziehungen, besonders soweit sie Erbschaften, Versicherung oder Finanzielles betreffen. Der Mond sollte in harmonischen Aspekten stehen, damit man nicht auf Streit und Auseinandersetzungen schließen muß. Der Haus-Eigner kann in den Angelegenheiten, die dieser Sektor betrifft, mit gefühlvoller Anteilnahme des Mond-Eigners rechnen. Umgekehrt kann dieser durch die Ergebnisse von Erbauseinandersetzungen des Haus-Eigners gefördert, bzw. in Mitleidenschaft gezogen werden. Die Konstellation ist günstig für parapsychologische Aktivitäten oder für Kontakte, die durch das Unterbewußtsein angeregt werden.

☽ in 9

Was höhere geistige Interessen des Haus-Eigners angeht, seien es Religion, Philosophie, aber auch Vordergründiges, wie es sich durch Auslandsbeziehungen ergibt, wird der Mond-Eigner auf die ihm gemäße Art Anteil nehmen. Er bringt weniger geistiges Interesse als herzliches Verständnis auf. In umgekehrter Hinsicht kann der Mond-Partner durch den Haus-Eigner zu geistigen Höhenflügen ermuntert werden, oder seine religiösen Überzeugungen gewinnen an Tiefe, und es festigen sich seine durch den Haus-Eigner herbeigeführten Kontakte zu Ausländern. Die Konstellation begünstigt Partnerbeziehungen aus den genannten Gebieten, nicht zuletzt auch Belange weiter Reisen.

☽ in 10

Je enger der Mond am MC steht, um so nachhaltiger wird dessen Eigner Bezug auf berufliche Karriere und soziale Stellung des Haus-Eigners nehmen können. Ist der Mond in günstigen Aspekten, vermag er den Haus-Eigner zu fördern, ist der Mond verletzt, wird sich dies auf die Gradlinigkeit der Bestrebungen auswirken. An Partnerschaften sind vor allem berufliche oder geschäftliche Verbindungen betroffen. Dabei werden die Interessen des Mond-Eigners mehr dem beruflichen und sozialen Werdegang des Partners gelten, als dessen häuslicher Situation. Es kann sein, daß er ihn gerade wegen des Berufes oder wegen seines sozialen Status schätzt und bewundert, sofern sich der Mond in einem Zeichen befindet, das Beifallskundgebungen zuläßt. Der Haus-Eigner kann im Mond-Partner eine Persönlichkeit sehen, die Verständnis für jene Betätigung aufbringt, die für ihn »Berufung« ist. Bei einer Heirat oder privaten Verbindung spielen die Elternhäuser der Partner eine entscheidende Rolle. Es ist wünschenswert, wenn die Position des Mondes einen hilfreichen Aspekt mit dem Zeichen-Herrn des 4. Hauses hat.

☽ in 11

Gemäß der Natur dieses Sektors ist die Konstellation wichtig für Freundschaft oder bei Gruppenaktivitäten, dort, wo der Kontakt über rein sachliche Beziehungen hinauswächst und eine mehr gefühlvolle Anteilnahme erlaubt. Familiäre oder häusliche Belange werden durch diese Konstellation bei beiden Partnern gefördert. Sofern aus einer Freundschaft geschäftliche Abmachungen erwachsen, ist diese Mond-Konstellation ebenfalls hilfreich. Der Haus-Eigner kann seinem Mond-Partner helfen, sein soziales Umfeld zu erweitern, Freundschaften zu schließen und somit seinem Selbstgefühl entgegenzukommen.

☽ in 12

Ist der Mond durch gute Aspekte gestärkt, kann dessen Eigner helfen, Gegner des Haus-Eigners auszuschalten. Bei dieser Konstellation ist an ein geheimes Band zu denken, das die beiden Partner verbindet. Ist der Mond verletzt, können selbstzerstörerische Tendenzen beim Haus-Eigner wachgerufen werden, die im Psychischen ihre Ursache haben. Ist der Haus-Eigner nicht eine sehr gefestigte Persönlichkeit, wird er sich vom Mond-Partner karmisch abhängig fühlen. Die gegenseitige Beziehung mag Außenstehenden nicht einsichtig sein, auch ihr tieferer Grund bleibt den beiden Partnern verborgen. Es ist nicht möglich, über den Intellekt her einen Zugang zueinander zu finden, sind aber die psychischen Vergleichsaspekte stark, kann die Verbindung vom Unbewußten her gefördert oder zerstört werden. Für den Mond-Partner kann der Haus-Eigner durch Sorgen, Prozeß, aber auch durch ein schweres Gesundheitsschicksal zu einer seelischen Belastung werden.

☽ harmonisch zu ☽
☽ △ Trigon, ⚹ Sextil — ☽ 34

Hier liegt eine ähnliche Veranlagung vor, gefühlsmäßig zu reagieren oder äußere Reize, wie sie auftreten, gemüthaft zu verarbeiten. Dies ist wichtig, wenn der Orbis eng ist, so daß Transite gleichzeitig spürbar werden. Günstige Mondverbindungen erleichtern es, Handlungsweisen des Partners in familiärer, häuslicher oder finanzieller (hier im Sinne von fürsorglich zu verstehen) Hinsicht zu begreifen. Obwohl es nicht in erster Linie ein Aspekt ist, der es erleichtert, über Probleme miteinander zu reden, ist durch ähnliche Empfindungen hierfür mindestens eine Voraussetzung geschaffen. Harmonische Mondverbindungen erleichtern das Zusammenleben in der Familie oder das Auskommen mit der Umwelt. Deswegen sind harmonische Mondbeziehungen untereinander eine gute Voraussetzung für Eltern-Kind-Beziehungen, aber auch für schulische Kontakte zwischen Lehrpersonen und Schülern, da Sympathie als Vorstufe eines bewußten Verstehens gelten kann. Günstige Mond-Kombinationen signalisieren Höflichkeit des Herzens. In angenäherter Form kann ferner beachtet werden, was im Abschnitt Konjunktion aufgeführt wird. ☽

Eigene Erfahrungen:

☽ im Spannungsaspekt zu ☽
☽ □ Quadrat, ☍ Opposition — ☽ 35

Ein Spannungsaspekt zwischen beiden Monden ist besser als gar keine Verbindung, was anzeigen würde, daß Leerlauf besteht. Jedoch ist es kein harmonisches Miteinander, es gibt Schwierigkeiten bei der Verständigung, weil Gefühle Mißverständnisse bewirken, daß sich einer am anderen reibt. Zündstoff liegt in familiären Angelegenheiten, in Belangen, die die Versorgung angehen, also mit Ernährung zu tun haben, ferner solche, die den Tagesrhythmus betreffen. Der Quadrataspekt wird dann nachteiliger zu beurteilen sein, wenn die Mondposition in Tierkreiszeichen fällt, die miteinander unverträglich sind. Ist aber infolge des Orbis das Quadrat so gelagert, daß zwar eine Distanz von etwa 90° vorliegt, die Mondpositionen aber noch in Sextilzeichen fallen, betreffen die Unterschiede weniger das Naturell, als vielmehr die durch Transite bezeichneten Unstimmigkeiten (Mond 1 in 0° Widder ♈ zu Mond 2 in 28° Zwillinge ♊).
Die Oppositionsstellung kann auch Differenzen und Mißverständnisse bringen, die wesentlich in der unterschiedlichen psychischen

Veranlagung begründet sind. Aber hier spricht doch eine gewisse Ergänzungsmöglichkeit mit, die gerade dann von Vorteil sein kann, wenn es sich um eine Freundschaft oder Liebesbeziehung handelt. So gehen die Partner wohl aufeinander zu, haben gefühlsmäßig viel Verständnis füreinander, aber das Alltagsgeschehen produziert immer wieder neue Mißverständnisse. Der Grund ist, daß der Mond als Symbol wichtiger Rhythmen aufzufassen ist. Bewertet man einen Umlauf als einen in sich geschlossenen Rhythmenkreis, bezeichnet die Radixposition den Null-Wert, die Opposition aber den Halbzeitwert. Darum können Transite den einen Partner in Hochform sein lassen, während der andere nicht mitziehen kann.

Eigene Erfahrungen:

☽ in Konjunktion mit ☽
☽ ☌ Konjunktion — ☽ 36

Die Konjunktion ist eindeutig günstig zu bewerten, so daß uneingeschränkt gilt, was unter Nr. 34 aufgeführt wurde. Sie ist jedoch insofern ein Sonderfall, weil bei einer Konjunktion im selben Tierkreiszeichen die gegenseitige Sympathie äußerst verbindend wirkt und durchaus als Vorstufe von Liebe aufgefaßt werden kann. Das hat auch eine biologische Ursache, die im vegetativen System des Körpers begründet ist. Ihm sind Essen und Trinken, Schlafen und Wachen, und jene Gefühle zugeordnet, die sich als Stimmung oder Laune äußern. Stehen die Monde in Konjunktion, dann werden körperliche Reaktionen der Partner ähnlich ablaufen, was sich direkt seelisch und geistig auswirken kann. Das wird besonders spürbar, wenn zwei Partner wie in einer Ehe dauernd und eng zusammenleben, bzw. aufeinander angewiesen sind. Schließlich hängt vieles von der Art und Weise ab, wie jeder Partner seinen Tageslauf gestaltet, ob er früh aufsteht oder spät abends zu Bett geht, wie er seine Freizeit gestaltet, seine Kräfte regeneriert, welche Rolle sein Gemütsleben spielt. Stehen die Monde im P-Hor in Konjunktion, besonders wenn es dasselbe Tierkreiszeichen ist, dann können sie miteinander auskommen ohne viele Worte zu machen, fühlen sich vom anderen verstanden, nehmen äußere Impulse gleich auf und reagieren demnach ähnlich. Aber selbst in Partnerverbindungen, wo keine so enge Verbindung beider Personen vorliegt, wie z. B. beim Arbeitgeber–Arbeitnehmer-Verhältnis, vermag die allgemeine Sympathie füreinander gute Voraussetzungen zu schaffen, daß man sich respektiert und nicht unnötig auf die Zehen tritt. ☽

Eigene Erfahrungen:

☽ harmonisch zu ☿
☽ ☌ Konjunktion, △ Trigon, ⚹ Sextil — ☿ 37

Beide Gestirne, besonders aber Merkur, symbolisieren Wechsel, Ausgleich, Vermittlung. Bedeutsamer indessen ist, wie Hingabe und beseelte Anteilnahme eines Partners durch Intellekt, Beobachtung und Verständnis des anderen gefördert werden. Die harmonische Gestirnverbindung zeigt, daß der Mond-Eigner den Gemütswert der Dinge auf das vom Merkur-Eigner vertretene Nützlichkeitsprinzip abstimmen kann. Umgekehrt vermag dieser Phantasie und Gefühl des anderen in eine bewußte Richtung zu lenken. Ist gemeinsam eine Aufgabe zu bewältigen, vermag der Mond-Eigner die notwendigen Schritte zu erfühlen, kann sich auf seine Vorstellungen verlassen, während der Merkur-Eigner Schlagfertigkeit, Beobachtungsgabe und Theorien beisteuern kann. Der Kontakt zwischen beiden Personen gelingt, weil die Möglichkeit vorliegt, vielseitig an den unterschiedlichen Interessen anzuknüpfen, bzw. sie einzusetzen. Darum begünstigt der harmonische Mond-Merkur-Aspekt geschäftliche Unternehmungen und solche Partnerschaften. In privaten Beziehungen vermag der Mond-Partner eine häusliche Basis für berufliche Aktivitäten des Merkur-Eigners zu schaffen. Dieser kann sich bei ihm wohlfühlen und findet ein verständnisvolles Echo für seine beruflichen Unternehmungen. Besonders günstig, wenn es sich um Versorgungs- oder Ernährungsangelegenheiten handelt, oder aber um solche, bei denen das Publikum eine Rolle spielt. Auch Partnerbeziehungen in Heilberufen profitieren von dieser Konstellation, weil sowohl Fürsorge aus innerer Anteilnahme vorliegt, als auch Einsicht in notwendige Maßnahmen.

Eigene Erfahrungen:

☽ im Spannungsaspekt zu ☿
☽ □ Quadrat, ☍ Opposition — ☿ 38

Es ist eine die Harmonie in der Partnerschaft sehr störende Gestirnverbindung. Vor allem in einer Dauerbeziehung kann es lästig sein, wenn Ideen und Gedanken des Merkur-Partners vom Mond-Eigner absolut nicht verstanden werden, wenn sich immer wieder Meinungsverschiedenheiten an alltäglichen Belangen entzünden oder von früh bis spät Launen wegen Rhythmusstörungen vorliegen. Der Mond-Eigner fühlt sich durch den Merkur-Partner belästigt, kritisiert, als überempfindlich und irrational handelnd oder faul eingestuft. Andererseits wird der Merkur-Eigner als unempfindlich und überkritisch angesehen, ein Nörgler, dem es der Mond-Eigner beim besten Willen nicht recht machen kann. An der Oberfläche bleibende Auseinandersetzungen haben zur Folge, daß der Kern gemeinsamer Anliegen nicht beachtet werden kann, daß der Merkur-Eigner das Herz seines Mond-Partners nicht erreicht, dieser aber vergebens an die Vernunft des anderen appelliert. So ist ein Gefühl der Unzufriedenheit und Unsicherheit auf beiden Seiten gegeben. Die Oppositionsstellung ist mindestens ebenso negativ zu beurteilen wie das Quadrat, denn hier liegt keine Ergänzung vor, sondern eine Gegnerschaft, die sich in den alltäglichen Aktivitäten äußert. Tauchen Probleme auf, reagiert der Merkur-Partner aus rationaler Überlegung, während der Mond-Eigner aus seiner Gefühlsverfassung urteilt und handelt. Dies kann zu sehr unterschiedlichen Auffassungen führen, zumal bei Problemen, die besser mit dem Verstand allein betrachtet würden. Zu denken ist hierbei an Geschäftliches, an Forschungsangelegenheiten, andererseits aber an häusliche oder familiäre Belange. Lediglich bei einer Partnerbeziehung, bei der Reisetätigkeit im Mittelpunkt steht, kann die unterschiedliche Auffassungsweise hilfreich sein.

Eigene Erfahrungen:

☽ harmonisch zu ♀
☽ ☌ Konjunktion, △ Trigon, ⚹ Sextil — ♀ 39

Der Aspekt läßt die Frage beantworten, wie weit seelische Anteilnahme des Mond-Eigners die Hingabe an den Sinnenreiz bei dem Venus-Partner fördert. Das Seelenleben des einen steht in Einklang mit den Wünschen des anderen, was anregenden menschlichen Kontakt betrifft. Ferner können beide bei auftauchenden Meinungsverschiedenheiten relativ leicht eine friedliche Lösung finden. Sie entschädigen einander für Versagungen, enttäuschte Wünsche und haben die Gabe, zur rechten Zeit das Richtige zu tun, um den Partner aufzumuntern. Vor allem Partnerbeziehungen, bei denen es um ästhetische Fragen geht, also zwischen Künstlern, profitieren von diesem Aspekt. Zwar braucht jeder Mensch einen umfriedeten Eigenbezirk, aber diese Konstellation macht es möglich, sich dem Partner überdurchschnittlich zu eröffnen. Daher kann es eine glückliche Einheit von Gefühl und Empfindung geben. Gefördert sind durch diesen Aspekt auch soziale Kontakte und natürlich besonders Liebesbeziehungen. Es ist in erster Linie eine Konstellation der Hingabe an den andern. Es bleibt aber nicht beim mehr oder weniger starken Einverständnis in seelischer Hinsicht. Wie ein Blick in einen Zauberspiegel erlaubt diese Konstellation, den Partner schön und begehrenswert zu finden, sich nach seiner Zärtlichkeit zu sehnen und ihm tiefe Liebe entgegenzubringen. Dabei wird sich besonders bei der Konjunktion ein starkes Zusammengehörigkeitsgefühl ergeben, voller Wärme, Sympathie und dem Bedürfnis, dem anderen wohltun zu wollen. Darum vermag diese Konstellation Partnerbeziehungen intimer Art aufs schönste zu erfüllen. Dieser Aspekt stärkt Kontakte zwischen Künstlern, besonders wenn es sich um Unterhaltung und Musik handelt, aber auch in Geldsachen, Schmuck, Geschäften mit Luxusartikeln oder Versorgung im weitesten Sinne, seien es Nahrungsmittelproduktion oder -verwertung, dann Produktion, Kauf und Verkauf von Kleidung, sowie alles, was dem Wohlbefinden der Menschen dient. Menschen, die aufeinander eng bezogen sind, werden sich mit dieser Konstellation nie lästig fallen, im Gegenteil dafür sorgen, daß es dem anderen an nichts fehlt. Nun darf dieser Aspekt keineswegs isoliert betrachtet werden, denn er kann auch eine Schwäche offenbaren: Nachgiebigkeit gegen Verlockungen, u. U. ein Sich-gehenlassen und einen Mangel an Disziplin im Sinne von Strenge gegen sich selbst. Indessen ist dieser Aspekt eine Besonderheit der Konjunktion, etwa als Kehrseite der Medaille zu denken. Partner mit diesem Vergleichsaspekt können die Welt um sich herum vergessen und ineinander aufgehen.

Eigene Erfahrungen:

☽ im Spannungsaspekt zu ♀
☽ □ Quadrat, ☍ Opposition — ♀ 40

Bei diesem Vergleichsaspekt kann zwischen den Partnern ein Konflikt zwischen seelischen Bedürfnissen des einen und sinnlichen des anderen aufflackern. Er wird gewiß nicht hart ausgetragen, kann aber z. B. in einer Ehe Untreue anzeigen, weil Seitenwege eingeschlagen werden, um intime persönliche Wünsche zu befriedigen. In gewisser Hinsicht vermag diese Konstellation zu stimulieren, aber es gibt gefühlsmäßige Dissonanzen oder ein Aufbegehren des einen Partners gegen Sinnesreaktionen des anderen. Sucht der eine die seelische Verbundenheit, so der andere den Lustreiz. Innere Unsicherheit kann dazu führen, daß beide Partner sich Vorhaltungen wegen eines lässigen Lebensstiles machen, daß Eros und Familiensinn widerstreiten. Mißverständnisse treten auf, weil der eine die Verbindung als romantisch ansieht, der andere vordergründig sinnlich. Beide Partner können sich aber nicht so weit lösen, daß es jedem gleichgültig wäre, was der andere tut. Im Gegenteil, das Unausgefülltsein produziert Neidgefühle, im Fall einer Intimbindung Eifersucht. Ungeeignet ist die negative Mond-Venus-Verbindung in finanzieller Hinsicht oder wenn es um das häusliche Zusammenleben geht. Künstler werden zwar nicht die gleiche Wellenlänge haben, können aber beim Vorliegen von Merkuraspekten sich gegenseitig Anregungen geben. Geschäftlich ist die Kombination ungünstig, weil einer den anderen zu extravaganten und unrealistischen Handlungen verleitet. Dennoch muß man bei der Beurteilung im Auge behalten, daß Sympathie füreinander vorliegt. Das ist für die Opposition noch zutreffender als beim Quadrat. Bei Liebespaaren ist die Opposition Anlaß, aus romantischen oder zart-erotischen Gründen einander zu suchen. Beide Partner nehmen Anteil am sozialen Geschehen, begegnen sich in der Musik oder bei Hobby und Vergnügen. Sie ermuntern sich zu finanziellen Spekulationen, zu sexueller Aktivität oder zu Zerstreuungen. Eben darum ist die Opposition nachteilig für Geschäftsleute. Wenn noch andere Aspekte Dissonanzen im Zusammenwirken erwarten lassen, kann eine kritische Mond-Venus-Verbindung das negative Urteil nur verschärfen.

Eigene Erfahrungen:

☽ harmonisch zu ♂
☽ △ Trigon, ⚹ Sextil — ♂ 41

Das Gemüt des einen und der Wille des andern oder Gefühl und Trieb wirken zusammen. Impulse können von beiden ausgehen, werden aber in jedem Fall bestrebt sein, ihr Ziel rasch zu erreichen. Beide Gestirne beziehen sich u. a. auf Erotisches. So begünstigen harmonische Aspektverbindungen auch Intimitäten. Der Mars-Eigner ist der Herausforderer, der Mond-Partner verhält sich passiv, aber erwartungsvoll. Bei dieser Verbindung scheidet Strategie oder Planung aus, Gefühle treten spontan auf, werden offen gezeigt und leidenschaftlich erwidert. Jugendliche Unbekümmertheit zeigt sich in Affekthandlungen. Sind andere, das Sexualleben betreffende Aspekte zu berücksichtigen, wird es sich zeigen, daß es eine Liebe auf den ersten Blick ist, die alles gibt und alles fordert. Die Beziehungen laufen direkt und ohne Skrupel ab, sind undiplomatisch, aber warmherzig. Die Phantasie des Mond-Eigners beschäftigt sich mit der triebhaften Potenz des Mars-Eigners, umgekehrt wird dessen sehnsuchtsvolles Verlangen durch die Phantasie des anderen beflügelt. Der Aspekt ist stark und entspricht auch der natürlichen Rollenverteilung der Geschlechter. Es ist besser, wenn der Mars-Eigner der Mann und der Mond-Eigner die Frau ist.

Eigene Erfahrungen:

☽

☽ im Spannungsaspekt zu ♂
☽ □ Quadrat, ☍ Opposition — ♂ 42

Starke Anziehung und heftige Ablehnung wechseln miteinander ab. Handelt es sich um Personen gleichen Geschlechts, wird es schwierig, miteinander auszukommen, denn die Partner widersprechen einander und geraten leicht in Zorn. Daher endet eine solche Verbindung meistens mit einer Trennung, bei Naturen von niederem Niveau sind sogar Tätlichkeiten nicht auszuschließen. Der eine prahlt, ist aggressiv, der andere reagiert stumpf darauf oder fühlt sich in die Enge getrieben. Bei unterschiedlichem Geschlecht kann das Werben, wenn es sich um eine erotische Beziehung handelt, zu hitzig sein. Dem Mond-Eigner ist der Mars-Partner zu scharf, zu brutal, zu unduldsam. Er sieht seinen seelischen Rhythmus gestört, wird in Aufregungen versetzt, hat aber nicht die Möglichkeit zu einer harmonischen Gestaltung der Zweisamkeit. Dieser Aspekt stört Verbindungen aller Art, in erster Linie familiäre – oder herzliche. Er ist aber auch bei sachlichen Kontakten unerwünscht, denn es ergeben sich auf einer Ebene Konflikte, die mit den gemeinsamen Zielen direkt nichts zu tun haben müssen, emotional oder familiär. Auch die Opposition ist nur wenig besser zu beurteilen als das Quadrat. Seelisch bedingte Motive des Handelns seitens des Mond-Eigners werden durch den Mars-Partner gestört. Gefährlich ist der Spannungsaspekt für Kontakte, bei denen Spekulationen eine Rolle spielen, denn er ermuntert zu Abenteuer und Risiken. Es fehlt die kontrollierende Vernunft, Triebhaftes kann überborden.

Eigene Erfahrungen:

☽ in Konjunktion mit ♂
☽ ☌ Konjunktion — ♂ 43

In der Regel wird man die Konjunktion als eine Sonderform des Spannungsaspektes aufzufassen haben. So gilt, was unter Nr. 42 gesagt wurde. Da die Gestirne sich aber exakt aufeinander beziehen, wird man vor allem die eigentliche Bedeutung zu beachten haben. *Mars im Horoskop einer Frau bedeutet den »Animus«, d. h. den bewußt oder unbewußt vorgestellten idealen Partnertyp.* Steht nun beim Vergleich der Mond eines Partners an dieser Stelle, so entsprechen dessen seelische Strukturen dem Idealbild. So könnte eine solche Frau sich wahrscheinlich in diesen Mann verlieben. Angeblich soll diese Konjunktion auch zu einer raschen Empfängnis führen. Liegt der Fall umgekehrt, also Mond w – Konjunktion – Mars m, bleibt zu beachten, daß *Mars im Horoskop eines Mannes zeigt, wie er auf das andere Geschlecht wirkt.* Diese Marsposition ist Ausdruck seiner Potenz, so daß auch hier eine Verbindung gegeben ist, weil ja der Mond einen besonders starken Bezug zur Weiblichkeit an sich hat. Aber diese Verbindung ist dann zu fordernd und kann Perversitäten begünstigen. Der Mars-Eigner sieht dann sexuelle Attraktionen, wo die Partnerin nur Gefühle ausdrücken will. Sie kann sich daher von ihm überrumpelt oder vergewaltigt fühlen. Es ist eine Konstellation der Leidenschaft, als solche in einem Ehehoroskop nicht ungünstig, nur sollten mäßigende, d. h. harmonisierende andere Aspekte ebenfalls vorliegen. Für sich genommen kann die Mond-Mars-Konjunktion ein heftiges Entflammtsein anzeigen. Aber der Mars-Eigner wird durch seine Aggressivität den Mond-Partner in seiner Gemütsverfassung irritieren und beunruhigen. Es ist verständlich, daß der Mond-Eigner dem Mars-Partner Direktheit und einen Mangel an Einfühlungsbereitschaft vorhält. Der Mars-Eigner wiederum wird seinen Mond-Partner als schwach und faul ansehen. So gewinnt gerade dieser Aspekt seinen richtigen Stellenwert nur, wenn man ihn nicht isoliert von den anderen Konstellationen betrachtet. Das gilt auch für berufliche oder sozial bestimmte Partnerbeziehungen, in denen es sich zeigt, daß der Mars-Eigner die Gewohnheiten des Mond-Partners aufstachelt, in ihm Ehrgeiz wecken wird, weil der Mond-Partner es von sich aus an Initiative fehlen läßt, er aber dem Beispiel des Mars-Eigners nacheifern will. Bei Arbeitsbeziehungen ist es von Vorteil für einen Chef, wenn er Mars-Eigner ist, eine Arbeitnehmerin aber den Mond an der gleichen Position hat. Seine Führungsrolle wird dann nicht in Frage gestellt sein.

Eigene Erfahrungen:

☽ harmonisch zu ♃
☽ ☌ Konjunktion, △ Trigon, ⚹ Sextil — ♃ 44

Jupiter gilt als der »große Wohltäter«, der Mond ist neutral, bzw. nimmt die Farbe seines Aspektpartners an. Deswegen ist diese Konstellation als sehr günstig zu beurteilen, vor allem, wenn die Konjunktion vorliegt. Der Jupiter-Partner kann dazu beitragen, daß der Mond-Eigner sehr schöpferisch ist, optimal erreicht, wozu seine Phantasie, seine Gefühle oder seine gesamte psychische Natur ihn drängen. Es ist in erster Linie eine Sympathieverbindung, die um so schöner gelingt, je reifer und bewußter die Partner sie pflegen. Sie bietet die Chance, nicht nur herzlich zu sein, sondern auch moralisch, edel, echt und wahr. Die Partner helfen sich gegenseitig, sind freundlich und großzügig zueinander, wünschen sich ein harmonisches Miteinander und tun etwas dafür. Deswegen gelingen Familienbeziehungen dann aufs beste, und für eine Ehe ist die Voraussetzung doppelt günstig, denn Jupiter bezeichnet auch Recht, Gesetz und Ordnung, so daß die Tradition von einem Heiratsaspekt spricht. Phantasie und Unbewußtes spielen eine Rolle, werden zu einem starken Bindeglied für die Verbindung, die ganz auf Zuneigung gründet. Geschäftliche Partnerbeziehungen verlaufen offen und ehrlich und bringen keine rechtliche Komplikation. Auch Lehrer und Schüler profitieren von diesem Aspekt und selbstverständlich Eltern und Kinder. Er ist aber auch bei einem Kontakt zwischen Arzt und Patient wünschenswert. Ferner ist er einschlägig in religiösen oder kulturellen Bindungen, und erleichtert es, gemeinsam Kinder zu erziehen.

Eigene Erfahrungen:

☽ im Spannungsaspekt zu ♃
☽ □ Quadrat, ☍ Opposition — ♃ 45

Haben die Partner ein niedriges Niveau, werden sie sich bei einem solchen Aspekt gehenlassen, können Großzügigkeit zu weit treiben oder das Prinzip des Genießens zu weitherzig auslegen. Es ist eine Konstellation, die Leichtsinn ebenso begünstigt wie Dissonanzen. Ungerechtigkeit kann sich breitmachen, sei es, daß äußere rechtliche Schwierigkeiten einer Verbindung im Weg stehen, sei es, daß Übertreibungen oder Unduldsamkeit vorkommen, daß Ziele zu hoch gesteckt werden oder daß es an Lebensernst mangelt. Dennoch ist eine Verbindung da, ja, sie kann sogar andauern. Allerdings ist die Gefahr von Prozessen oder einer Trennung wegen Geldes möglich. Verliebte mit dieser Konstellation gehen selten zum Standesamt, man findet den Aspekt häufig im P-Hor bereits Verheirateter. Setzt man den Mond für die Frau und Jupiter für das Glück, dann verspricht der harmonische Aspekt die Erfüllung, der disharmonische aber bringt Schwierigkeiten bei der Realisierung, besonders vor dem Standesamt. Da Jupiter auch »Geld« bedeutet, kann es in einer Partnerbeziehung, bei der dieses eine Rolle spielt, auch verschwendet werden. So ist für eine finanzielle Abwicklung ein P-Hor mit Quadrat und Opposition problematisch.

Eigene Erfahrungen:

☽ harmonisch zu ♄
☽ △ Trigon, ⚹ Sextil — ♄ 46

Die Psyche des einen Partners steht in Beziehung zu Lebenserfahrung, konzentriertem Denken und Bemühen des anderen. Dessen leidvolle Erfahrungen, auch Überlieferungen, zwanghafte Festlegungen, Vorsichtshaltung beeinflußt die unbefangene Phantasie des anderen, die dieser aus dem Unterbewußtsein schöpft. In seiner schwächsten Form, dem Sextil, bringt die Konstellation Pflichterfüllung, realistische Beachtung vorgefundener Bindungstendenzen. Nichts soll dem Zufall überlassen bleiben, die Bindung braucht Zeit, sich zu entwickeln. Je genauer und kräftiger der Aspekt wird, um so mehr darf man erwarten, daß die Gefühle füreinander anhalten, daß die Partner treu zueinander stehen. Bei einer solchen Konstellation geht es nicht um ein frisches, elastisches Miteinander, sondern um die bewußte Einpassung in die soziale Rolle. Das aber heißt: das Schicksal annehmen, sich in die Bindung einpassen, auch wenn Unliebsames verkraftet werden muß. In dieser Bindung wird es nicht an Disziplin fehlen. Durch sie aber erwächst Selbstsicherheit, in dieser Beziehung stützt einer den anderen. Es ist keine Konstellation, die romantische Kontakte bringt. Aber sie ist eine Hilfe für ernsthafte Kooperation, Zusammenarbeit in geschäftlichen Angelegenheiten, praktische und auf Dauer angelegte Aktionen. Der Saturn-Eigner gibt dem Mond-Partner finanzielle Sicherheit oder sorgt für ihn. Umgekehrt vermag der Mond-Eigner das Naturell des Saturn-Partners weicher zu stimmen, ihm das Gefühl der Beheimatung zu geben. In Geschäftsverbindungen, bei denen es um Grund und Boden geht, die Landwirtschaft, Gartenwesen oder Bergbau betreffen, ist diese Aspektverbindung nützlich.

Eigene Erfahrungen:

☽ im Spannungsaspekt zu ♄
☽ □ Quadrat, ☍ Opposition — ♄ 47

An sich sind Mond und Saturn im astrologischen System ausgesprochene Gegensätze. Darum sind die kritischen Aspektverbindungen auch schwerwiegender zu beurteilen als die harmonischen. Während letztere mehr allgemeine günstige Voraussetzungen für die Partnerschaft bringen, zeigen böse Aspekte, daß ein Graben aufgerissen wird. Das geschieht nicht spontan, sondern langsam. Typisch für Saturnaspekte ist, daß sie zu Anfang einer Verbindung keineswegs störend in Erscheinung treten, ja, in der Form, wie sie zu beurteilen sind, nicht spürbar werden. Aber nach einiger Zeit tritt Hemmendes und Trennendes in Erscheinung. Kommt es dann nicht zum Bruch, leben z. B. in einer Ehe die Partner nebeneinander her. Die negativen Konstellationen wirken ernüchternd, isolierend. Betroffen ist vor allem der Mond-Eigner. Er empfindet die ganze Last der Verantwortung, es werden ihm Sorgen aufgebürdet, sein Expansionsdrang und

Mitteilungsbedürfnis, seine schöpferischen Aktivitäten sind unterdrückt. Die Folge sind nicht nur Abkehr vom Partner, je nach Mentalität auch Rückzug in sich selbst, bis hin zu psychosomatischen Störungen. Ein Spannungsaspekt zwischen Mond und Saturn belastet in familiärer Hinsicht, weil man sich genötigt sieht, für andere einzustehen, was man in dieser Form nicht mag oder verkraftet. Es ist eine Konstellation, die immer aufs neue Erinnerungen heraufbeschwört, vor allem an zurückliegendes Ungemach denken läßt. Aber gerade der Mond-Eigner wird es nicht verkraften, dauernd an Unglück oder an eigenes Verschulden erinnert zu werden. Hier liegt auch die Schwierigkeit, miteinander auszukommen, denn stete Vorhaltungen tragen nicht zur Bereinigung bei, auch ist es kaum möglich (wenn nicht günstige Merkuraspekte vorliegen), Mißverständnisse zu bereinigen. Die Gedanken kreisen stets um dasselbe Thema, die Partner fühlen sich unerlöst und unfrei. Kommen bei einer Verbindung Karriere und soziale Stellung ins Spiel, wird sich der Ehrgeiz des Saturn-Eigners an familiären Einwänden, häuslichen oder heimatlichen Belangen des Mond-Partners stoßen. Der Saturn-Eigner fühlt sich um seine Chancen gebracht. Andererseits werden Bemühungen des Mond-Eigners am Widerstand des Saturn-Partners scheitern. Die Konstellation beeinträchtigt familiäre oder freundschaftliche und eheliche Kontakte. Es ist typisch, daß Abneigung sich an Kleinigkeiten entzündet, und es scheint nicht möglich, diese durch die Vernunft auszuschalten.

Eigene Erfahrungen:

☽ in Konjunktion mit ♄
☽ ☌ Konjunktion — ♄ 48

In erster Linie muß die Konjunktion als der am stärksten wirkende negative Aspekt gelten, weshalb uneingeschränkt gilt, was unter Nr. 47 aufgeführt ist. Wenn es natürlich auch notwendig ist, das gesamte Horoskop und alle Gestirnverbindungen zu untersuchen, ob sie in die gleiche oder eine andere Richtung weisen, so kann allein diese Konstellation genügen, eine Partnerschaft scheitern zu lassen. Es kann aber auch eine Art Pflichtbindung sein, die positiv zu beurteilen ist, wie sie sich durch einen großen Altersunterschied mit seiner Problematik ergibt. Sind die Partner nicht optimistische und leichtlebige Naturen, sondern schwerfällig und starr, werden sie nicht aufhören, das Vorleben des anderen zu durchleuchten, werden Barrieren aufrichten und es immer wieder zu verhindern wissen, daß der Zustand harmonischer Gelöstheit erreicht wird. Eheliche Pflichten werden zur Last, materielle Sorge für Verwandte zur ungeliebten Pflicht, Hingabe ist nicht Wunsch, sondern wirkt erzwungen, aus Liebe wird Leid; das freilich *oft erst nach Jahren*, dann aber so, daß eine Umkehr nicht mehr möglich wird. Dieser Aspekt wird tiefste Resignation anzeigen. Sind Mond und Saturn aber im Radix in besten Konstellationen und haben sie auch beim Vergleich außer diesen Aspekten günstige Verbindungen zu Planeten des Partners, dann ist die Konjunktion positiv zu bewerten. Sie erweist sich als eine Konstellation, die Einsicht schenkt, Lebenszähigkeit bringt und die es möglich macht, daß sich die Partner gegen unangenehme Lebenszufälle absichern. Zwar hat die Phantasie in dieser Verbindung weniger Spielraum, aber die gefestigte Seelenhaltung kann Größe anzeigen.

Eigene Erfahrungen:

☽ harmonisch zu ♅

☽ △ Trigon, ⚹ Sextil — ♅ 49

Gefühl und Gemüt des einen Partners werden in Beziehung gesetzt zu plötzlichen Aktionen des anderen, wie sie sich aus Intuition, Erneuerungsbestreben oder aber durch den Zufall ergeben. So kann seelischer Brennstoff plötzlich entzündet werden, ein geistiger Funke aufleuchten, der stark Verbindendes erkennen läßt. Originelles und nicht Alltägliches mag sich bereits bei der ersten Begegnung ergeben, etwa Liebe auf den ersten Blick. Immer wird diese Verbindung eine Art Überraschungseffekt bewirken, der Gleichlauf unterbricht und die Gemütsverfassung auflockert, bzw. in Spannung versetzt. Bei einem Mond-Uranus-Aspekt ist viel Unberechenbares im Spiel. Was heute noch nicht gedacht wurde, ist schon morgen Wirklichkeit. So kann plötzlich ein starkes Gefühl füreinander auflodern, es wird selten langweilig sein. Die Partner regen sich auf ungewöhnliche Art an oder verfolgen originelle Gedanken. Dabei geht vom Uranus-Eigner die Initiative aus. Eine solche Beziehung kann die Partner leicht in Extreme fallenlassen. Es gibt Perioden, in denen die Zuneigung heftig ist, als eine Art Strohfeuer auflodert, dann wieder wird es Zeiten geben, in denen es an intensiver Anteilnahme mangelt. Handelt es sich um eine Sachverbindung, ist Geschäftliches zu bedenken, kann der Uranus-Eigner den Mond-Partner durch kühne Perspektiven begeistern. Es ist aber nicht gesagt, daß sie auch realistisch sind. Handelt es sich um eine Freundschafts- oder Liebesverbindung, können sich die Partner in ihrer seelischen Struktur auffallend unterscheiden. Was als gemeinsames Band vorliegt, ist von dritten Personen nicht zu ergründen, auch nicht zu begreifen. Es ist aber eine Reizwirkung, die der Alltag nicht bietet. Gerade darin liegt das Geheimnis, diese Verbindung auch immer wieder zu beleben.

Eigene Erfahrungen:

☽ im Spannungsaspekt zu ♅
☽ □ Quadrat, ☍ Opposition — ♅ 50

Was Nr. 49 besagt, muß nun unter negativem Vorzeichen gesehen werden. Auch hier kann es sich zunächst um ein ungewöhnliches Zusammentreffen handeln, doch sind die Voraussetzungen zu verschieden, um für die Dauer zusammenzuführen, bzw. die Partnerschaft gelingen zu lassen. Die Gemütsverfassung ist gespannt, es gibt Überstürzung, kritische Umstände, die zu einer Katastrophe führen können. Der Kontakt wirkt exaltiert. Es ist zunächst der Mond-Eigner, der gegen den Uranus-Partner rebelliert, dieser wiederum kann außergewöhnliche Ideen nicht anbringen, erlebt zwar einen Nervenkitzel, bleibt aber unbefriedigt. Bei einer Verbindung unter dieser Konstellation ist mit einer abrupten Trennung zu rechnen. Wahrscheinlich empfindet der Mond-Partner zuerst, daß er psychisch gefährdet ist und durch den Uranus-Eigner in eine neurotische Hochspannung versetzt wird. Wenn es zu einem Scheitern der Verbindung kommt, scheint eine Instinktbeirrung vorzuliegen. Der Gefühlswechsel und der Trend zu plötzlicher Entfremdung oder Trennung können am nachhaltigsten in einer Freundschafts- oder Liebesverbindung erlebt werden, schaden aber auch einem Lehrer–Schüler-Verhältnis und können im Arbeitsleben Unruhe stiften. Quadrat wie Opposition können auch eine Vernarrtheit in den Partner anzeigen. Meistens geht diese vom Uranus-Partner aus, während der Mond-Eigner davon weniger angesprochen wird oder uninteressiert ist. Früher oder später kann der Uranus-Partner zu einem Ausbruchsversuch gereizt werden. Der Mond-Eigner wird ihm das als Unzuverlässigkeit ankreiden. Was dem Mond-Eigner als häusliche Harmonie und Sicherheit wichtig ist, kann durch exzentrische Allüren des Uranus-Partners gestört werden. In dieser Partnerschaft wird darüber hinaus einer den anderen nervös und aufsässig machen, ihn irritieren. Sofern es um psychische oder grenzwissenschaftliche Unternehmungen geht, werden die Partner in ihren Ansichten nicht übereinstimmen. Bei der Opposition ist der Störungsfaktor nicht so hoch wie beim Quadrat. Die Verbindung hat manches Unkonventionelle. Die Partner finden sich erotisch attraktiv und wollen das Zusammenleben ganz nach eigenen Vorstellungen gestalten, sich keiner Tradition und üblichen Maßstäben anpassen. Es ist auch besser, die Verbindung nicht zu legalisieren, da plötzlicher Gesinnungswechsel zum Abbruch der Verbindung führen kann. Nur wenn beide Partner großzügig und tolerant sind, ihr Leben aus innerem Antrieb originell zu gestalten wissen, kann diese Konstellation stimulierend wirken. In der Regel ist es der Uranus-Partner, der Unabhängigkeit sucht, was den Mond-Eigner beirrt.

Eigene Erfahrungen:

☽ in Konjunktion mit ⛢
☽ ☌ Konjunktion — ⛢ 51

Das direkte Aufeinander-Bezogensein von Mond und Uranus wirkt am stärksten, ist aber auch schwierig einzuschätzen, weil sowohl Positives wie Negatives auftritt. Aufregungen, Spannung und der Trend zu plötzlichen Umschwüngen, Trennung oder Neubeginn immer eingeschlossen, wirken sicher disharmonisch. Aber es geht vom Uranus-Partner eine eigenartige Faszination aus, der sich der Mond-Eigner nicht entziehen kann. Andererseits fühlt sich der Uranus-Partner ebenfalls, wenn auch aus anderen Gründen, angezogen. Ist der Uranus-Eigner ein Mann, der Mond-Eigner eine Frau, ist die Gefahr von

Komplikationen etwas geringer. Unter allen Partneraspekten ist dieser aber ein psychischer Risikofaktor erster Ordnung. Empfindsame Naturen, denen es schwerfällt plötzlich umzudenken, sich unvermittelt auf neue Gewohnheiten (oder Marotten) des Partners einzustellen, Menschen, die besonders sensibel sind, werden überfordert. Optimistisch eingestellte, zukunftsfrohe, das Ungewöhnliche erstrebende Partner werden dagegen eine Zweisamkeit führen können, die Feuerwerkscharakter hat.

Eigene Erfahrungen:

☽ harmonisch zu ♆
☽ △ Trigon, ⚹ Sextil — ♆ 52

Es geht hier um die Einbildungskraft, auch um transzendentale Zusammenhänge, um die Illusion als dem »schönen Schein«. Von dieser Konstellation profitieren vor allem empfindsame Naturen, Menschen, die künstlerisch tätig sind, die aus der Phantasie leben oder deren Beruf Sehnsucht in die Weite zur Voraussetzung hat. Zwischen den Partnern kann es so etwas wie Gedankenübertragung geben. Sie begegnen einander dort, wo Imagination oder unbewußte Motivation das Handeln bestimmen. Geistige Auseinandersetzungen können durch warmherzige Gefühle füreinander, denen tiefes Verstehen innewohnt, befriedet werden. Im praktischen Alltag können die Partner einander durch häuslichen Rückhalt bzw. geistiges Entgegenkommen helfen.

Eigene Erfahrungen:

☽

☽ im Spannungsaspekt zu ♆
☽ □ Quadrat, ☍ Opposition — ♆ 53

Mißverständnisse zwischen den Partnern sind nicht leicht zu erkennen. Dies liegt daran, daß ihnen zunächst nicht bewußt ist, worin man sich im anderen täuscht. Man hegt Illusionen, mag insgeheim spüren, daß die Verbindung »nicht richtig« ist, man weiß aber die Ursache nicht zu begründen. Weisen Vergleichsaspekte in Richtung einer starken emotionalen und sexuellen Bindung, kann der Kontakt eine Art Rauscherlebnis sein, wobei die Phantasie Möglichkeiten vorspiegelt, die einer Prüfung nicht standhalten. Das Erwachen aus einer seelischen Verwirrung kann dazu führen, daß man sich sozial nicht mehr zurechtfindet. Unehre, Intrigen, Lüge und Betrug sind häufig die Konsequenzen, selten geht es ohne Heimlichkeiten ab. In dieser Beziehung mag manches Mysteriöse mitschwingen, das letzten Endes von den Partnern nicht bewältigt wird. Bei mangelhafter Existenzgrundlage kann dieser Aspekt anzeigen, daß Schlamperei und Ungenauigkeit zu Schulden führen, daß Haltlosigkeit dort einsetzt, wo eigentlich Sparsamkeit und Disziplin nötig wären. Auch die Opposition ist ein Aspekt der seelischen Verwirrtheit, kann aber Mitleidsmotive haben, etwa in der Art einer frommen Lüge, also einer bewußten Verschleierung, um nicht weh zu tun. Hier ist die Grenze zu Trigon und Sextil fließend. Bei der Opposition können Künstlerpaare Differenzen haben, weil unterschiedliche Standpunkte eingenommen werden oder Geschmacksdissonanzen vorliegen.
Negative Mond-Neptun-Aspekte sind kritisch sowohl für Herzensbindungen, aber auch für geschäftliche Kontakte, da die Partner einander in Skandale verwickeln können oder Betrug nicht auszuschließen ist.

Eigene Erfahrungen:

☽ in Konjunktion mit ♆
☽ ☌ Konjunktion — ♆ 54

Die seelische Verwirrung kann hier ein Höchstmaß erreichen. Man prüfe, ob die Partner auch reife Menschen sind, denn pubertäre Schwärmerei, romantische Aktivitäten sind anzunehmen und würden in diesem Fall schwerwiegender zu beurteilen sein. Emotionale Schwierigkeiten tauchen sicher auf, auch wenn mindestens zeitweise die Chance gegeben ist, rauschhaft zu höchsten Höhen der Empfindungen aufzusteigen, vor allem, wenn die Partner sensitiv oder sensibel sind, weichherzige Naturen oder Künstler. Mißverständnisse werden dann einsetzen, wenn die Partner zur Kasse gebeten werden oder ihre Beziehung einer harten Prüfung unterworfen wird. Ob die starke gegenseitige Sympathie, das Empfinden, karmisch füreinander bestimmt zu sein oder gemeinsame religiöse, philosophische Empfindungen oder Überlegungen dann ausreichend sind, die Verbindung bestehen zu lassen, ist abhängig von der Reife der Partner. Sofern bei beiden Partnern die irdischen Zeichen gut besetzt sind und Lebenstüchtigkeit vorausgesetzt werden kann, vermag die Konjunktion zu vertiefen. Ist aber das Wasserelement betont, besteht die Gefahr, daß die Partner sich in ein seelisches Tief hineinmanövrieren. Diese Konstellation ist in jedem Fall problematisch zu beurteilen und ist ungünstig bei Geschäftspartnern oder zwischen jenen, die zu besonderer Offenheit gegeneinander verpflichtet sind. Da aber unter dieser Konstellation die Partner sich gegenseitig meistens sehr sympathisch sind, kann unter Verwandten die Konstellation sehr hilfreich sein, solange nicht materielle Sonderinteressen ins Spiel kommen. Im Fall eines Arzt-Patienten-Kontaktes, auch bei Lehrer-Schüler-Beziehung kann die Konjunktion günstig sein, denn hier wird versucht, den Partner vom Psychologischen her zu begreifen. Betrifft der Kontakt Musik, Kunst, Ausstattung, ästhetische Werte tolerieren sich die Partner nicht nur, sondern erfreuen sich gegenseitiger Wertschätzung.

☽

Eigene Erfahrungen:

☽ harmonisch zu ♇
☽ △ Trigon, ⚹ Sextil — ♇ 55

Die positiven Aspekte stärken die Gefühle füreinander, ohne daß dies näher zu bezeichnen wäre. Energie ist im Spiel, auch emotionale Gewohnheiten. Der Mond-Eigner wird dem Pluto-Partner helfen, seine Kräfte zu regenerieren und kann ihn häuslich und fürsorglich betreuen. Er bietet ihm gewissermaßen eine gefühlsmäßige Basis für größere, d. h. aus dem Rahmen fallende Aktionen. Insofern ist es günstig, wenn der Pluto-Partner der ehrgeizigere und aktivere Teil ist. Der Mond-Eigner kann das Empfinden haben, durch den Pluto-Partner in einer bestimmten Richtung schicksalhaft gesteuert zu werden. Er fühlt sich ermuntert und zur Leistung gedrängt, günstige Mond-Pluto-Aspekte bringen eine psychische Aufwertung der Partnerbeziehung und die Chance, sich eindeutig füreinander zu entscheiden. Dadurch wird dynamisches Handeln bei beiden möglich, besonders auf Seiten des Mond-Eigners. Der Pluto-Partner stärkt sein Selbstbewußtsein. Die Konstellationen sind für Verbindungen aller Art hilfreich. Man sollte sie aber nicht überschätzen.

Eigene Erfahrungen:

☽ im Spannungsaspekt zu ♇

☽ □ Quadrat, ☍ Opposition — ♇ 56

Ist eine Verbindung durch Schwierigkeiten gekennzeichnet, werden diese durch einen negativen Mond-Pluto-Aspekt angeheizt. Er kann ähnlich komplizierend wirken, wie die nachteilige Mond-Mars-Konstellation. Der Pluto-Eigner vermag die Empfindsamkeit des Mond-Partners zu übersteigern. Er neigt ferner dazu, ihn zu beherrschen und zu unterdrücken, im Mond-Eigner das Empfinden auszulösen, an den Pluto-Partner auf Gedeih und Verderb ausgeliefert zu sein. Aggressives Verhalten beantwortet er durch hinhaltenden Widerstand, Rückzug in sich selbst, Isolation. Wird das vom Pluto-Eigner erkannt, kann er der Verbindung leid sein und es zum Bruch kommen lassen. Ein ungünstiger Aspekt für finanzielle oder geschäftliche Kontakte, belastend für die Ehe, problematisch für eine sexuell bestimmte Freundschaft.

Eigene Erfahrungen:

☽ in Konjunktion mit ♇
☽ ☌ Konjunktion — ♇ 57

In der Konjunktion zeigt sich die direkte Einflußnahme des Pluto-Eigners auf den Mond-Partner am stärksten. Es ist ein »Gewaltaspekt«, der u. U. gefährlich wird, wenn der Pluto-Eigner zu Jähzorn oder Brutalität neigt. Die Konstellation ist ungünstig für Partnerschaften, die harmonisch verlaufen sollen, oder die einen familiären Charakter haben. Die Gefühlseinwirkung des Pluto-Partners auf den Mond-Eigner kann von diesem schmerzlich oder leidvoll erlebt werden. Er kann ihn in eine ausweglose Situation bringen, auf die der Mond-Partner wie auf »höhere Gewalt« reagiert, gemäß seiner Veranlagung also Hinnahme oder Kapitulation vor dem Unvermeidlichen, bzw. Trotz und Aufbegehren. In der Auseinandersetzung aber wird der Pluto-Eigner der stärkere sein.

Eigene Erfahrungen:

☽ harmonisch zu ☊
☽ ☌ Konjunktion, △ Trigon, ⚹ Sextil — ☊ 58

Auch in der Konjunktion ein schwacher Vergleichsaspekt. Er zeigt an, daß Kontakte sich vertiefen lassen, daß die Einpassung in soziale Umstände möglich wird, daß man zusammen auskommen und miteinander arbeiten kann. Begünstigt sind Kontakte privater oder geschäftlicher Natur, besonders auch zu einem Arbeitsteam. Der Schwerpunkt liegt im Trend zur Gemeinsamkeit und bezeugt gegenseitige Unterstützung.

Eigene Erfahrungen:

☽ im Spannungsaspekt zu ☋
☽ □ Quadrat, ☍ Opposition — ☋ 59

Die Opposition ist hier schwerwiegender, weil sie gleichzeitig die Konjunktion mit dem absteigenden Mondknoten darstellt. Daher Mangel an Anpassungsfähigkeit oder an der Bereitschaft zu Teamarbeit. Es kann Schwierigkeiten in der Einpassung in das soziale Verhältnis geben, in der Einordnung in Gruppe, Verwandtschaft oder Freundeskreis, bzw. keine Unterordnung unter sozial Höherstehende, Chef etc. Auch diese Konstellationen sollten, wie die Gruppe der positiven Aspekte, nur zur Abrundung der Aussage herangezogen werden und sind nicht für sich allein zu betrachten.

Eigene Erfahrungen:

☽ harmonisch zu Asz
☽ ☌ Konjunktion, ☍ Opposition, △ Trigon, ⚹ Sextil — Asz 60

Konjunktion und Opposition sind wesentlich kräftiger zu beurteilen als Trigon und Sextil. Die beiden letztgenannten Aspekte zeigen mehr eine allgemeine gefühlsmäßige Übereinstimmung der Partner an, wobei bei allen diesen Mondaspekten *der Eigner der »Liebende« ist.* Die Konstellation bedeutet herzliche Übereinstimmung in der Art und Weise, wie der Aszendent-Eigner im Milieu für seine Interessen auftritt und sich gibt. Die Konjunktion ist deshalb der Hauptaspekt, weil dies ja nicht nur im Sinne von Sympathie geschieht, sondern wenn der Mond im selben Zeichen steht, in das der Asz fällt, gibt es im Psychischen Übereinstimmung und somit einen Gleichklang, der sich dann noch beim Ablauf der Transite äußert. Ähnlich ist es mit der Opposition, wenngleich hier manches Verbindende und Gleichartige zugunsten einer mehr ergänzenden Einstellung wechselt. Die Liebe, die der Mond-Eigner dem Asz-Partner entgegenbringt, muß indessen nicht unbedingt erwidert werden. Man kann sich diese immer wieder bestätigte Tatsache bildlich vorstellen: Vom Mond, einem astrologischen »Planeten« gehen »Strahlen« aus; der Asz aber bezeichnet einen nicht-strahlenden Punkt, der in einen bestimmten Grad des Tierkreises fällt. Dennoch hat er eine »Wirkung«, die vom Asz-Eigner ausgeht. Sie fällt in den eigentümlichen Wirkungsbereich des Mondes, bezieht sich also auf das Gemüthafte, aber auch auf häusliche Angelegenheiten, die Stellung in der Familie oder betrifft Heimatliches. Fallen auf die Konjunktion aber kritische Aspekte, so ist zwar die gegenseitige Sympathie nicht betroffen, aber im Zusammenleben ergeben sich Schwierigkeiten, wie sie durch die Natur der aspektbildenden Gestirne angezeigt sind.

Eigene Erfahrungen:

☽ im Spannungsaspekt zu Asz
☽ □ Quadrat Asz 61

Zwar ist auch hier eine Sympathiebeziehung gegeben, ähnlich dem Trigon, jedoch kann der Asz-Eigner dem Mond-Partner nicht helfen, emotionale Probleme zu überwinden. Er wird im Gegenteil durch Art und Weise seines Auftretens den Mond-Eigner beunruhigen und seine familiären oder häuslichen Belange in der Art stören, daß er in sie »einbricht«. Da der Mond auch das Symbol des Wechsels ist, sind nicht nur häusliche Angelegenheiten betroffen, sondern auch jene, die auf eine Veränderung anderer Zustände abzielen. Ist der Mond-Eigner sensibel, vermag die aufkommende Unsicherheit ihn in Zweifel zu stürzen. Mond-Quadrat-Asz ist jedoch ein Vergleichsaspekt, der in seiner negativen Bedeutung nicht sehr schwer wiegt. Dies gilt vor allem, wenn man den Vergleichsaspekt in Richtung vom Asz-Eigner zum Mond-Partner begreift.

Eigene Erfahrungen:

☽ harmonisch zu MC
☽ ☌ Konjunktion, ☍ Opposition, △ Trigon, ⚹ Sextil — MC 62

Im Horoskop des MC-Eigners drückt diese Position die Zielrichtung der inneren Berufung aus, entsprechend auch den äußeren Beruf, die soziale Stellung und eigentliche Lebensziele. Das MC kann mithin ersatzweise auch für jenes gelten, was der Asz symbolisiert. Infolgedessen ist auch die Beurteilung der Konstellationen ähnlich. Begünstigt sind Partnerverbindungen sozialer, besonders beruflicher, aber auch familiärer Art. Kinder haben dann ähnliche Berufsziele wie die Eltern, was sehr günstig ist, wenn das elterliche Geschäft weitergeführt werden soll. Bei einer Heirat verspricht der Mond-Eigner familiären, häuslichen und heimatlich bedingten Rückhalt für Karrierepläne des MC-Partners abzugeben. Ist in dessen Radix das MC günstig aspektiert, der soziale Aufstieg mithin programmiert, vermag der MC-Partner seinerseits dem Mond-Eigner beim Aufstieg zu helfen. Gemäß der gültigen gesellschaftlichen Rollenverteilung ist demnach diese Konstellation sehr wirkungsvoll, wenn der Mond-Eigner die Frau, der MC-Eigner der Mann ist. Der Mond als Symbol des Wechsels kann im P-Hor auch anzeigen, ob der Mond-Eigner Veränderungen in der Karriere bzw. in den Lebenszielen des MC-Partners bewirken kann. Diese Aussage ist aber mit der Veranlagung des MC-Partners in Einklang zu bringen. Während Trigon und Sextil mehr eine gefühlsmäßige positive Stellungnahme zu Zielen und sozialem Engagement des MC-Eigners erkennen lassen, bedeutet die Opposition daß unterschwellig Wirksames bei der Aspektbeurteilung zu beachten ist. Der Mond-Eigner wird durch die häusliche Atmosphäre oder durch Traditionen des Elternhauses angenehm berührt und angezogen. Von daher verstärkt sich die Chance, aus festen Wurzeln Lebensziele anzugehen bzw. zu verwirklichen. Das Interesse an der Karriere selbst ist durchaus vorhanden, dem erstgenannten häuslichen aber nachgeordnet.

Eigene Erfahrungen:

☽ im Spannungsaspekt zu MC
☽ □ Quadrat — MC 63

Wohl nimmt der Mond-Eigner Interesse am sozialen oder beruflichen Aufstieg des MC-Eigners, aber seine familiären Bedingungen oder seine emotionalen Verhaltensstrukturen erlauben nur ein geteiltes Interesse. Es ist möglich, daß bestimmte familiäre Interessen das Zustandekommen der Verbindung überhaupt erschweren, was z. B. einen Eheschluß fraglich machen kann. Ist der Mond-Eigner eine sensible oder zweiflerische Natur, kann das ferner für die beruflichen Ambitionen des MC-Partners störend sein. Er muß Überzeugungsarbeit leisten, die ihn Kraft kostet, bzw. wird auf Unterstützung des Mond-Partners nicht rechnen können. Bei Kontakten, die berufliche oder soziale Belange berühren, kann diese Konstellation störend sein.

Eigene Erfahrungen:

☿

Merkur im Horoskopvergleich

1. Merkur für sich betrachtet:

☿

Merkur ist das Prinzip der Vermittlung. Somit bedeutet er auch den Intellekt, der es erlaubt, daß wir Dinge begreifen, daß wir lernen und aufnehmen, aber auch reproduzieren können. Ohne Merkur gäbe es weder ein Verstehen der Mitmenschen, noch der Beweggründe für ihr Handeln, wäre es nicht möglich, ein Maß für Zusammenarbeit zu finden. Da wir unsere Intelligenz einsetzen, um im Leben Erfolg zu haben, zeigt Merkur auch an, in welchem Umfang es uns gegeben ist, praktisch, d. h. zweckmäßig tätig zu sein. Gewiß vermögen wir auch unser Gefühl zur Kommunikation einzusetzen. Aber Merkur erlaubt es, vorauszuwissen, zu planen, klug zu berechnen. Merkur hat Bezug auf das Sachdenken. Kommunikation erfolgt in erster Linie durch die Sprache, sei es in mündlicher oder schriftlicher Form. Deswegen begünstigt Merkur auch diesbezügliche Berufe. Er ist Symbol für Redner und Journalisten. Sie sind »Vermittler«, ebenso wie die Kaufleute. Merkurisch aber sind auch Verkehr, Erziehung und Nerventätigkeit, Voraussetzung für alle Gedankenfunktionen. Etwas denken und etwas tun ist zweierlei. Merkur ist der Theoretiker, Mars der Praktiker. So sagen die Aspektverbindungen des Planeten auch aus über Art und Weise, wie das Denken eingesetzt wird, ob geradlinig, ob verstiegen, ob aufrichtig oder als Lüge. Die Position Merkurs im Radix muß sorgfältig bestimmt werden, um in der PA keine Fehler zu machen.

2. Merkur in der Partneranalyse:

Eine Geschäftsverbindung ohne Merkuraspekte wird nichts bringen, auch wenn der Vergleich an sich positiv ausfällt. Lediglich die Sonne kann ersatzweise Merkurfunktionen erkennen lassen, denn *sie vereint ja alle planetaren Prinzipien in sich.* Vergleichsaspekte mit Merkur sollten in Lehrer-Schüler-Verbindungen ebenso vorhanden sein wie in Kontakten aus dem Geschäftsleben. Aber selbst eine Ehe kann nicht nur triebhaft begründet werden und Gemütswerte ansprechen. Ehe ist die engste zwischenmenschliche Beziehung und bedarf als solche durchaus des merkurischen Elements. Grundforderung ist, daß die Ehe ein Gespräch sein soll, auch wenn der mündliche Gedankenaustausch von unterschiedlicher Qualität sein wird, bei Betonung der Luftzeichen nötiger als bei Wasserzeichen. In welcher Hinsicht ein Mensch besondere merkurische Qualitäten aufweist, läßt sich an der Stellung des Planeten im Häusersystem ablesen. Je besser die beiden Vergleichspartner merkurisch aufeinander abgestimmt sind, sei es harmonisch oder ergänzend, desto mehr Chancen ergeben sich, Probleme durch Diskussion zu bereinigen, zu verhindern, daß Mißverständnisse tiefergehen, daß Ärger anstatt bereinigt, hinuntergeschluckt wird. So kommt über das Nervensystem den Merkur-Vergleichsaspekten auch eine gesundheitliche Rolle zu, besonders wenn Partner Hypochonder sein können wie Jungfrau-Geborene.

3. Besonders zu beachten:

Alles Denken bedarf der Anregung. Deswegen lassen die Aspekt-Partner Merkurs erkennen, welcher Art sie sind, ob sie den Horoskop-Eigner fördern oder verwirren und hemmen.

4. Stellung des Merkurs in den Tierkreiszeichen:

☿ in ♈

Das Denken ist scharf und beobachtend, Kritik wird schlagfertig geäußert, doch kann voreilige Aussprache von nicht gründlich genug erwogenen Gedanken auch Anlaß zu Streit geben.

☿ in ♉

Der Neigung zu folgerichtigem und langsamem Denken entspricht durchaus nicht das gründliche Abwägen nach allen Seiten, vielmehr verläuft es konservativ, einseitig, ist aber immer von einem gewissen Nützlichkeitseffekt bestimmt.

☿ in ♊

☿

Eine der besten Positionen des Planeten, denn im eigenen Zeichen bedeutet er nicht nur Anpassungsfähigkeit, kaufmännische Begabung und beste Fähigkeit zur Vermittlung, sondern ist auch Hinweis auf vielseitige Äußerungsmöglichkeiten. In Spannungsaspekten drückt diese Merkurposition allerdings Neigung zu Zersplitterung aus und kann Unkorrektheiten anzeigen.

☿ in ♋

Das Denken wird durch Gefühle bestimmt. Es ist nicht frei von Emotionen, läßt eigene Arbeitsmethoden suchen und ist abhängig von Stimmungen.

☿ in ♌

Konstruktives, zielbewußtes Denken, Organisationstalent und Weitblick. Der Merkur-Eigner läßt sich nicht gern Vorschriften machen und braucht Zustimmung.

☿ in ♍

Dem Wissenstrieb entsprechen gründliches Denken und Ordnungssinn. Beste Anlagen für kaufmännische und wissenschaftliche Tätigkeit, aber auch für geistige Beschäftigung, die zur Routine wird. In negativen Aspekten kann Kritiksucht, Nörgelei und zu starke Bindung an Kleinigkeiten den Blick aufs Ganze beeinträchtigen. Vorurteile sind dann wahrscheinlich.

☿ in ♎

Die Vermittlungstätigkeit erfolgt taktvoll und diplomatisch. Das Denken orientiert sich an gefälligen Formen. Nützlichkeitsüberlegungen sind wichtig und können eine gut verdeckte egoistische Handlungsweise möglich machen.

☿ in ♏

Weitgespannte Interessen, besonders am Geheimnisvollen oder Verborgenen, geduldiges Aufspüren von Hintergrundmotiven, von Zusammenhängen, in kritischen Aspekten auch Hinterlist, Streitlust. Das Denken kann ganz in den Dienst fanatischer Auseinandersetzungen gestellt sein, in schlechten Aspekten auch der Rachsucht, z. B. aus Eifersucht, dienen.

☿ in ♐

Vielseitige Interessen werden begeistert verfolgt, Kontakte taktvoll und ausgeglichen geknüpft, weite Verbindungen gespannt, doch mangelt es an Ausdauer und Konzentration.

☿ in ♑

Die Ziele sind klar, Zusammenhänge werden erkannt, aber nicht ausgesprochen. Die Handlungsweise kann egoistisch sein, ist meistens von Erfahrungen bestimmt. Lernen braucht seine Zeit, Gelerntes sitzt fest. In kritischen Aspekten zeigt Merkur Verschlagenheit an.

☿ in ♒

Das Denken dient der eigenen Urteilsfindung, ist anderen meistens voraus und kann utopische Pläne betreffen. Der Wunsch nach Originalität kann dazu führen, daß auf Erfahrungen anderer nicht zurückgegriffen wird, daß Fehler durch Eigenbrötelei gemacht werden. Neuartiges, moderne und originelle Lösungen faszinieren.

☿ in ♓

Rege Phantasie und gute Ausdrucksfähigkeit können das Denken umfassend machen, doch ist es zu stark von Gefühlen abhängig, um konkret zu sein. Gedankliche Arbeit bewährt sich am besten im humanitären Bereich. Intuition spielt eine große Rolle. Fehlt es an Energie, bleibt manches in der Planung stecken.

☿

5. Bewertung der Merkurposition im Radix:

Da Merkur als Planet neutral ist, hängt von den Aspektverbindungen ab, in welche Richtung das Denken geht, wovon es abhängt, worin seine Stärke und Schwäche bestehen. Die Stellung im Häusersystem läßt erkennen, an welchen Interessengebieten Denken und Zwecksinn anknüpfen, wo Vermittlungsbemühungen aussichtsreich sind. Es ist günstig, wenn der Merkur im P-Hor hierzu harmonisch ist oder Schwächen ausgleicht.

6. Stellung des Merkurs in den Häusern des Partnerhoroskops:

☿ in 1

Der Merkur-Partner regt den Haus-Eigner geistig an und kann ihn dazu bringen, seine Gedanken klarer zu ordnen, um die Pläne zu gestalten, die seiner Art gemäß sind. Andererseits vermag der Haus-Eigner persönliche Voraussetzungen zu schaffen, daß der Merkur-Partner berufliche oder geschäftliche Unternehmungen starten kann. Die Zusammenarbeit beider ist in den wichtigen Angelegenheiten des Haus-Eigners weniger durch Gefühle oder selbstverständliche sympathische Regungen begünstigt als vielmehr durch Wort und Schrift. Der Merkur-Eigner wird für den Haus-Partner auch beweglich in Unternehmungen sein, z. B. durch Reisetätigkeit, geschäftlich, in Erziehungsfragen oder in ganz bewußtem Einsatz. Das kann durch Gespräche, Schriftstücke, Reisen, auch durch Verträge geschehen.

☿ in 2

Diese Konstellation begünstigt geschäftliche Partnerbeziehungen. Der Merkur-Eigner stellt seinen Verstand, seine Menschenkenntnis und seine geistige wie körperliche Beweglichkeit in den Dienst der Partnerschaft, bzw. eines gemeinsamen Geschäfts. Empfängt Merkur günstige Aspekte, wird dessen Eigner offen und ehrlich sein, sind Saturn- und Neptun-Quadrate vorhanden, kann es zu Betrug oder Unaufrichtigkeit kommen, bzw. kann ein finanzieller Skandal drohen. Wenn es dem Haus-Eigner ums Geldverdienen oder um materielle Rücklagen geht, kann der Merkur-Partner ihn diesbezüglich beraten. Darüber hinaus vermag der Merkur-Eigner durch Werbung für ihn tätig zu werden, kann für ihn Gespräche und Diskussionen führen, schriftliche Abmachungen treffen, Reisen oder Anzeigen auswerten. Er wird seinen kaufmännischen Sachverstand einsetzen können. Sofern es sich um eine gemeinsame wissenschaftliche Tätigkeit handelt, ist ein materieller Nutzeffekt gegeben. Ist der Vergleichsaspekt bei Eheleuten vorhanden, werden der Beruf des Merkur-Eigners und seine Geschäftigkeit schöne Einnahmen bringen.

☿ in 3

Diese Konstellation begünstigt den Gedankenaustausch in weitestem wie in speziellem Sinne. Es wird möglich, gemeinsam interessierende Fragen umfassend zu beleuchten, neue Ansatzpunkte für Studien zu gewinnen, aber auch in einer Herzensbindung Nahverwandte günstig zu beeinflussen. Die Konstellation fördert das Lehrer-Schüler-Verhältnis nachhaltig. Aber auch in anderen mentalen Kontakten, wie sie sich im kaufmännischen, wissenschaftlichen oder publizistischen Bereich ergeben, profitieren die Partner voneinander. Sehr günstig auch für Reiseunternehmungen und den betroffenen Personenkreis.

☿ in 4

Das Denken und die Absichten des Merkur-Eigners richten sich auf Elternhaus, Familie oder Herkunft des Haus-Partners. In diesen Bereich bringt der Merkur-Partner Abwechslung. Es kann aber auch eine Rückwirkung der Art erfolgen, daß häusliche Belange dieses Partners die Vorstellungswelt und Handlungsweise des Merkur-Eigners formen. Begünstigt sind Eltern-Kind-Beziehungen und im Berufsleben jene, die mit Versorgung, Grund und Boden, Landwirtschaft, Gartenbau zu tun haben. Ist der Haus-Eigner ein introvertierter Mensch, vermag der Merkur-Partner diese Einstellung aufzulokkern. Das eigene Heim kann zum Treffpunkt von Zusammenkünften werden, Mittelpunkt einer Begegnung mit Menschen, die eher emotional als sachlich sprechen, mit denen auch ein allgemeiner Gedankenaustausch stattfinden kann. Umgekehrt vermag der Haus-Eigner durch sein Heim den richtigen Rahmen für berufliche oder geistige Betätigung des Merkur-Partners zu schaffen. Z. B. könnte ein Schriftsteller durch die Verbindung mit der Haus-Eignerin in ein Heim heiraten, das die passende Basis für sein berufliches Wirken bietet.

☿ in 5

Der Haus-Eigner wird durch die geistige Beweglichkeit des Merkur-Partners gefesselt. Seine Formulierungen, die Art und Weise sich auszudrücken, zu denken, zu planen oder zu sprechen wirken anregend. Aber auch Beziehungen zu Kindern, sei es in der Familie oder in der Schule, sind durch diese Konstellation begünstigt. Sofern der Haus-Eigner schöpferisch veranlagt ist, können vom Merkur-Partner Impulse ausgehen. Das gleiche trifft für Hobby, Freizeitgestaltung und Geselligkeit zu. Umgekehrt sieht der Merkur-Eigner seine geistigen Interessen vom Haus-Eigner akzeptiert und findet ein Echo, was kulturelle Dinge angeht, aber auch romantische Vorstellungen, so daß es bei Personen unterschiedlichen Geschlechts zu einem Flirt oder einer Intimbindung kommen kann. Jedoch sind dann noch andere Vergleichsaspekte nötig, die in diese Richtung weisen.

☿ in 6

Die Horoskop-Partner berühren sich in zwei Interessengebieten, Arbeit und Gesundheit. Anregungen gehen vom Merkur-Eigner aus und können beim Haus-Eigner Wünsche in Richtung auf Wechsel der Arbeitsstelle, Vertiefung der Kontakte am Arbeitsplatz oder der Stellung im Beruf wecken. Ist er gesundheitlich nicht auf der Höhe, vermag der Merkur-Eigner zu raten und zu helfen, weniger im pflegerischen Sinn, als durch Hinweise auf zweckdienliche Heilmethoden. Diätpläne können aufgestellt werden oder es gibt einen Erfahrungsaustausch. Dadurch wird der Haus-Eigner in seinen beruflichen und gesundheitlichen Bemühungen effektiver zu handeln vermögen. Diese Kombination begünstigt das Arzt-Patienten-Verhältnis, es ist ebenso günstig für Arbeitgeber und Arbeitnehmer. In einer Ehe fördert diese Konstellation die Klärung von Alltagsproblemen, besonders was Ernährung und Kleidung angeht. Empfängt Merkur kritische Aspekte, kann hier in einem Ehe-Vergleich ein Hinweis auf Nörgelei und unnütze Kritik vorliegen, die das harmonische Verstehen beeinträchtigen. Der Merkur-Partner sieht sich durch den Haus-Eigner mit Gesundheits- oder Arbeitsproblemen konfrontiert. Je nach den Aspekten, die der das Haus regierende Planet vom P-Hor her empfängt, kann der Einfluß fördernd oder abträglich sein.

☿ in 7

Diese Konstellation stellt die Partnerbeziehung in Frage, d. h. wenn Merkur günstig aspektiert ist, werden sich Gespräche und Diskussionen in positivem Sinn um die Partnerbeziehung bewegen. Ist aber Merkur in kritischem Aspekt, gibt es dauernd Auseinandersetzungen, Zweifel oder spitzfindige Diskussionen. Im besten Sinn kann diese Konstellation dazu beitragen, daß der Haus-Eigner im öffentlichen Auftreten vom Merkur-Partner unterstützt wird, daß er durch dessen Hilfe ein breites Echo bei anderen findet. Der Merkur-Partner vermag den Haus-Eigner zu bereichern, und zwar soweit dieser darauf angewiesen ist, einen Gesprächspartner zu finden, um sich entfalten zu können. Gemeinsame Interessen ergeben sich in Erziehungsangelegenheiten, dann in Kontakten, bei denen es um Öffentlichkeitsarbeit geht. Sehr günstig ist die Konstellation für Verbindungen aus der Arbeitswelt von Kaufleuten, Journalisten, Reisenden oder überhaupt solchen, die beruflich auf Kontakte angewiesen sind. Gleichermaßen berührt dies auch den Merkur-Eigner, der um so stärker in den Bann des Haus-Eigners gerät, je näher die Merkur-Position an der Hausspitze, dem Deszendenten, liegt. Sein Auftreten, die Art und Weise, wie der Haus-Eigner sich in seinem Milieu bewegt, vermag nachhaltig den Merkur-Partner zu beeindrucken.

☿ in 8

Begünstigt ist die Zusammenarbeit in den Belangen des 8. Sektors, also was Bewußtseinsübergänge, Hinterlassenschaften, Legate, Unterhaltsleistungen angeht. Auch Partnerbeziehungen, die psychologisch begründet sind, können davon profitieren, weil unterschwellig Verständnis füreinander vorhanden ist. Was der Haus-Eigentümer intuitiv empfindet, kann ihm der Merkur-Partner ins Bewußtsein rufen. In praktischer Hinsicht vermag der Haus-Eigner den Merkur-Partner geschäftlich für sich einzuspannen, seine Ideen und Methoden auszuwerten. Empfängt Merkur schlechte Vergleichsaspekte, kann es Differenzen wegen Erbschaft oder Geld geben. Durch die Verwandtschaft des 8. Hauses mit dem 8. Zeichen Skorpion, ist auch ein Bezug zur Sexualität vorhanden. Sofern andere Aspekte in Richtung auf Leidenschaft weisen, können die Gedanken des Merkur-Partners durch unterschwellige sexuelle Ausstrahlung gefangengenommen werden. Andererseits vermag der Merkur-Partner dem Haus-Eigner Gründe für eine Art höriger Hingabe (wenn andere Aspekte in diese Richtung deuten) aufzudecken und kann, sofern Merkur günstig gestellt ist, dazu beitragen, triebhaft bedingte Abhängigkeit aufzulockern.

☿ in 9

Mit dieser Kombination können Partner zu einem intellektuellen Gedankenaustausch kommen, was besonders für Lehrer-Schüler-Beziehungen wichtig ist. Es wird möglich, Seins-Fragen in einen größeren Zusammenhang zu stellen, philosophische und weltanschauliche Probleme ebenso zu erörtern wie religiöse Fragen. Die Konstellation ist bei einem gut aspektierten Merkur eine große Hilfe, wenn sie im P-Hor von Liebesleuten vorkommt, die dabei sind, eine religiöse Mischehe einzugehen. Ist der Haus-Eigner konfessionell sehr gebunden, vermag der Merkur-Partner Anteil zu nehmen und wird in den maßgeblichen Fragen tolerant sein. Umgekehrt wird der Haus-Eigner seine Überzeugungen nicht stur vertreten, sondern bei Wahrung aller persönlichen Interessen darum bemüht sein, dem Merkur-Partner einen Zugang zu seiner Vorstellungswelt zu eröffnen. Die Anteilnahme an spirituellen Interessen wird bei Partnern, die geistig orientiert sind, ein festigendes Band darstellen. Bei einem Merkur in schlechten Aspekten werden Differenzen über Recht, Besitz, Moral sowie über religiöse Fragen nicht ausbleiben. Durch Beziehungen zum 9. Zeichen Schütze ist diese Vergleichskonstellation auch wichtig für Menschen, die mit Ausländern zusammenarbeiten oder -leben, bzw. die ihren Wohnort ins Ausland verlegen. Der Merkur-Partner ist der beweglichere Teil, fähig, sich auf Wünsche und Ziele des Haus-Eigners einzustellen.

☿ in 10

Ist Merkur in harmonischen Vergleichsaspekten, vermag dessen Eigner dem Haus-Partner beruflich voranzuhelfen. Er entwickelt Ideen, nützt ihm durch Gespräche, bei Verhandlungen, in wissenschaftlicher, intellektueller oder kaufmännischer Hinsicht. Er wird sich diplomatisch einsetzen und die Karriere fördern. Der Aspekt ist um so stärker, je näher Merkur am MC steht. Der Haus-Eigner gibt durch seine berufliche Karriere oder durch sein soziales Engagement und durch seine gesellschaftliche Stellung dem Merkur-Partner wichtige Hilfestellung. Die Konstellation begünstigt geschäftliche oder berufliche Verbindungen, vor allem, wenn diese merkurischer Art sind, also Wissenschaft, Forschung, Erziehung, Geschäftsleben, Journalismus, Reisen und Verkehr betreffen. Auch Werbung, Politik, Öffentlichkeitsarbeit werden günstig beeinflußt. Je nach der Schwere vorhandener negativer Merkuraspekte gibt es Meinungsverschiedenheiten bis zur Unstimmigkeit, auch Differenzen, die sich bei grober Verletzung Merkurs sehr störend auswirken können.

☿ in 11

Die Konstellation ist wichtig für gesellschaftliche und freundschaftliche Kontakte, für wissenschaftliche Zusammenarbeit, aber auch für originelle und nicht alltägliche Verbindungen. Ein harmonisch gestellter Merkur in günstigen Aspekten zu Planeten aus dem P-Hor schafft unkonventionelle Möglichkeiten der gegenseitigen Förderung. Ist Merkur aber verletzt oder gar in kritischem Aspekt zum Regenten des Sektors, wird die Freundschaft durch Nachrede, Differenzen, Lüge und Unaufrichtigkeit gestört, oder es treten Unfreundlichkeiten zutage.

☿ in 12

Entscheidend ist, ob Merkur harmonische Aspekte empfängt oder nicht und ob Merkur mit dem Regenten des Sektors günstig verbunden ist. In diesem Fall können Pläne, Organisationstalent, Vermittlungstätigkeit des Merkur-Eigners helfen, dem Haus-Eigner Schwierigkeiten aus dem Weg zu räumen, ihm Gegnerschaft zu ersparen oder gegen Feinde beizustehen. Der Merkur-Eigner vermag Unbewußtes aufzudecken, Geheimnisse zu erforschen und in jenen Belangen Fortschritte zu erzielen, die für den Haus-Eigner durch ein Tabu unzugänglich sind. Die Partner begegnen sich im Interesse für Grenzwissenschaftliches, Psychologisches, auch für Mystik. Der Haus-Eigner kann dem Merkur-Partner die Problematik nahebringen und ihn dadurch bereichern. Wenn aber Merkur verletzt ist, ergeben sich Schwierigkeiten, die zu gerichtlichen Auseinandersetzungen führen können, wenn gleichzeitig noch kritische Jupiteraspekte vorliegen. Dann werden nutzlos Anstrengungen unternommen, um störende Hindernisse abzubauen oder die Partnerbeziehung für beide Seiten durchsichtiger und ehrlich zu machen.

☿ harmonisch zu ☿
☿ ☌ Konjunktion, △ Trigon, ⚹ Sextil — ☿

64

Das geistige Zusammenwirken ist mehr oder weniger fruchtbar, glänzend gelingt es, wenn bei der Konjunktion beide Merkurpositionen in dasselbe Tierkreiszeichen fallen. Man darf dann einen ähnlichen Standpunkt vermuten, von dem aus intellektuelle oder berufliche, geschäftliche Belange betrachtet oder Studien unternommen werden. Auch das Kommunikationsbedürfnis und die Art und Weise des Umgangs mit anderen sind ähnlich und ermöglichen es den Partnern, aufeinander zuzugehen. Ein harmonischer Merkuraspekt im P-Hor ist immer ein Hinweis darauf, daß Unstimmigkeiten, gleich welche Ursache sie haben mögen, besprochen werden können. Das aber ist die Voraussetzung, sie aus der Welt zu schaffen. Vorzüglich eignet sich dieser Aspekt zur Begründung von Kontakten beruflicher oder geschäftlicher Art, vorzüglich, wenn diese pädagogisches oder journalistisches Wirken betreffen. Ist Merkur verletzt, können Tricks versucht werden, um den Partner auszubooten, die Gefahr des Abschweifens ist dann gegeben, auch kann die Effektivität der Beziehung leiden, selten aber wird durch allein diesen Aspekt ein Kontakt scheitern. Trigon und Sextil fördern die Klarheit im Denken und ermöglichen die Kommunikation, auch wenn die Interessengebiete unterschiedlich sein sollten. Für Zusammenarbeit im Beruf, in Personal- oder Hygienefragen, in Jugend- und Reiseangelegenheiten oder im Hinblick auf die Massenmedien ein vorteilhafter Aspekt.

Eigene Erfahrungen:

☿ im Spannungsaspekt zu ☿
☿ □ Quadrat, ☍ Opposition ☿ 65

Wenn die Partner geduldig sind und durch die Gesamtanlage ihres Naturells zeigen, daß sie sich um Ausgleich bemühen, bzw. wenn eine gefühlsmäßige Übereinstimmung vorliegt oder erotische Sympathie im Spiel ist, dann kann eine solche Merkur-Verbindung »das Salz in der Suppe« sein. Im anderen Fall aber können Schwierigkeiten in Verbindung mit Meinungsunterschieden auftreten. Sie entzünden sich an Kleinigkeiten und ufern in Streit und Konflikt aus. Die Zusammenarbeit gestaltet sich weniger nützlich, nur im Falle der Opposition, die fast günstig zu bewerten ist, wird ein Brückenschlag versucht. Dann steht nicht Meinung gegen Meinung; Interessengegensätze sind wohl vorhanden, können aber durch Gespräche oder Verhandlungen bereinigt werden. Bei der Opposition sollten die Partner aber nicht noch für anderen Zündstoff sorgen, etwa gesellschaftlich ein zu stark abweichendes Herkommen oder Positionen, die erwarten lassen, daß Verständnis füreinander gezeigt werden muß.

Eigene Erfahrungen:

☿ harmonisch zu ♀
☿ ☌ Konjunktion, △ Trigon, ⚹ Sextil — ♀ 66

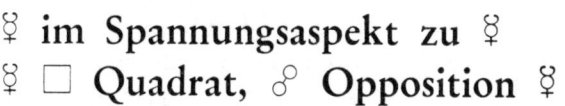

Es ist eine glückliche Verbindung zwischen den gedanklichen Leistungen des einen und den harmonischen Empfindungen des anderen Partners. Was der Venus-Eigner »sinnlich« fühlt, was seinem Harmoniebedürfnis entspricht, wird vom Merkur-Partner bewußt angenommen. Dadurch wird es möglich, Verschiedenheiten im Naturell zu überbrücken und in ein Gespräch zu kommen. Am intensivsten kann es geführt werden, wenn es um »Logos« und »Eros« geht. Demnach wird eine diplomatische Anpassung an den Gesprächspartner möglich sein, es läßt sich das Zweckdenken mit Liebe auf einen Nenner bringen. Geschmacksfragen spielen keine störende Rolle. Günstig, wenn beide Partner vielleicht durch berufliche Tätigkeit über ästhetische oder künstlerische Fragen ins Gespräch kommen, bzw. wegen geselliger Veranstaltungen, Bildungsbestrebungen, Dinge, bei denen das Angenehme und Verbindliche, das Schöne und Nützliche vorliegt, in Beziehung treten. Ästhetische Vorstellungen des Venus-Eigners werden das intellektuelle Interesse des Merkur-Partners erregen. Beide sind zugleich aufgeschlossen für Freundschaften und soziale Bemühungen, bewegen sich gern in Gesellschaft oder können einander zu humanitären Aktivitäten anregen. Die Konstellation begünstigt romantische und freundschaftliche Kontakte, fördert die Ehe, ist aber auch hilfreich für Partnerschaften aus dem Geschäftsleben, vor allem, wenn Kunst, Literatur, die Unterhaltungsindustrie oder Ausstattungswesen betroffen sind. Mit einem solchen Vergleichsaspekt können sich die Partner gemeinsame kulturelle Aufgaben stellen oder vermögen ihre Kinder vernünftig und herzlich zu erziehen. Die am stärksten wirksame Konjunktion trägt dazu bei, emotionale Schwierigkeiten abzubauen, weil über sie gesprochen werden kann. Das wird auch nicht tierisch ernst, sondern optimistisch gelöst geschehen können.

Eigene Erfahrungen:

☿ im Spannungsaspekt zu ♀
☿ □ Quadrat, ☍ Opposition — ♀ 67

Auch bei diesem Aspekt sind Denken und Sinnesempfindungen aufeinander bezogen, aber es gibt bei diesem Kontakt doch Unstimmigkeiten oder Störungen, Dissonanzen aufgrund von Reizbarkeit seitens des Merkur-Partners oder weil Dissonanzen die vorwiegend erotische Seite der Balance des Venus-Partners beeinträchtigen. Ist das Naturell der Partner sehr ausgeglichen, können Gegensätze, zumal bei der Opposition, reizvoll sein und die Partnerbeziehung vor Langeweile bewahren. Aber es gibt auch immer wieder Mißverständnisse, weil nicht der richtige Ton gefunden wird. Im täglichen Zusammenleben in Ehe und Familie werden es Kleinigkeiten sein, an denen man sich reibt. Meinungsverschiedenheiten treten in ästhetischer und kultureller Hinsicht auf, was die gesellschaftliche Betätigung betrifft oder Einkäufe angeht, die einem gewissen Luxusbedürfnis dienen. Durch Aussprachen heizen sich die Partner eher auf, als daß sie – selten genug – eine beide Teile befriedigende Lösung finden. Die Probleme werden zu rational gesehen und zu kritisch betrachtet, das Verhalten in der Liebe zu sehr analysiert, bzw. wird sich der Venus-Partner allzu leichten Herzens über Erwägungen hinwegsetzen, zu denen der Merkur-Eigner durch Denken und Abwägen gekommen ist.

Eigene Erfahrungen:

☿ harmonisch zu ♂
☿ △ Trigon, ⚹ Sextil — ♂ 68

Verstand und Wille klingen harmonisch zusammen. Dadurch kann der Merkur-Partner dem Mars-Eigner helfen, sich Urteile zu bilden, Chancen zu sehen, intellektuelle Ziele zu haben. Andererseits wird berufliches Wirken durch Aktivitäten des Mars-Partners gefördert. Er hilft dem Merkur-Eigner sich durchzusetzen und stärkt sein Selbstvertrauen. Erfordert es die gemeinsame Aufgabe, besonders wie es im Geschäftsleben, aber auch in einer Ehe notwendig ist, werden zweckhafte Absichten durch präzise Zusammenschaltung der Aktivitäten beider Partner rasch gelöst werden können. So weckt dieser Vergleichsaspekt die Unternehmungsfreude, läßt gemeinsame Aktionen Hand und Fuß haben und Aufgaben sachlich und doch spontan angehen. Dieser Vergleichsaspekt regt die Partner auf unterschiedliche Art an. Der Mars-Eigner hilft dem Merkur-Partner Entschlüsse zu fassen und seine Ideen in die Tat umzusetzen. Andererseits vermag der Merkur-Eigner zu planen und zu organisieren, was besonders bei wissenschaftlichen oder Forschungs-Aufgaben, ferner in technischer Hinsicht von Nutzen ist. Geschäftliche Zusammenarbeit, berufliche Beziehungen wie zwischen Arbeitgeber und Arbeitnehmer, profitieren von diesem Vergleichsaspekt. Er wird vor allem dann hilfreich sein, wenn die Planetenpositionen in Tierkreiszeichen des gleichen Elements fallen.

Eigene Erfahrungen:

☿ im Spannungsaspekt zu ♂
☿ □ Quadrat, ☍ Opposition — ♂ 69

Auch hier ist Zusammenarbeit möglich, beide Partner sehen sich gemeinsam vor einen Wagen gespannt. Aber, was der eine plant, wird der andere zu voreilig ausführen. Das Zusammenwirken ist ungenau, das Ergebnis für beide Teile nicht befriedigend. Der Merkur-Eigner sieht sich überrannt, muß spontan zustande gekommene Gelegenheiten akzeptieren, ohne daß diese auf der Linie seiner Vorstellungen und Pläne liegen. Andererseits wird der Mars-Eigner sein Temperament nicht zügeln wollen, weil vermeintliche Spitzfindigkeiten oder weitschweifiges Organisieren keinen direkten Weg zu gehen erlauben. Diese Konstellation stellt an die Disziplin der Partner Anforderungen, die bei aufkommender innerer Unruhe schwierig werden. Konflikte werden mündlich oder schriftlich ausgetragen, was bis zum Streit gehen kann. Häufig ist zu beobachten, daß Partner ihre Meinung unnachgiebig vertreten, auch wenn diese dem anderen schadet. Sind anderweitige belastende Konstellationen vorhanden, vermag die vorliegende Merkur-Mars-Konstellation durch hitzige Reaktionen Konflikte auszulösen. Die Partner sind nervös, reizen einander, werden ausfällig oder tragen ihren Konflikt so aus, daß der andere verletzt wird. Der Mars-Eigner kann sich zu Tätlichkeiten provoziert sehen, der Merkur-Partner droht mit Klage oder spinnt Ränke. Anstatt in Ruhe und voller Überlegung nach einem praktikablen Ausweg aus verfahrenen Situationen zu suchen, wird geschwätzt, kritisiert, der andere angestachelt, so daß es eines dicken Fells bedarf, wenn die Partnerbeziehung nicht darunter leiden soll. Diese Aspektverbindung bewirkt eine ausgeprägte Tendenz zur Trennung. Indessen ist es ein Vorzug, daß Unstimmigkeiten bereits schon sehr früh erkennbar sind, aber auch die ganze Zeit über anhalten. Es ist nicht so, daß man jahrelang zusammen lebt und sich erst dann aneinander reibt. Die Opposition ist weniger kritisch zu beurteilen, wenngleich auch hier Impulsivität und Aggressivität ein ausgewogenes Gespräch behindern. Diese Konstellation beeinträchtigt auch geschäftliches Zusammenwirken, kann aber im Gegensatz zum Quadrat eine allzu ruhige

Partnerbeziehung beleben, allerdings unter der Voraussetzung, daß keine weiteren üblen Vergleichsaspekte vorliegen. Günstig, wenn die Partner in einer Gruppe zusammen leben oder wirken, wo andere mäßigend einzuwirken vermögen.

Eigene Erfahrungen:

☿ in Konjunktion mit ♂
☿ ☌ Konjunktion — ♂ 70

Es muß genau abgewogen werden, welcher der beiden Planeten die stärkere Position hat, z. B. in Zwillinge oder Jungfrau ist es Merkur, im Widder oder Skorpion Mars. Das starke Aufeinander-Bezogensein beider Partner bringt Reibungen, bei denen der betreffende stärkere Planeten-Eigner der »Sieger« sein wird. Im allgemeinen ist diese Konstellation für eine Verbindung nicht gutzuheißen. Wenn aber beide Gestirne zusätzlich in harmonischen Vergleichsaspekten stehen und es sich bei beiden Partnern um ausgeglichene Naturen handelt, kann die Konjunktion geistig belebend wirken und zu konstruktiven Lösungen bei schwierigen gemeinsamen Aufgaben ermuntern. Dann können Bemühungen, sich gegenseitig zu helfen, in den Vordergrund treten. In diesem Fall werden Verbindungen profitieren, die Geschäftliches zum Inhalt haben. Der Merkur-Eigner bringt seinen Mars-Partner auf die richtige Fährte, dieser wiederum ermuntert den Merkur-Partner zum raschen Handeln. Ob und in welchem Maß aber taktische Instinkte und Wille aufeinander abstimmbar werden, ist vielfach auch eine Frage des Niveaus, das nicht im Horoskop steht. Wenn der PV Anhaltspunkte für unterschiedliche Auffassungen oder Neigungen erkennen läßt, sollte der Deuter eher einen negativen als positiven Effekt der Konjunktion annehmen.

Eigene Erfahrungen:

☿ harmonisch zu ♃
☿ ☌ Konjunktion, △ Trigon, ⚹ Sextil — ♃ 71 ☿

Eine sehr vorteilhafte Vergleichskonstellation, weil der Wunsch nach Ausdehnung, dazu auch die Glücksfähigkeit des einen in sehr harmonischem Verhältnis zu Planung und vernünftigen Überlegungen des anderen steht. Ob sich nun diese Konstellation im großen auswirkt oder mehr im Alltäglichen, ist von den Möglichkeiten abhängig, welche die Partnerschaft hergibt. Vorzüglich wird diese Konstellation Geschäftspartnern helfen, zu einem florierenden Unternehmen zu kommen. In zweiter Linie begünstigt sie pädagogische Kontakte oder solche Verbindungen, bei denen kluge Einsichten und glückliche Umstände zusammentreffen. Dies eröffnet ein weites Feld für Verbindungen aller Art, seien sie freundschaftlich, ehelich, familiär, oder es handelt sich um wissenschaftliche Zusammenarbeit, um Forscherdrang, Religiöses. Die optimistische Grundhaltung begünstigt, daß man zusammen weitermacht, auch wenn Unstimmigkeiten (durch andere Vergleichsaspekte angezeigt) zeitweise hemmen sollten. Lehrer und Schüler, Eltern und Kinder haben Vertrauen zueinander. Es ist bei dieser Vergleichskonstellation aber auch ein Drang zur Legalisierung der Beziehungen gegeben, weswegen besonders die Konjunktion hilfreich bei allen Kontakten ist, die vertraglich abgesichert werden sollen. Selbst wenn die Aspekt-Partner noch andere Vergleichskonstellationen bilden sollten, kann gerade die Konjunktion die besseren Seiten betonen. Dann aber wird vielleicht auch des Guten in mancher Hinsicht zuviel getan, sei es, daß geschäftlich leichtsinnig gehandelt wird, oder daß Meinungsverschiedenheiten stören können.

In der Regel wird aber immer ein geistiges Interesse am Partner vorausgesetzt werden können, wobei der Merkur-Eigner zu Großzügigkeit und Toleranz angeregt wird, was seinen Lebensmut stärkt und ihn vor einer Zersplitterung, z. B. in kleinliche Geschäfte bewahrt. Andererseits vermag der Jupiter-Eigner nicht nur generös zu sein und aus der Fülle zu schöpfen, um sich vielleicht zu verlieren, vielmehr ist sein Handeln zweckbetonter, zielgerichteter und organisierter.

Eigene Erfahrungen:

☿ im Spannungsaspekt zu ♃
☿ □ Quadrat, ☍ Opposition — ♃ 72

Auch hier liegen gemeinsame Interessen vor, aber es kann auch Konflikte in rechtlicher Hinsicht geben, was die vertragliche Bindung angeht oder wegen gemeinsamer Geldgeschäfte. Das Zusammenwirken ist ungenau, was dem einen ohne Anstrengung zufällt, wird vom anderen kritisiert. Was jener wiederum sich ausdenkt, plant oder organisiert, wird vom anderen als kleinkariert, unnötig oder lästig abgetan. Es ist schwer, die Handlungsweise aufeinander abzustimmen. So kann manches Vorhaben teuer werden oder mißraten. Liegen andere Aspekte negativer Art vor, wird man durch die kritische Merkur-Jupiter-Verbindung annehmen müssen, daß Auseinandersetzungen zu einem Vertragsbruch führen, daß Betrug vorliegt, daß Geldverlust vorkommt oder eine Beeinträchtigung des sozialen Status möglich wird. Diese Vergleichskonstellation ist ungeeignet für Geschäfte, für politisches oder kulturelles Zusammenwirken und wäre unbefriedigend für ein Schüler-Verhältnis oder für die Beziehung zwischen Arzt und Patient, vor allem, wenn es sich um nervöse Störungen handelt. Im Ehevergleich sollte auf die gleiche Konfession geachtet werden, sonst könnte der Eheschluß unterbleiben, bzw. können Meinungsverschiedenheiten das gemeinsame Leben beeinträchtigen. Der Deuter sollte beachten, ob die Planeten allein für sich einen Vergleichsaspekt bilden oder ob sie an anderen beteiligt sind. Je zahlreicher dies ist und je besser die Vergleichskonstellationen sonst noch sind, um so weniger nachteilig wird sich der Spannungsaspekt von Merkur und Jupiter auswirken. Man achte auch darauf, welches seiner Stellung in den Tierkreiszeichen nach der stärker und harmonischer gestellte Planet ist. Sind weitere Aspekte gegeben, die Mißverständnisse anzeigen, kann diese Konstellation in Richtung einer Scheidung weisen.

Eigene Erfahrungen:

☿ harmonisch zu ♄
☿ △ Trigon, ⚹ Sextil — ♄ 73

Das Zweckdenken des einen läßt sich mit dem auf das wesentliche Verständnis der Dinge des anderen gerichteten gut vereinen. Daher ist es eine fruchtbare Gedankenverbindung zwischen den Partnern. Wäre der Merkur-Eigner zerstreut und oberflächlich, kann der Saturn-Partner seinem Denken Richtung und Tiefe geben. Andererseits vermag ein besonders »verknöcherter« Saturn-Eigner durch den Merkur-Partner vielseitiger und beweglicher zu werden. Er kann stur eingenommene Positionen verlassen, weil ihm auf eine für ihn verständliche Art der geistige Horizont geweitet wird und unterschiedliche Betrachtungsweisen eines bestimmten Problems aufgezeigt werden. Die Vergleichskonstellation ist ein Aspekt der Realität, an deren Bewältigung ohne Leidenschaft, aber sachlich und methodisch wirksam herangegangen wird. So können alle gemeinschaftlichen Aufgaben, die einer konstruktiven Grundlage bedürfen, angegangen werden. Es geht hierbei nicht um Sympathie oder Antipathie, sondern um Logik, um das Berechnen der Dinge, um systematisches Arbeiten. Einzelheiten werden genau, eher zu sehr als zuwenig beachtet. Vom Intelligenzniveau der Partner hängt es ab, wieweit dieser Aspekt dem Fortkommen nutzbar gemacht werden kann. Begünstigt sind demnach vor allem Verbindungen, bei denen es um Forschungsanliegen oder Geschäfte geht, besonders solche saturnischer Art, also Rohstoffe, Grund und Boden, Gartenbau betreffend. Aber auch Erziehungstätigkeit wird gefördert, weil diese Konstellation die notwendige Konsequenz bringt, ohne die Erziehung fruchtlos bleibt. Begünstigt sind ferner technische, organisatorische oder aber auch medizinische, politische Partnerbeziehungen. Für die Ehe ist diese Konstellation gewiß kein Nachteil, denn die Partner stehen verantwortungsvoll zueinander, bringen Verständnis für die Sorgen des Partners auf und geben der Verbindung den nötigen Ernst. Es ist eine Konstellation, die Einsicht und Reife fördert, darum alles an Kontakten begünstigt, was seriöser Natur ist. Kommt es zu geschäftlichen Abmachungen oder zu einem Vertragsabschluß, wird man zwar lange über alle Punkte diskutieren, dann aber ein Abkommen unterzeichnen, das Hand und Fuß hat und alle Sonderfälle berücksichtigt. Ist der Saturn-Eigner lebenserfahrener und älter als sein Merkur-Partner, entspricht dies am besten der Rollenverteilung, wie sie durch den Planetenstand ausgewiesen ist.

Eigene Erfahrungen:

☿ im Spannungsaspekt zu ♄
☿ □ Quadrat, ☍ Opposition — ♄ 74

Es treten erhebliche Spannungen auf, weil es an Verständnis füreinander mangelt. Jeder der Partner versucht seine Version eines Problems durchzusetzen, der Merkur-Eigner macht das schlau und spitzfindig, kann (wenn sein Radix das erkennen läßt) zu Lüge und Betrug, mindestens aber zu Zurückhaltung neigen, während der Saturn-Eigner auf stur schaltet, hart, geizig und unzugänglich bleibt. Obwohl auch dieser Aspekt eine Konstellation ist, welche die Realität betrifft, handeln beide Partner an der Wirklichkeit vorbei und fügen sich Schaden zu. Die Unvereinbarkeit der Gegensätze wird durch Mißtrauen, Ränkesucht und hinterlistige Handlungsweise verschärft. Minderwertigkeitskomplexe, ein enger Gesichtskreis, Eigensinn sind Konsequenzen, die zu Stauungen führen. Eine solche Verbindung kann nicht produktiv sein, wohl aber die Partner in die Isolation bringen. Diese Konstellation erschwert alle Verbindungen, bei denen Offenheit und Vertrauen Voraussetzung sind. Dazu kommen aber noch Probleme durch Eifersucht, Ressentiments, weil einer auf den anderen neidisch ist, betonte Eigeninteressen, die es schwierig machen, am gleichen Strang zu ziehen. Bei der Opposition mag ein gewisser tückischer Nebeneffekt fehlen und die Gegnerschaft mehr offen zutage treten. In der Konsequenz werden die Haltungen der Partner zu unterschiedlich sein, um überbrückt zu werden. Es ist nicht möglich, miteinander im Gespräch zu bleiben. Das Übel dieses Vergleichsaspekts ist, daß er erst nach längerer Zeit des Kennenlernens oder des Zusammenarbeitens in Erscheinung tritt. Liegen außerdem noch harmonische Aspekte vor, etwa solche, die in Richtung auf herzliches Einverständnis oder gar Liebe weisen, kann sich die Auswirkung des nachteiligen Merkur-Saturn-Aspekts hinauszögern, bis Direktionen seine Realisierung erlauben. Im Alltag kann sich das so darstellen, daß es mit Kleinigkeiten beginnt, die den Partner aufregen, bis dann die Unvereinbarkeit der gegensätzlichen Haltungen an den Tag kommt. Dann aber ist es für ein Zurück zu spät. Es kommt zum Bruch. Wenn dieser, aus was für Gründen auch immer, nicht vollzogen werden kann, dann leben die Menschen nebeneinander her, ziehen sich voneinander zurück, was indessen so weit geht, daß sie sich schaden können. Beide negative Konstellationen wirken ungleich stärker als die positiven Vergleichsaspekte beider Gestirne.

Eigene Erfahrungen:

☿ in Konjunktion mit ♄
☿ ☌ Konjunktion — ♄ 75

Es ist einer der am schwierigsten zu beurteilenden Vergleichsaspekte. Ein Irrtum des Deuters kann folgenschwer sein. Wenn beide Planeten stark, also in eigenen Zeichen stehen, und harmonische Aspekte im Radix wie im Vergleich bekommen, dann vermag die Konjunktion eine der stärksten Bindungen überhaupt anzuzeigen. Die Partner können dann zu einer gemeinsamen, ernst verstandenen Tätigkeit kommen, vor allem in wissenschaftlicher oder technischer Hinsicht, in Geschäften und am Arbeitsplatz. Begünstigt sind Beziehungen zwischen Lehrer und Schüler, aber die Konstellation kann auch eine Ehe kräftigen. Sie wird zwar (wenn nicht andere Aspekte es anzeigen) eher nüchtern und eine Pflichtbindung sein, jedoch Sinn für Treue und Verantwortung bei beiden Partnern erwarten lassen. Sind aber die Planeten im Radix und durch andere Vergleichsaspekte verletzt, hier zählen schon wenige oder schwache Aspekte, dann wird man besser die negative Deutung heranziehen. Der Saturn-Eigner wird seine Sorgen auf den Merkur-Partner abwälzen und ihn durch seine Probleme bedrücken, ihn auch neidisch oder eifersüchtig verfolgen und verhindern, daß er aus bestimmten Geleisen ausbricht. Es ist eine Konstellation des bösen Zwanges. Andererseits wird der Merkur-Eigner seinen Saturn-Partner belügen, betrügen und auf seine merkurische Art, also durch Rede, Schrift, Geschäfte und auch in Gesprächen mit dritten Personen schädigen. Argumente des Merkur-Eigners werden sein, der Saturn-Partner wäre zu langsam, hätte Vorurteile und nähme bewußt nicht zur Kenntnis, was doch überzeugend und klar auf der Hand liege. Umgekehrt wird der Saturn-Eigner seinem Merkur-Partner vorwerfen, zuviel zu wollen, unbeständig und unaufrichtig zu sein. Der Aspekt zeichnet das Bild eines starrsinnigen Alten, der an einen gerissenen und leichtfertigen Jüngeren gekettet ist.

Eigene Erfahrungen:

☿ harmonisch zu ♅
☿ △ Trigon, ⚹ Sextil — ♅ 76

Beide Gestirne weisen auf miteinander verwandte geistige Prinzipien. So bringen harmonische Aspekte die Möglichkeit einer erfolgreichen Partnerbeziehung durch einen aufgeweckten Intellekt, der vom Partner plötzliche Impulse bekommt. Geistige Beweglichkeit und die Fähigkeit zur raschen Umstellung wird in jenen Bereichen Kontakte fördern, die weniger eine methodische, logische und konservative Zuwendung erfordern. Besonders begünstigt sind demnach Kontakte von Forschern oder Technikern, aber auch soziale, wo es Progressives, Neues und Modernes zu verwirklichen gilt, wo es auf originelle Gedanken ankommt. Wenn die beiden Partner im Naturell insgesamt einigermaßen zusammenpassen, dann wird diese Verbindung sicher nicht langweilig sein, sondern sich immer wieder aufs neue beleben lassen. Von außen herandrängende Akzente werden aufgegriffen, der eigenen Situation dienlich gemacht. Gegenseitige Anpassung geht nicht auf Kompromisse zurück, sondern auf neue Gedanken, die ins

Spiel kommen, auf originelle Blickweisen oder Arbeitsmethoden, wobei mehr der Augenblick interessiert als das in weiterer Zukunft Eintretende. Die Partner haben intuitives Verständnis füreinander. Das erleichtert es, sich bei Gesprächen, Diskussionen oder Verhandlungen Bälle zuzuspielen, sich zu ermuntern, anzuregen oder auf neuartige Wege zu bringen. Geistige Freundschaften, humanitäre Begegnungen, wissenschaftliche Bemühungen, aber auch gemeinsame okkulte oder literarische Interessen können aufgegriffen werden. Es ist möglich, daß der Uranus-Eigner den Merkur-Partner zu Reisen ermuntert, die ihm eine weitere Sicht bestimmter Problemkreise eröffnet, daß andererseits der Merkur-Eigner mehr lebenspraktische Methodik in eine Partnerschaft einbringt. Günstig ist diese Konstellation, wenn beide Partner gefestigte Menschen sind, weil der rasche Wechsel von Ideen sonst zu Überspannung führen könnte. Die Partner müssen einander gewisse geistige Freiheiten gewähren, wenn die Verbindung harmonisch bleiben soll.

Eigene Erfahrungen:

☿ im Spannungsaspekt zu ♅
☿ □ Quadrat, ☍ Opposition — ♅ 77

Auch hier entzündet sich Geist an Geist, doch gibt es Reibungen, Mißverständnisse, bei der Opposition allenfalls auch Ergänzung. Was der eine als neue Idee hoch preist, wird der andere als völlig indiskutabel und undurchführbar ablehnen. Neues wird als exzentrisch verworfen, jähe Wendungen oder Veränderungen werden als störend abgetan. Die Partnerbeziehung wird sich nicht gleichmäßig entwikkeln, auf Begeisterung füreinander kann jähe Ablehnung folgen. Das ist auch ein Merkmal der *Konjunktion*, bekommt bei Quadrat und

Opposition aber kritische Züge. Was der eine dem anderen als erfreuliche Überraschung präsentieren will, wird mißverstanden und kann nicht verarbeitet werden. In dieser Partnerschaft gibt es Überspitzungen, man verrechnet sich, weil die große Linie nicht stimmt und immer wieder Ausbrüche vorkommen, die dann originell sein sollen. Kritisch ist diese Konstellation bei einer Lehrer-Schüler-Beziehung, die zerfahren und oberflächlich ist, im Geschäftsleben, wo Spekulationen und Risiken zuviel Kraft und Kapital verschlingen, in der Familie, wo die Partner einander beunruhigen. In der Opposition kann eine gegenseitige Anregung vorliegen, die allerdings unüblich erfolgt, von Außenstehenden wohl auch nicht richtig erkannt wird. Das unbekümmerte Drängen des einen wird vom anderen nicht richtig verstanden und als zu unruhig empfunden. Dennoch können manche Gedanken akzeptiert werden, wenn andere harmonische Vergleichsaspekte den Wunsch nach Übereinstimmung erkennen lassen. ☿

Eigene Erfahrungen:

☿ in Konjunktion mit ♅
☿ ☌ Konjunktion — ♅ 78

Was bei der Opposition angedeutet wurde, ist hier voll gültig. Wenn die Gestirne für sich im Radix und im Vergleich einigermaßen harmonisch gestellt sind, muß es nicht zu Streit und Mißverständnissen kommen, doch wird eine gewisse Beunruhigung immer gegeben sein. Diese Konstellation ist typisch für Partnerverbindungen, bei denen Außergewöhnliches fasziniert, vor allem im mentalen Bereich oder in der Hinsicht, die nach bürgerlichen Maßstäben unüblich ist. Eine solche Konstellation kann zur Liebe auf den ersten Blick führen, wobei allerdings Geistiges den Ausschlag gibt. Fraglich aber ist, ob sich auf die Dauer z. B. eine Ehe harmonisch gestalten läßt, wenn dieser Aspekt zu kräftig durchschlägt. Der Deuter möge die Haus-Stellung der Konjunktion besonders beachten. Zwar wollen beide dann dasselbe, aber sie sehen zu unterschiedliche Wege oder Chancen, verrennen sich auch in ihre Ideen und können aneinander geraten. Daraus kann ein geistiges Feuerwerk werden oder aber Streit, vor allem wenn Marsaspekte hinzutreten sollten.

Eigene Erfahrungen:

☿ harmonisch zu ♆
☿ △ Trigon, ⚹ Sextil — ♆ 79

Merkur zeigt an, wie dessen Eigner denkt und welche intellektuellen Absichten er verfolgt. Neptun dagegen bedeutet Ahnen, phantasievolle Vorstellung, Inspiration. So gerät das Zweckdenken des einen, also die Orientierung nach dem, was meßbar ist, was man als gesunden Menschenverstand bezeichnet, in ein Beziehungsverhältnis zum Unergründlichen, aus der Phantasie Geborenen, zu unbewußten Wunschregungen. Es ist eine Konstellation, die für ganz bestimmte Partnerschaftsgruppen hilfreich ist, z. B. für Künstler, Psychologen oder kulturell tätige Personen. Der Merkur-Eigner vermag den Neptun-Partner zu begreifen, kann gedanklich durchgliedern, was jener verschwommen ahnt. Sein Sachdenken erlaubt es, hypothetische Ziele auf ihren Realitätswert hin abzuschätzen, Religiöses oder Seelisches wird begrifflich zu erfassen versucht. Wenn es um Stimmungen geht oder um Musik, Kunst, auch um Geheimnisse und Unwirkliches, hakt der bewegliche Verstand ein. Umgekehrt wird der Neptun-Partner sich intuitiv auf den Merkur-Eigner einstellen können, so daß bestimmte Verbindungen weniger zweckbetont scharf sind, sondern gefällig aufgelockert. Dies könnte zwischen Ehepaaren günstig sein oder einen romantischen Einschlag bei jenen Verbindungen bringen, die zu realistisch und vordergründig angelegt sind.

Eigene Erfahrungen:

☿

☿ im Spannungsaspekt zu ♆
☿ □ Quadrat, ☍ Opposition — ♆ 80

Während die harmonische Verbindung der Gestirne weniger das Relief einer Partnerverbindung bestimmt, also eher schwach wirksam als stark beurteilt werden muß, kann der kritische Aspekt zerstörend wirken. Die Natur beider Grundprinzipien, die durch Merkur und Neptun verkörpert werden, paßt schlecht zusammen. Im Quadrataspekt wie in der Opposition wird daher die Phantasie eine unheilvolle Rolle spielen können. Sie läßt die Verbindung nicht klar genug sehen, die Partner machen sich Illusionen über Art und Weise ihres Zusammenlebens oder Zusammenwirkens. Anfällig erweisen sich vor allem jene, deren moralisches Niveau nicht sehr hoch ist. Wenn auch solches aus dem Horoskop nur bedingt zu ersehen ist, können harmonische Jupiteraspekte einen »guten Kern« erkennen lassen. Soweit die beiden Partner darauf angewiesen sind, sich zu profilieren, vermag der negative Vergleichsaspekt die Strukturen aufzulockern und ist der Lebenspraxis fremd. Was der Neptun-Eigner sicher zu wissen meint, wird ihm durch den Merkur-Partner widerlegt und durchkreuzt. Wünsche des einen stoßen auf Unverständnis des anderen. Die Partner neigen dazu, sich etwas vorzumachen. Das kann von der Lüge bis zum Betrug gehen, kann Tarnung und Hochstapelei bedeuten, oder im guten Glauben handeln lassen, um dem anderen Härten zu ersparen; dies aber wird mißverstanden und als Intrige gedeutet werden.

Darum scheitern unter solchem Aspekt Geschäftsverbindungen durch Untreue, kranken an falschen Voraussetzungen oder machen es den Partnern unmöglich, ihre Kontakte realistisch einzuschätzen. Sehr schlecht für Geldgeschäfte, aber auch für Reisetätigkeit, Vertrauensposten; Desillusionierung in der Ehe.

Eigene Erfahrungen:

☿ in Konjunktion mit ♆
☿ ☌ Konjunktion — ♆ 81

Bei der Konjunktion kann nur in seltenen Fällen, also bei besten Aspekten, die im Radix vorliegen, bzw. im Vergleich noch die beiden Gestirne mit anderen verbinden, auf eine harmonische Auswirkung geschlossen werden. Man muß eher davon ausgehen, daß sich die Partner falsche Vorstellungen vom jeweils anderen machen. Allerdings kann eine Art telepathischer Zusammenhang gegeben sein, etwa in der Art, daß der eine erfühlt, was der andere denkt. Wenn das Anliegen der Partnerschaft lebenspraktische Dinge sind, wird die Konstellation das Positive beeinträchtigen. Sie kann dort hilfreich sein, wo es notwendig ist, sich aufeinander geistig einzustellen, sei es bei einem Arzt-Patienten-Verhältnis, besonders in der Psychotherapie. Bei Liebesleuten kann ein romantischer Kontakt vorliegen, man kann gemeinsam schwärmen, erleidet aber auch gemeinsam Enttäuschungen bzw. betrügt einander. Das wird vor allem bei negativen Jupiter-Aspekten und bei solchen der Fall sein, die Untreue vermuten lassen.

Eigene Erfahrungen:

☿ harmonisch zu P
☿ △ Trigon, ⚹ Sextil — P 82

☿

Diesem Aspekt sollte man nicht zuviel Bedeutung beimessen, doch kann er geistig stärkend angesehen werden. Vor allem sind es höhere Interessen, die berührt werden, also wissenschaftliches Denken, Problemstellungen aus grenzwissenschaftlichem Gebiet, Religion oder Reinkarnation betreffend, alles, was »verborgen« ist oder was als höhere Gewalt sich dem geistigen Zugang entzieht. Eine günstige Konstellation für Menschen, die durch Zusammenarbeit Geheimnisse aufdecken müssen, die zu außergewöhnlichen und schwerwiegenden Aktionen bestimmt sind, bei denen es um Existenzprobleme geht. Geschäftsbeziehungen, soweit sie Technisches betreffen, aber auch Schreiben und Reden, Verhandlungen, Vorsorge gegen die möglichen Wechselfälle des Lebens können durch derartige Vergleichskonstellationen gefördert werden.

Eigene Erfahrungen:

☿ im Spannungsaspekt zu P
☿ □ Quadrat, ☍ Opposition — P 83

Wie es vielfach vorkommt, ist der negative Aspekt schwerwiegender einzuschätzen als ein positiver. Das gilt besonders auch bei Pluto. Bei dieser Konstellation muß man Widersprüche im Denken, im Planen und auch im Handeln vermuten. Vor allem wird der Pluto-Eigner den Merkur-Partner zu dominieren suchen, will sein Denken in Geleise zwingen und von sich abhängig machen. Merkur dagegen wird sich auf seine Art durch Lüge, Entstellung, mindestens durch Diplomatie dem diktatorischen Zwang entziehen wollen. Daran scheitert es, Pflichten zu übernehmen oder gemeinsam etwas zu tun, wozu eine positive gedankliche Beeinflussung nötig wäre. Möglich ist auch, daß der eine in des anderen Geheimnisse einzudringen versucht, was nicht günstig ist für wissenschaftliche Zusammenarbeit oder für geschäftliche Kooperation. Kritisch müssen auch Geldgeschäfte betrachtet werden.

Eigene Erfahrungen:

☿ in Konjunktion mit P
☿ ☌ Konjunktion — P 84

Wahrscheinlich ist die Konstellation ungünstig zu beurteilen. Es fehlen noch hinreichende Untersuchungen, um hier letzte Klarheit zu schaffen. Man kann aber davon ausgehen, daß der Merkur-Eigner in der Regel derjenige sein wird, der dem Pluto-Partner unterliegt. Dieser vermag ihn durch Suggestion oder mit Gewalt seinem Willen gefügig zu machen. In gewisser Hinsicht kann berücksichtigt werden, was bei Merkur in Konjunktion mit Mars (Nr. 70) gesagt wurde. Handelt es sich um eine Partnerschaft, bei welcher der Merkur-Eigner der beruflich Tätige ist, kann der Pluto-Partner ihn auch schicksalhaft bedrücken, bzw. wird dessen Beweglichkeit durch höhere Gewalt beeinträchtigt. Die Konsequenz ist Unzufriedenheit und Mißlingen von Aktionen, die dem Geschäftsleben dienen. Ungünstig für Partnerschaften aus dem Erziehungsbereich oder der Pädagogik.

☿

Eigene Erfahrungen:

☿ harmonisch zu ☊
☿ ☌ Konjunktion, △ Trigon, ⚹ Sextil — ☊ 85

Die Fähigkeit des Mondknoten-Eigners am Gemeinschaftsleben teilzunehmen oder in der Gemeinschaft mit anderen aufzugehen, bzw. sich zu Teamarbeit bereit zu finden, wird durch Merkur aktiviert. Dadurch bekommt er die Chance, sich gedanklich mit Problemen zu beschäftigen, die ihm bisher fern lagen. Umgekehrt kann der Merkur-Eigner, wenn er Einzelgänger ist, zur Zusammenarbeit animiert werden. Aber dieser Mondknotenaspekt hat nur eine abrundende Funktion im P-Hor.

Eigene Erfahrungen:

☿ im Spannungsaspekt zu ☊
☿ □ Quadrat, ☍ Opposition — ☊ 86

Der Mondknoten-Eigner fühlt sich in Gesellschaft des Merkur-Partners nicht wohl, bzw. wird es unangenehm vermerken, wenn dieser ihm mit Vorschlägen, Plänen, Ratschlägen kommt. Es kann auch sein, daß eine geistige Kluft, die zwischen beiden besteht, so vertieft wird, daß es zu Alleingängen oder aber zu einer Trennung kommt. Weisen andere Aspekte in Richtung einer Scheidung, dann wird der negative Merkur-Mondknoten-Aspekt diesen Trend unterstreichen.

Eigene Erfahrungen:

☿ harmonisch zu Asz
☿ ☌ Konjunktion, △ Trigon, ⚹ Sextil, ☍ Opposition — Asz 87

Verstand, Intellekt, alle persönlichen Vermittlungsfunktionen des Merkur-Eigners treten in eine harmonische und bei der Konjunktion sehr enge Verbindung zur Art und Weise, wie der Asz-Eigner sich innerhalb seines Milieus gibt und auf die Umwelt wirkt. Darum gilt zunächst uneingeschränkt, bei der Konjunktion sogar noch stärker, was unter »Merkur in 1« aufgeführt wurde. Für den Asz-Eigner bedeutet diese Konstellation eine Steigerung seiner mentalen Kräfte durch das Zusammensein mit dem Merkur-Partner. Besonders begünstigt sind demnach alle Lebensbereiche, die eine bewußte geistige Durchdringung erfordern. Das wird sich geschäftlich an Erfolgen ablesen lassen, ehelich oder familiär an Glück, weil sich richtige Überzeugungen bestätigt finden. Der Einfluß des Merkur-Partners bedeutet auch ein nervliches Hingestimmtsein zum Asz-Eigner, Interesse an seiner Lebensweise und an seinem Körper. Wenn es, wie in der Liebe, auf physische Harmonie ankommt, ist es bei dieser Vergleichskonstellation möglich, den Partner ganz bewußt zu akzeptieren. Wenn außerdem noch andere hilfreiche Aspekte hinzutreten, dann vermag die Konjunktion Freude und Zufriedenheit auszudrükken. Bei der Opposition liegt ein gewisses, die Mentalität des Asz-Eigners ergänzendes Verhalten vor. Für Partnerbeziehungen ist die Opposition fast noch stärker als mit dem Aszendenten, weil dies ja die Konjunktion mit der Spitze des 7. Sektors, des »Ehehauses«, ist. In beiden Fällen aber drängt es den Merkur-Partner nach der Verbindung mit dem Asz-Eigner. Obwohl dieser ihm Sympathie entgegenbringt, werden doch die Impulse und Anstöße zu dieser Verbindung primär nicht von ihm ausgehen.

Eigene Erfahrungen:

☿ im Spannungsaspekt zu Asz

☿ □ Quadrat — Asz 88

Diese Konstellation ist nicht unbedingt schlecht, aber es gibt bei geistigen Auseinandersetzungen auch Leerlauf. Berufliche und häusliche Angelegenheiten werden zerredet, geschäftliche Verbindungen sind störanfällig, weil sie nicht genügend durchdacht sind. Sofern andere gravierende negative Konstellationen vorliegen, kann Merkur-Quadrat-Asz sich als kritisch erweisen. Ergibt aber die PA eine gute Übereinstimmung der beiden Horoskope, dann ist die Bedeutung nicht belastend. Sollte jedoch einer der Horoskop-Partner sichtbar körperlich leiden oder durch andere Umstände in der Radixkonstellation auffallend sein, muß das bedacht werden, denn es handelt sich dann um Gebrechen oder Schwierigkeiten, die für den Merkur-Eigner in der Verbindung problematisch sein könnten.

Eigene Erfahrungen:

☿ harmonisch zu MC
☿ ☌ Konjunktion, ☍ Opposition, △ Trigon, ⚹ Sextil — MC 89

Da Merkur wie MC Beziehungen zum Beruf hat, ist die Konjunktion besonders kräftig. Sie begünstigt geschäftliche und berufliche Kontakte, wird aber auch dort von Vorteil sein, wo es um eine Karriere geht, an welcher der Partner Anteil nehmen soll. Der Merkur-Eigner kann den MC-Partner bei seinem Aufstieg fördern, ihm Ratschläge erteilen oder Vermittlungsdienste leisten. Bei der Opposition hat der Merkur-Partner aber mehr die häuslichen Interessen des MC-Eigners im Auge. Hier liegt wohl eine Förderung vor, möglicherweise aber, um den Eltern einen Gefallen zu tun, um dadurch häusliche Belange zu kräftigen, weniger, um den Ehrgeiz zu fördern. Bei dieser Aspektverbindung ist der Merkur-Eigner der gebende Partner.

Eigene Erfahrungen:

☿ im Spannungsaspekt zu MC

☿ □ Quadrat — MC 90

Für Geschäftsverbindungen ist die Konstellation sehr ungünstig. Es liegt eine unterschiedliche Interessenlage vor, doch besteht nicht nur Mangel an Anteilnahme, es können vom Merkur-Partner auch hemmende Impulse ausgehen. Er vermag den Aufstieg und die berufliche Karriere des MC-Eigners empfindlich zu stören. Für sich genommen, ist dieser Aspekt nicht so nachteilig, wenn aber andere Konstellationen in die gleiche Richtung weisen, bekommt er Gewicht. Ebenfalls wird der Merkur-Partner sich nur ungern um häusliche Belange des MC-Eigners kümmern, kann Unruhe in Familie, Elternhaus und das eigene Heim tragen. Er wird von sich aus auf einen Wechsel, Umzug oder aber berufliche Veränderung hinarbeiten. Dies wiederum in erster Linie nicht, um dem MC-Eigner zu helfen, sondern um eigene Vorteile wahrzunehmen.

Eigene Erfahrungen:

♀

Venus im Horoskopvergleich

1. Venus für sich betrachtet:

Als Grundprinzip sagt Venus wesentlich mehr aus, als das Merkwort »Stern der Liebe« ausdrückt. Es ist das Prinzip der Harmonie, des Bestrebens, die innere Balance zu halten. Zeigen in einem Radix Konstellationen an, daß dies gestört ist, kann der Mensch auch nicht zufrieden und damit »glücklich« sein. Es ist demnach berechtigt, Venus in Bezug zum Glück zu setzen, das ein Mensch sich selbst und anderen bereitet; denn nur wer selbst innerlich zufrieden und »glücklich« ist, strahlt auch jene Heiterkeit und Zuversicht aus, die ihn sympathisch macht. Unter diesem Aspekt gesehen ist es verständlich, daß man aus der Venusposition im Radix auch darauf schließt, wie eine Frau dem anderen Geschlecht gegenübertritt. Venus im Horoskop eines Mannes aber läßt urteilen, wie er sich seine »Anima«, das ist die bewußt oder unbewußt vorgestellte Wunschpartnerin, denkt. Bevor man an die Durcharbeitung einer PA geht, muß erst ermittelt werden, in welchem Zeichen des Tierkreises Venus sich befindet, ob sie dort eine kräftige Position hat wie in Stier und Waage, oder ob sie geschwächt ist wie in Widder und Skorpion, ob sie direktläufig ist, was die günstigen Aussagen hervorhebt oder rückläufig, so daß sie ihre »Kraft« nicht entfalten kann. Vor allem aber ist wichtig, ob Venus durch harmonische Aspekte anderer Gestirne gestärkt wird oder ob sie durch Quadrate oder Oppositionen verletzt ist.

2. Venus in der Partneranalyse:

Für *jede* Art von Partnerschaft ist Venus wichtig. Kein Mensch kann ganz auf sich allein gestellt sein, er bedarf der Mitmenschen, um sich zu entfalten. Besonders gilt das natürlich im Hinblick auf das andere Geschlecht und damit für Freundschaft, Liebe, Ehe, Familie. Venus ist aber auch bedeutsam für Geselligkeit, Kunst, für die Mittel, um sich Vergnügen zu schaffen, für Luxus, Einkäufe, ferner für die Versorgung und Unterhaltung der Menschen, wie dies durch das Hotel- oder Gaststättengewerbe und, modern gesprochen, durch das Show-Geschäft geschieht. Darum ist die Venusposition auch in jenen PA von hervorragender Bedeutung, die diese Bereiche betreffen. Da Venus auch auf das Drüsensystem und die Geschlechtsorgane Bezug hat, können kritische Konstellationen gesundheitliche Beschwerden signalisieren, die z. B. ein gesundes Geschlechtsleben nicht möglich machen.

3. Besonders zu beachten:

Allzu günstige Konstellationen, z. B. die Konjunktion mit Jupiter, kann des Guten zuviel bedeuten, so daß Venus auch Leichtsinn u. ä. m. anzeigen kann. Deswegen ist bei Venuspositionen nicht nur die Tatsache wichtig, ob die Stellung harmonisch oder disharmonisch ist, sondern auch, ob das Maß eingehalten wird.

4. Stellung der Venus in den Tierkreiszeichen:

♀ in ♈

Die Neigung besteht, für das andere Geschlecht leicht entflammt zu sein, zu schwärmen und zu flirten. Neben dieser oberflächlichen Form gibt es auch eine ideale Einstellung, doch findet sie beim Partner keine Resonanz. Die Gefahr, in Unmoral abzugleiten, ist bei widrigen Aspektverbindungen groß.

♀ in ♉

Beständig in der Liebe, anhänglich und treu. Es fällt schwer, mehr als eine Verbindung gleichzeitig zu haben, bzw. Kontakte sind dann nie von gleicher Intensität.

♀ in ♊

Neigung zu Geselligkeit, Anpassung, aber auch Konflikte durch Unbeständigkeit, weil gern zwei Eisen im Feuer gehalten werden. Häufig bleibt es nicht bei einer Ehe.

♀ in ♋

Zartheit der Empfindungen, Liebesbedürfnis, Sinn für Familie und Heim, aber auch Nachlässigkeit oder Genußliebe. Neigung zu einem erfahrenen Partner, Drang nach Mutterschaft. Getrennt zu leben wird nicht lange ertragen.

♀ in ♌

Sehr warmherzig, Neigung zu großzügigem Auftreten, Eitelkeit und Vergnügen. Rasch findet sich Gegenliebe; wenn die Bindung nicht fest ist, kann Untreue vorkommen. Sehr eifersüchtig.

♀ in ♍

Herzenswünsche werden vom Verstand kontrolliert. Auch praktische Erwägungen bestimmen die Partnerwahl. Häufig zu unentschlossen oder wählerisch, auch Abneigung, sich rasch auf einen Partner festzulegen.

♀ in ♎

Ästhetische Neigungen, rasch Sympathie erwerben, guten Geschmack zeigen, gern und gut leben. Erotisch sehr ansprechbar, was zur Untreue führen kann.

♀ in ♏

Die Anziehungskraft auf das andere Geschlecht ist stark, aber ebenso die eigene Sinnlichkeit. Sie pendelt zwischen Selbstdisziplin und Zügellosigkeit. Sehr eifersüchtig.

♀ in ♐

Idealistische Einstellung in der Liebe, aber auch vielseitige Interessen und daher Gefahr von Nebenverbindungen. Großzügig, gesellig und reiselustig. Mitunter äußerlich herzlich, bei fehlender innerer Anteilnahme.

♀ in ♑

Beständig in Herzensdingen, aber auch eifersüchtig und kleinlich. Neigung zu einem reifen Partner. Das Triebleben kann unterdrückt sein.

♀ in ♒

In der Liebe progressiv eingestellt sein, experimentieren, sich ungern festlegen, soziale, humanitäre Einstellung.

♀ in ♓

Sehr empfänglich und mitfühlend sein, aber auch Gefahr, sich gehenzulassen. Neigung zu Heimlichkeiten, Verlangen nach Genüssen, bequeme Lösungen anwenden.

5. Bewertung der Venusposition im Radix:

Es genügt schon eine Differenz von wenigen Tagen, um Unterschiede in der Deutung zu bringen, was wichtig bei fast Gleichaltrigen ist. Venus zeigt im Horoskop des Mannes, wie er sich die Gattin wünscht, im Horoskop einer Frau, wie sie dem anderen Geschlecht entgegentritt. Die Position des Planeten läßt erkennen, *ob* und *wie* ein Mensch lieben kann. Ihre harmonischen Aspekte erleichtern das Leben und verschönen es. Selbst Spannungsaspekte erweisen sich als Hilfe.

6. Stellung der Venus in den Häusern des Partnerhoroskops:

♀ in 1

Venus als Symbol des Harmonieprinzips wirkt hier auf die ganz persönlichen Lebensumstände des Haus-Eigners. Der Venus-Eigner vermag zu ermuntern, zu helfen, zu stützen, Liebe zu erwecken oder jene Gefühle wachzurufen, die eine schöpferische Betätigung des Haus-Eigners möglich machen. Es werden gewissermaßen die besten Seiten seines Naturells angesprochen. Eine solche Konstellation ist fördernd für Partnerschaften im sozialen, künstlerischen, besonders auch im musikalischen Bereich. Aber ebenfalls für Versorgungsangelegenheiten, Vergnügen, Freizeitgestaltung oder jenes, was dem Haus-Eigner sehr am Herzen liegt, vermögen Einflüsse des Venus-Partners hilfreich zu sein. Ist der Planet allerdings durch Aspekte und durch seine eigene Radixstellung verletzt, wird er den Haus-Eigner ungünstig beeinflussen, etwa zu leichtsinniger Handlungsweise verleiten, zu Ausgaben oder auch zu unmoralischem Tun veranlassen. Erweist sich der Haus-Eigner als verführbar und ist zugleich der Venus-Eigner eine sehr gefestigte Persönlichkeit, kann er diesem verfallen. Es besteht dann die Gefahr, daß der Haus-Eigner ausgenützt wird, daß der Venus-Partner wohl sein Vergnügen mit ihm hat, sich aber nicht für ihn verantwortlich fühlt.

In günstiger Stellung ist diese Haus-Position erfreulich für private Verbindungen wie für geschäftliche Beziehungen. Eine derartige Venusposition ist eine gute Voraussetzung für romantische Kontakte, auch für eine Heirat.

♀ in 2

In dieser Stellung nimmt der Venus-Eigner Einfluß auf die materiellen Interessen des Haus-Eigners. Deswegen ist diese Konstellation auch für Geschäfte wie für Versorgungsangelegenheiten günstig. Vor allem, wenn die beiden Partner in künstlerischem Bereich tätig sind oder in einem Hobby zusammenarbeiten, auch gemeinsam eine soziale oder humanitäre Aufgabe lösen, ist eine Verbindung erfreulich. Vom Venus-Eigner können Impulse ausgehen, wie der Haus-Eigner zu Geld kommt, wie er sich materielle Rücklagen schafft. Wenn aber Venus durch Stellung im Radix oder durch Aspekte aus dem P-Hor verletzt ist, dann sollte eine geschäftliche Verbindung unterbleiben, denn dann wären Verluste durch unangebrachte Großzügigkeit möglich.

♀ in 3

Die Anteilnahme des Venus-Partners erstreckt sich in diesem Falle vorwiegend auf den mentalen Bereich, wenn es dem Haus-Eigner darum geht, durch geistige Betätigung die innere Balance zu gewinnen oder durch Beschäftigung mit Kunst, Poesie, zwischenmenschliche Beziehungen aufzuwerten. Bei dieser Vergleichsposition in der PA haben es die Partner leicht, taktvoll miteinander umzugehen, Mißverständnisse auszuräumen, weil Herz und Sinn zusammenwirken. Deswegen begünstigt eine solche Konstellation verwandtschaftliche Beziehungen, soziale Aktivitäten, Anteilnahme an der geistigen Betätigung des anderen, seien es Lektüre, Theater, Hobbyinteressen. Ist Venus im Radix und durch Aspekte aus dem P-Hor verletzt, bleibt die Anteilnahme an der Oberfläche. Geschwätz tritt an die Stelle herzlich-geistiger Kontaktnahme.

♀ in 4

In erster Linie sind es familiäre Belange des Haus-Eigners, was seine »Wurzeln der Existenz« angeht, also sein Herkommen, Tradition und Elternhaus. In dieser Richtung bringt der Venus-Eigner eine verständnisvolle Sympathie auf. Bindungen, die familiärer oder sozialer Art sind, werden daher innig gestaltet werden können. Im Falle von Eheleuten wird der Venus-Eigner Küchenerfahrungen beisteuern, sich um das leibliche Wohlergehen des Haus-Eigners sorgen und mit ihm Speise und Trank und die Freuden des Daseins im eigenen Heim genießen können. Die Konstellation läßt die eigene Wohnung zu einem Hort der Freude und der Geborgenheit werden. So begünstigt die Konstellation auch Verbindungen von Familienmitgliedern und ist vorzüglich geeignet, Heiratswilligen den Weg zu ebnen. Ist es ein loser Kontakt, wird sich dennoch die Begegnung in den eigenen vier Wänden oder in der Familie abspielen können, bzw. wird es die Partner nicht danach verlangen, sich viel außer Haus zu bewegen. Ist Venus im Radix und in Aspekten verletzt, kann eine gewisse Gleichgültigkeit in den angezeigten Bereich einziehen, wie sie entsteht, wenn jemand einer Sache überdrüssig ist. Es fehlt dann die positive innere Einstellung, das Bewußtsein, daß auch eine an das Heim gebundene oder durch dieses belebte Verbindung gewisse Verpflichtungen mit sich bringt.

♀ in 5

Ist eine der schönsten Positionen für Liebesverbindungen oder für den Umgang mit Kindern. Die Partner begegnen sich in dem Wunsch, Vergnügen miteinander zu teilen, sich romantisch zu lieben, Kunsterlebnisse gemeinsam zu genießen, und das, was Triebhaftigkeit bietet, anzunehmen. Selten kommt es zu einer Heirat aus Vernunftgründen, wohl aber aus echtem Verliebtsein. Der Haus-Eigner sieht in seinem Venus-Partner jene Person, die seine romantischen Träume erfüllt. Die Konstellation begünstigt ferner Verbindungen von Künstlern, sodann auch zwischen Lehrern und Schülern, geschäftlich, wenn es um Kunst, Musik, Unterhaltung oder Versorgung geht.

♀ in 6

Der Venus-Eigner kann helfen, das Arbeitsleben des Haus-Eigners erfreulich oder mindestens erträglich zu gestalten. Es ist der Sonnenschein, der in Werkstatt oder an den Arbeitsplatz fällt, das Wissen um Zuneigung, Fürsorge und die Chance, sich nach getaner Arbeit abzulenken. Die Konstellation eignet sich für alle Partnerschaften, bei denen es um harmonisches Zusammenwirken geht. Das entstehende Vertrauensverhältnis ist weniger intellektuell begründbar, vielmehr beruht es auf Sympathie oder auf Gefühlen füreinander. Ferner vermag der Venus-Partner den Haus-Eigner in gesundheitlichen Dingen zu fördern. So ist die Konstellation vorzüglich für eine Partnerverbindung zwischen Krankenschwester und Patienten, aber auch in der Beziehung zum Arzt geeignet. Ist Venus verletzt, kann der Haus-Eigner sich bei seinen Arbeitsbelangen und Pflichten durch den Venus-Partner abgelenkt fühlen, bzw. wird dieser nicht mit dem nötigen Ernst bei der Sache sein.

♀ in 7

Es ist eine ganz vorzügliche Kombination für Eheleute, denn der Venus-Eigner erfüllt hier Ansprüche und Wünsche des Haus-Eigners hinsichtlich des »Du«. In mancher Hinsicht, besonders wenn noch andere Vergleichsaspekte diese Auffassung unterstützen, wird der Haus-Eigner im Venus-Partner jenen Menschen sehen, der für ihn eine wirkliche Ergänzung darstellt. Er zeigt ihm Wege, sich zu entfalten, der zu werden, der er im Grunde schon ist. So hält der Venus-Eigner dem Haus-Partner auch den Spiegel vors Gesicht. Das geschieht nicht so sehr im stillen Kämmerlein, als vielmehr auch in der Öffentlichkeit oder bei der Lösung von Problemen, die mit dieser in einem Zusammenhang stehen. Sofern der Haus-Eigner beruflich oder durch Hobby Publikum braucht, bzw. in der Öffentlichkeit auftritt oder von vielen Menschen gesehen wird, kann sein Venus-Partner ihm eine Hilfe sein. Er vermag ihn künstlerisch, besonders musikalisch, zu beraten. Aber auch wenn es sich um das Hotel- und Gaststättengewerbe oder um Vergnügen handelt, wird der Venus-Eigner eine gute Ergänzung sein. Die Lebenslust ist gesteigert. Es besteht eine gewisse ermunternde Zuversicht, die im Haus-Eigner ein warmherziges Echo auslöst. Ist Venus allerdings verletzt, beeinträchtigt das die Gefühle füreinander; es gibt Mißverständnis, Streit, wohl auch, weil die Lebenshaltung oder die Ausgaben für Vergnügungen zu unterschiedlich sind.

♀ in 8

Vorzüglich eignet sich die Konstellation dazu, die Verbindung zwischen jenen Personen zu stärken, die einander beerben können. Aber auch solche Kontakte, für die es keine Vernunftgründe gibt, bzw. die durch ein Geheimnis zusammengehalten werden, ist die Konstellation erfolgversprechend. Sie begünstigt ferner jene, die geschäftlich, vor allem in Geldsachen, zusammenarbeiten. Weiter erfahren sexuelle Kontakte eine Förderung, denn der 8. Sektor steht in Beziehung zum 8. Zeichen, dem Skorpion. Wenn allerdings Venus verletzt ist, dann bringt Leidenschaft Leid, es mißraten Geldgeschäfte oder wenn der Haus-Eigner sich künstlerisch produziert, findet er beim Venus-Partner nicht das rechte Verständnis.

♀ in 9

♀

Für alle Partnerkontakte, bei denen eine höhere Bildung oder eine gewisse geistige Voraussetzung gefordert ist, verspricht diese Venusstellung Erfolgsaussichten. Sie begünstigt nicht nur Kontakte zwischen Lehrer und Schüler, hat Bezug auf Religiöses oder auf weltanschauliche Fragen, gefördert sind auch Reiseangelegenheiten, Reisebekanntschaften (also die Beziehung zwischen Reisendem und Reiseleiter), schließlich auch Kontakte zu Ausländern, die für den Venus-Partner schicksalhaft sein können. Ein Ausländer aber wird sich im Gastland seines Venus-Partners gut einleben können und von diesem hilfreich an die Hand genommen werden können. Es ist eine Konstellation, die jenen Menschen gelegen kommt, die eine kulturelle Verbindung pflegen. Auch das verständnisvolle Eingehen auf religiöse Probleme, wie sie z. B. in einer Mischehe auftauchen können, ist möglich, es sei, Venus wäre verletzt. Dann kann es geschehen, daß die unterschiedlichen Standpunkte sich nur schwer auf einen Nenner bringen lassen. Ist der Haus-Eigner weltanschaulich konservativ, kann, je nach Art der Venusposition, ob in harmonischen oder in Spannungsaspekten, dieser einen günstigen, aufhellenden Eindruck hinterlassen oder aber seine Haltung wird als oberflächlich empfunden und abgelehnt werden.

♀ in 10

Am meisten profitieren Geschäftsverbindungen von dieser Konstellation, bei denen es um Bankgeschäfte, das Ausstattungs- oder Versorgungsgewerbe geht, wo Hobbydinge zum Beruf gemacht werden. Im Fall einer Heirat werden Geld und finanzielle Sicherheit eine beträchtliche Rolle spielen. Will der Haus-Eigner Karriere machen, kann der Venus-Partner sich für ihn verwenden. Ist dieser eine Frau, wird sie ihren Charme einsetzen, um gangbare Wege zu finden. Begünstigt ist die Konstellation auch zwischen Diplomaten oder bei sozial miteinander verbundenen Menschen. Gesellschaftliches Leben spielt bei dieser Konstellation eine beträchtliche Rolle. Für einen Diplomaten oder Haus-Eigner, der repräsentieren muß, wird der Venus-Partner die beste Ergänzung bringen. Wenn aber Venus im Radix und durch Partneraspekte verletzt ist, können aus der Förderung Gleichgültigkeit oder sogar Intrigen werden, den guten Willen des Haus-Eigners auszunützen.

♀ in 11

Freundschaftsangelegenheiten werden durch den Venus-Eigner besonders nachhaltig vorangebracht. Diese Konstellation begünstigt auch alle Arten von freundschaftlichen oder romantischen Kontakten bis hin zur Ehe. Man darf erwarten, daß einer für den andern eintritt, daß humanitäre oder wissenschaftliche Ziele verfolgt werden können, daß die Partner Anteil an Bemühungen sozialer Art haben. Bei dieser Aspektverbindung spielen materielle Dinge keine so wesentliche Rolle. Das Schwergewicht liegt auf einer ideellen Einstellung, die daher auch bei der entsprechenden Partnerschaft wichtig sein sollte. Ist Venus im Radix oder durch Aspekte verletzt, dann fühlt sich der Haus-Eigner hintergangen, bloßgestellt oder hegt Wünsche, die sich in dieser Form durch den Venus-Partner nicht erfüllen lassen.

♀ in 12

Eine gut gestellte Venus vermag die Sorgen des Haus-Eigners zu begreifen. Der Venus-Eigner wird demnach manches tun können, um dem Haus-Eigner Kummer zu ersparen. Allerdings wird er selbst dabei etwas in Mit-Leidenschaft, in ein Mit-Fühlen gezogen. Es ist eine Konstellation, die dem Haus-Eigner mehr nützt als dem Venus-

Partner. Ist Venus aber in schlechten Vergleichsaspekten, vermag sie ihre mildernde Kraft in dem angezeigten Bereich nicht geltend zu machen. Dann erlahmt der gute Wille füreinander einzustehen rasch. Es können dem Haus-Eigner durch Verschwendung oder Untreue Ärger und Kummer erwachsen.

♀ harmonisch zu ♀ ♀
♀ ☌ Konjunktion, △ Trigon, ⚹ Sextil — ♀ 91

Ein Sympathieaspekt erster Ordnung. Er begünstigt jene Partnerschaften, bei denen es darauf ankommt, warmherzige Empfindungen füreinander zu hegen und auch zu zeigen. Ideal ist die Konjunktion, besonders wenn sie in das gleiche Tierkreiszeichen fällt. Dann wird man auch ein hochgradiges sinnliches Gefallen aneinander finden. Selbst bei einem etwas weiteren Orbis ist diese Konstellation eine glückliche Voraussetzung für Liebe, Ehe oder für das Familienleben. Sofern es sich um eine Verbindung sachlicher Art handelt, bei der Künstlerisches im Mittelpunkt steht oder wenn es um Versorgungsbelange geht, vermag diese Konstellation ähnliche Standpunkte der Beurteilung zu bringen. Sie ist in jedem Falle günstig für soziale Gemeinschaften, für Kontakte zwischen den Geschwistern oder solchen Menschen, die Gefühle füreinander zeigen.

Eigene Erfahrungen:

♀ im Spannungsaspekt zu ♀
♀ □ Quadrat, ☍ Opposition — ♀ 92

Aufkommende Differenzen in einer Partnerschaft sind überwindbar, werden sich zwar in erster Linie gefühlsmäßig äußern, können aber auch Geldangelegenheiten betreffen. Verschwendung auf der einen, Sparsamkeit auf der anderen Seite, schaffen eine gewisse Unverträglichkeit. Ähnlich ist es mit Lebensgenuß und Askese, die Partner hegen zu widersprüchliche Ansichten von dem, was das Leben ihnen bieten kann und was sie bereit sind zu investieren. Untreue, Eifersucht oder aber auch leidenschaftliches Sich-gehen-Lassen werden unter diesem Aspekt ebenso erfaßt wie Differenzen, Heimlichkeiten, schließlich Extravaganzen, die vom anderen nicht verstanden werden. In der Opposition stehen die Interessen zwar gegeneinander, aber man findet z. B. eine Liebesverbindung doch romantisch und attraktiv. Wenn noch andere nachteilige Aspektverbindungen vorliegen, die in diese Richtung weisen, kann der Aspekt starke Gefühlsschwankungen anzeigen, etwa im Sinne von Haßliebe. Den Partnern ist es aufgegeben, ihre triebhaften Wünsche zu zügeln und wie bei anderen unterschiedlich beurteilten Sachverhalten einen gemeinsamen Nenner zu suchen. Es wird schwierig sein in sozialen oder künstlerischen Dingen, in Geldsachen oder wenn es um das Vergnügen geht. Immerhin aber trifft und begegnet man sich, so daß, z. B. bei günstigen Merkuraspekten, doch ein Gespräch möglich ist.

Eigene Erfahrungen:

♀ harmonisch zu ♂
♀ ☌ Konjunktion, △ Trigon, ⚹ Sextil — ♂

93

Einen Vergleichsaspekt zwischen Venus und Mars beurteilen, heißt zu untersuchen, wie das Verhältnis der selbsteigenen Harmonie, des Gleichgewichts der Sinne, wie sie sich im Hinblick auf das Milieu ergeben, durch Willen und Triebveranlagung des Partners gefördert, bzw. gehemmt wird. Es ist jene Aspektverbindung, die über die sexuelle Abstimmung der Partner urteilen läßt. Es ist eine positive Verbindung, und sie ist nachhaltig und kräftig, wenn Mars im Horoskop ♀ einer Frau in günstigem Aspekt zu Venus aus dem Horoskop des Mannes steht, denn im weiblichen Radix zeigt Mars den Idealpartner an, während im männlichen Radix Venus den idealen weiblichen Partnertyp symbolisiert. Im übrigen gilt, daß der Venus-Eigner »liebt«, daß von ihm die eigentlichen und tieferen Impulse für die Partnerschaft ausgehen.

Der stärkste Aspekt, der eine vollkommene Übereinstimmung im Sexuellen bedeutet und diese daher auch zur Basis einer Ehe machen kann, ist die Konjunktion. Das kann bis zur Hörigkeit gehen, während Trigon und Sextil ungleich schwächer sind, sicher aber eine sinnliche Anziehung ermöglichen. Fehlen diese Aspekte, können auch ersatzweise Mond- und Sonne-Verbindung erotisch gedeutet werden. Aber die vordergründige sexuelle Anziehung zweier Partner wird doch am treffendsten durch die Kombination von Venus und Mars ausgewiesen. Beide Gestirne sind Geschlechtsplaneten, beide bilden eine (wünschenswerte) Einheit. In gewisser Hinsicht ist jeder Mensch bipolar angelegt, d. h., er hat sowohl männliche wie weibliche Anlagen, der eine mehr, der andere weniger. Der Regelfall ist, daß die äußeren sexuellen Merkmale eines Menschen auch dessen eigentlichen Geschlechtscharakter bestimmen. Bei der Beurteilung des Horoskops heißt es aber sorgfältig zu prüfen, wie weit das Radix eines Mannes »typisch Feminines« erkennen läßt, bzw. wie weit die Geburtskonstellation einer Frau »typisch maskuline Merkmale« anzeigt. Denn bei der Beurteilung einer Venus-Mars-Vergleichskonstellation muß auch berücksichtigt werden, ob der »Idealfall« vorliegt, daß ein sehr maskuliner Mann auf eine sehr feminine Frau trifft. Begegnen sich aber ein femininer Mann und eine maskuline Frau, kann die Verbindung problematisch werden, weil die Verteilung der Rollen nicht dem üblichen gesellschaftlichen Schema entspricht. Venus und Mars sind nicht nur sexuell zu verstehen, in ihrer Verbindung allerdings gilt dies primär, doch sind die beiden Grundprinzipien viel weiter zu fassen, woraus sich ergibt, daß auch eine Venus-Mars-Verbindung noch die allgemeine Motorik betrachten kann, die Fähigkeit, von Gefühlen durchdrungen zu werden, dynamisch vorwärts zu streben oder leidenschaftlich zu genießen. Es geht sowohl um Fähigkeit und Auswirkung des Energieeinsatzes, wie um die Umschaltung von Sinnesreaktionen. In sozialer Hinsicht lassen Venus- und Mars-Aspekte auch Schlüsse über die soziale Einpassung zu, d. h. über die Fähigkeit, sich mit anderen zu vertragen, bzw. gesellig zu sein.

Die Konjunktion bringt eine Steigerung des Lebensantriebs durch den Partner. Ob dabei Sex vordergründig erlebt wird oder eine lustvolle Steigerung zu Erotik oder Raffinesse erfährt, hängt in erster Linie von dem betreffenden Tierkreiszeichen ab, z. T. auch von der Häuserstellung im P-Hor. Es ist auch wichtig zu erkennen, welcher Aspekt-Partner der stärkere ist, was sich aus der Zeichenstellung und der Aspektverbindung im Radix ergibt. Eine Konjunktion in Stier und Waage bringt ein Übergewicht von Venus, fiele die Konjunktion in Widder oder Skorpion, dann von Mars. Ist Venus stärker, wird das Sinnlich-Ästhetische, werden feminine Züge überwiegen. Ist Mars der stärkere Partner in der Konjunktion, kann das rein Triebhafte sehr spürbar sein, bzw. wird auch Gewalt oder Brutalität zartere Empfindungen stören können. Die Partner werden heftig ineinander verliebt sein, einander begehren und dieses Verlangen wird auch z. B. nach jahrelanger Ehe sich immer wieder neu beleben lassen und kann Unstimmigkeiten anderer Art, z. B. Mangel an geistigem Verständnis füreinander überdecken.

Bei einer Konjunktion wird es nicht schwerfallen, wenn die allgemeine Veranlagung der Partner es zuläßt, auch romantische Gefühle füreinander zu entwickeln. Sind Venus und Mars harmonisch gestellt, kann es »die große Liebe« sein. Sind sie aber im Radix oder durch andere Aspekte verletzt, werden die Partner sich »besitzen« wollen, was Anlaß zu Eifersucht geben kann. Die günstigen Aspekte sind nicht nur sehr wünschenswert bei Herzensverbindungen, sie erleichtern auch Kontakte, bei denen es um Geld, Versorgungsangelegenheiten, Geschäftliches, besonders wenn es dabei um Luxusartikel geht. Verbindungen zwischen Venus und Mars bei Personen gleichen Geschlechts werden weniger sexuelle Bedeutung haben als vielmehr die anderen Seiten beider Grundprinzipien betreffen. Begünstigt sind soziale Handlungen, auch humanitäre Kontakte, künstlerische Beziehungen. Sie sind aber auch fördernd für Sport und Spiel, Freizeitgestaltung und bei der Bewältigung von Personalproblemen.

Eigene Erfahrungen:

♀ im Spannungsaspekt zu ♂
♀ □ Quadrat, ☍ Opposition — ♂ 94

Der Wunsch nach Hingabe und Fühlungsnahme verfehlt die triebhaften Wünsche und Bedingungen von seiten des Partners. Daher gibt es Überschneidungen von aktivem und passivem Verhalten. Zwar bleibt das Triebverhalten ungleich hoch, es kann sogar noch stärker ausgeprägt sein, vor allem bei der Opposition. Unverfängliche Beziehungen gibt es mit diesen Konstellationen kaum, dazu ist das Triebverhalten zu kompliziert. Harmonie, gemeinsames Glück kann erlebt werden, wird aber immer wieder durch Perioden der Spannungen oder der Problematik der Beziehung unterbrochen. Unruhe und Gereiztheit fördern Aggressionen, die, begründet oder unbegründet, sich als Untreue oder Eifersucht zeigen, wobei die ganze Skala sexueller Partnerschaftsgefühle durchgespielt wird, was bis zum Haß gehen kann. Es ist aber keine Abneigung von vornherein, sondern geboren aus leidvollen Erlebnissen, aus Übersteigerung oder Trennungen.

Die *Opposition* ist schwierig zu beurteilen, weil sie *auch sehr positiv*, vergleichbar der Konjunktion, wirksam sein kann. Dies vor allem dann, wenn Mars w in Opposition zu Venus m steht. Auch die Zeichenstellung ist hier bedeutsam, ebenso weitere Vergleichsaspekte, sowohl zu Venus und Mars, aber auch im Hinblick auf das gesamte P-Hor. Wenn noch andere Faktoren für eine Verbindung sprechen, dann können Partner, die durch Opposition verbunden sind, nicht nur in der Liebe gewinnen. Die Opposition hat einen stimulierenden Effekt, dies jedoch nicht nur harmonisch, denn den Venus-Eigner stört die Aggressivität und das Bestreben zu herrschen seitens des Mars-Partners. Dieser wiederum findet den Venus-Partner attraktiv und sehr begehrenswert, was ihn aber zu unangemessener Reaktionsweise veranlassen kann.
Bei einer Quadratverbindung ist eine dauernde Partnerbeziehung wohl möglich, doch hängt sie, abgesehen von den übrigen Konstellationen, auch von dem Niveau und der menschlichen Reife der Partner ab. Im Geschäftsleben, besonders wenn es um Bank- oder Geldgeschäfte geht, um Versicherungen, Steuern, auch um Erbschaften, können Schwierigkeiten auftreten, mindestens wird das Einvernehmen zeitweise gestört sein. Bei Verbindungen mit einem Partner des anderen Geschlechts kann ein Strohfeuer entflammen, doch folgt auf eine Liebe auf den ersten Blick oder auf ein rauschhaftes Erleben der Zweisamkeit bald eine Ernüchterung, es gibt Streit mit Trennungstendenz.

Eigene Erfahrungen:

♀ harmonisch zu ♃
♀ ☌ Konjunktion, △ Trigon, ⚹ Sextil — ♃ 95

Die Bedeutung beider Grundprinzipien läßt sich vereinfacht als »das kleine und das große Glück« darstellen. Also müßte die Kombination gewissermaßen eine Art Superglück bedeuten. Dies wird dann der Fall sein, wenn andere Aspekte durch die PA erkannt werden, die auf Maß und Disziplin schließen lassen, denn ein Zuviel an Glück ist auch eine Sache für sich.

♀

Am besten versteht man jedoch die Aspektverbindung, wenn man Venus als Liebesverlangen und Jupiter als Ausdruck der Legalität und der Rechtmäßigkeit begreift. Dann heißt die Konjunktion »Heirat«, also Zweisamkeit, die rechtlich gebilligt wird. Sieht man in Jupiter den Ausdruck des Expansionsbedürfnisses, so bedeutet die Konjunktion mit Venus, daß hier der Jupiter-Eigner sein Glück macht. Es ist in erster Linie eine Konstellation der Harmonie, die auch beim Trigon und Sextil deutlich spürbar wird. Die letztgenannten Aspekte dürfen aber nicht zu einer voreiligen Schlußfolgerung verleiten, denn eheliches Glück können sie nur anzeigen, wenn keine widrigen Saturn-, Mars-, Uranus- oder Neptunaspekte dieses beeinträchtigen würden. Eine harmonische Venus-Jupiter-Vergleichskonstellation begünstigt jene Personen, die einander in Liebe zugetan sind, vorzüglich Eheleute, aber auch Familienmitglieder, Freunde. Sie ist im Geschäftsleben sehr günstig, wenn es um Geld und Gut geht, um Geschäfte, Vergnügen, Versorgungsangelegenheiten, ferner auch um rechtliche Belange. Sind günstige Verbindungen zwischen beiden Gestirnen in einer PA vorhanden, werden Kanten oder Schwierigkeiten oder Unebenheiten in der Verbindung gemildert, Sympathie und Großzügigkeit, der Wunsch einander Gutes zuzufügen findet vor allem dort Ansatzmöglichkeiten, wo es um Erziehungsaufgaben, soziale Werte oder religiöse bzw. ästhetische Belange geht. In die Verbindung kommt ein Element der Zuversicht und die Fähigkeit, miteinander Schönes zu erleben und zu genießen. Es ist überhaupt in erster Linie ein Aspekt des Genießen-Könnens oder der Genußfreudigkeit. Die positive Ausstrahlung der Partnerschaft erweckt aber auch ein günstiges Echo, das Popularität bringt, kulturell oder in sozialer Hinsicht fördert. Vor allem wenn es um Abschlüsse oder Einhaltung von Verträgen geht, um offenes und ehrliches Verhalten gegenüber dem Partner, ist die Vergleichskonstellation nützlich.

Eigene Erfahrungen:

♀ im Spannungsaspekt zu ♃
♀ □ Quadrat, ☍ Opposition — ♃ 96

Auch diese Konstellationen können »Glück« verheißen, doch ist es nicht herbeizuzwingen. Hat der eine Partner das Verlangen, auf den anderen zuzugehen, kann dieser sich momentan nicht darauf einstellen oder ist durch äußere Umstände verhindert, das Dargebotene anzunehmen. Die Folge kann sein, daß es zu einer gewissen Ersatzbefriedigung kommt, evtl. zu Untreue. Zwar werden die Partner einander nicht übelwollen, nicht gegeneinander Gewalt anwenden oder Intrigen spinnen. Es wird die Quadratur häufig bei Liebesleuten angetroffen, denen der Weg zum Standesamt versagt bleibt oder die, aus welchen Gründen auch immer, nicht an eine Legalisierung der Beziehung denken können. Jupiter als Symbol für das »Gesetzliche« zeigt an, daß es sich um eine »verbotene« Liebe handelt. Kommt die Verbindung aber doch zustande, lehrt die Erfahrung, daß eine rechtliche Trennung, also Scheidung, überdurchschnittlich ist. Vor allem, wenn andere erschwerende Aspektverbindungen hinzutreten. Meinungsverschiedenheiten ergeben sich in rechtlichen Fragen, Vertragsangelegenheiten, in religiöser, ästhetischer, pädagogischer oder sozialer Hinsicht. Bei der Opposition können gegenteilige Auffassungen eine Art Ergänzung bringen, und bei reifen Partnern kann auch eine Abstimmung möglich werden. Dagegen ist beim Quadrat eher Unverständnis zu befürchten. Besonders diese Konstellation ist ungeeignet für Geschäfte, bei denen es um Geld, Rechtsangelegenheiten, also Prozeß u. ä. geht. Wenn andere Aspekte, besonders von Merkur und Saturn, auf Untreue hinweisen, kann eine Quadratverbindung deswegen eine Arbeitgeber-Arbeitnehmer-Beziehung trüben. Es mangelt dann an Vertrauen oder Großzügigkeit wird ausgenützt. Wenn es um die Frage der Verantwortung geht, schiebt sie einer auf den anderen. Auch eine solche Handlung ist im Geschäftsleben oder bei Teilhabern schlecht, so daß Kompetenzen von vornherein strikt abgegrenzt werden sollten.

Eigene Erfahrungen:

♀ harmonisch zu ♄
♀ △ Trigon, ⚹ Sextil — ♄ 97

Wichtig ist zu sehen, ob Saturn harmonisch gestellt ist. Steht er im Radix kräftig und in guten Aspekten, vermag die Konstellation einem Liebesbund Aussicht auf Dauer zu geben. Gewiß wird das Empfindungsleben nicht himmelhoch-jauchzend, optimistisch sein. Aber die Partner beurteilen ihren Kontakt doch positiv, jedoch nüchtern und realistisch. Sie machen einander nichts vor, sehen ihre Grenzen und stellen sich darauf ein, Pflichten füreinander zu übernehmen. Dazu gehört, daß auch Opfer gebracht werden, daß man sich standhaft zeigt und daß ein hoher Grad von Gewissenhaftigkeit in der Stellung zueinander gegeben ist. Das Liebesverlangen des Venus-Eigners steht daher in gutem Einklang mit den realistischen Wünschen des Saturn-Eigners. Etwas vereinfacht könnte man diesen Aspekt als Hinweis auf eine herzliche Vernunftehe verstehen, wenn er in den Horoskopen von Liebesleuten vorkommt. Der Venus-Eigner orientiert sich am Saturn-Partner. Es ist günstig, wenn dieser eine gereifte Persönlichkeit ist. Wenn nicht noch andere Aspekte Leidenschaften anzeigen, wird die Verbindung mindestens von Außenstehenden als etwas unterkühlt angesehen werden können. Gefühle konzentrieren sich auf das Erlaubte, und Liebesbeweise entspringen vielfach einer Nützlichkeitsüberlegung. Sie sollen den Partner binden, gewissermaßen Vorsorge für später bezeigen, können auch aus einer gewissen Mitleidshaltung geschehen. Die stabilen Empfindungen erlauben es, treu zu sein. Die günstigen Venus-Saturn-Aspekte eignen sich hervorragend bei der Begründung geschäftlicher oder beruflicher Beziehungen, besonders wenn es um Organisationsfragen geht, auch wenn diplomatisches Geschick nötig ist. Bei einem Arbeitgeber-Arbeitnehmer-Verhältnis darf man gegenseitige Treue erwarten, ein Ernstnehmen der Fürsorgepflicht. Kontakte aus der Pädagogik gewinnen an Tiefe, Zusammenarbeit hinsichtlich wissenschaftlicher Studien wird durch Sympathie der Partner erleichtert. Die schöne und fördernde Bedeutung der Konstellation ist meistens nicht sogleich bei Beginn der Partnerbeziehung zu ersehen. Es ist auch verständlich, daß Zuneigung in der angezeigten Weise eine gewisse Zeit zur Reife braucht. Aber eben deswegen bewährt sich die Verbindung oft nach Jahren und erweist dann ihren fördernden Einfluß.

Eigene Erfahrungen:

♀ im Spannungsaspekt zu ♄
♀ □ Quadrat, ☍ Opposition — ♄ 98

Begreift man Saturn als den »Schicksalsplaneten« wird verständlich, warum manche Liebesverbindung mit dieser Konstellation im P-Hor eine tragische Note bekommt. Es scheint, als läge es an einer Verkettung unglückseliger Umstände, an äußeren Bedingungen, wenn eine Liebe, die verheißungsvoll begonnen haben mag, schließlich zerbricht. Häufig ist es nicht so, daß der Bruch abrupt erfolgt, sondern daß eine Abkühlung des Verhältnisses einsetzt, die bis zum gleichgültigen Nebeneinander-Herleben geht. Es ist ein Aspekt der Hartnäkkigkeit, weswegen nicht nur die empfundene Auswirkung so nachhaltig ist, sondern auch an alten Zielvorstellungen festgehalten wird. Es entsteht der Eindruck, als läge diese Partnerschaft in Fesseln und keiner der Beteiligten hätte die Kraft, endlich einen Schlußstrich zu ziehen. Wieweit dies dann doch möglich ist, ergibt sich aus den übrigen Aspekten der PA. Der Saturn-Eigner kann zum Bremsklotz für den Venus-Partner werden, kann dessen Versuche, mit sich und der Welt in Harmonie zu leben, blockieren. Es liegt dann eine Situation vor, die Verzichtleistung erfordert. Zu den tieferen Ursachen für Mißverständnisse gehören soziale Unterschiede, altersmäßige Gründe, weil Ausgereiftsein des einen Partners oft nicht zum Glücksverlangen des anderen zu passen scheint. Menschen mit dieser Konstellation können mitunter einander von Anfang an unsympathisch sein, doch ist es eher die Regel, daß Schwierigkeiten sich erst im Laufe der Kontaktnahme, oft nach Jahren, ergeben, nämlich dann, wenn das Kapital positiver Gefühle füreinander aufgebraucht ist. Gerade Partnerschaften, die ausschließlich sexuelle Motive als Grundlage für die Begegnung hatten, verschleißen, wenn die Attraktion oder das triebhafte Verlangen nachläßt. Problematisch sind die Konstellationen bei verwandtschaftlichen Beziehungen, aber auch bei einem Lehrer-Schüler-Verhältnis. Man kann davon ausgehen, daß der Venus-Eigner sich durch den Saturn-Partner verletzt sieht. Wäre dieser ein Lehrer, würden die Bemühungen des Venus-Schülers nicht anerkannt. Der Einfluß wäre frustrierend.

Eigene Erfahrungen:

♀ in Konjunktion mit ♄

♀ ☌ Konjunktion — ♄ 99

Die direkte Bezogenheit beider Symbole scheint auf den ersten Blick nur negativ bewertet werden zu können. In der Regel wird dies auch der Fall sein, denn der Saturn-Eigner kann mit der ganzen Schwere seiner Erfahrungen, seines Bedürfnisses nach Konzentration einen stark melancholischen Grundton in die Beziehungen bringen. Er ist dann derjenige, der den Venus-Eigner total frustriert. Seine warmherzigen Gefühle, sein Bestreben, sich sinnlich hinzugeben oder leichten Herzens zu genießen, stoßen auf Unverständnis. Nun ist aber genau zu prüfen, ob die Positionen des Saturn wie auch der Venus nicht sehr gute sind, sowohl nach Zeichenstellung wie Aspektverbindung und wie die Gesamtlage des P-Hor beschaffen ist. Dann nämlich müßte man auf eine Treuebindung erster Ordnung schließen können. Das wird vor allem der Fall sein, wenn der Venus-Eigner seinem ganzen Naturell nach sich einen reifen, umsichtigen und erfahrenen (Lebens-) Partner wünscht. Von seiten des Saturn-Eigners werden die Gefühle durchaus gewürdigt. Fällt eine derartige Konjunktion in ein Vergleichshoroskop von Geschäftspartnern, kann das sogar als günstig für berufliches Zusammenwirken gewertet werden. Wahrscheinlich kommt man in Geldsachen besonders gut zurecht, besonders wenn es um Organisationsformen geht. Die Partner verhalten sich loyal, erstreben Dauerhaftigkeit der Verbindung und fühlen sich gegenseitig in die Pflicht genommen. Sind die Planeten aber verletzt, dann ist von einer Verbindung, bei der es um Geld und um Sachwerte geht, z. B. Grund und Boden, Wohnungssachen, abzuraten. Die negative Venus-Saturn-Verbindung zeigt ihre Wirkung selten sogleich, sondern oft erst nach Jahren. Sie ist in ihrer Qualität bemerkenswert und vermag das Gute beträchtlich zu relativieren oder gar aufzuheben, was durch andere Aspekte, es können durchaus mehrere sein, angezeigt ist.

Eigene Erfahrungen:

♀ harmonisch zu ♅

♀ △ Trigon, ⚹ Sextil — ♅ 100

♀

Uranusaspekte aller Art signalisieren immer eine bestimmte Reizsituation. Die harmonische Aspektverbindung kann daher Liebe auf den ersten Blick bedeuten oder aber der Reiz liegt in der extravaganten Art der Verbindung. Ein solcher Kontakt ist selten langweilig, lebt aber auch stark aus dem Augenblick, so daß eine Liebe, die plötzlich aufflackert, ebenso rasch wieder erlöschen kann. Allerdings ohne einen bitteren Nachgeschmack (den es bei der negativen Aspektverbindung geben kann). Die Partnerverbindung hat etwas Labiles, ist auch von äußeren Umständen abhängig und in einer ganz besonderen Weise als »originell« zu beurteilen. Man darf an diese Verbindung nicht mit der bürgerlichen Elle herangehen. Sie ist in gewisser Hinsicht unvergleichbar. Es kann sein, daß es sich um ungewöhnliche Partner handelt, daß die Faszination auf etwas beruht, das ein Außenstehender nicht erfahren kann. Bei Personen verschiedenen Geschlechts wird prickelnder Charme eine besondere Würze bringen, jedoch die Taktik, die eingeschlagen wird, kann den Partner beirren. Gerade deshalb hat die Verbindung den Reiz des Außergewöhnlichen. Sehr häufig zeigt es sich, daß bei Personen, bei denen im Geburtshoroskop eine enge Venus- und Uranusverbindung vorliegt und die sich daher zum eigenen Geschlecht stark hingezogen fühlen, der Aspekt diesen Trend verstärkt, sofern er sich bei Personen gleichen Geschlechts im P-Hor findet. Geschäftsverbindungen können dadurch belebt werden, sofern der Kontakt nicht ausgesprochen homosexuell abläuft. Von einer Venus-Uranus-Beziehung profitieren vor allem Künstler oder Menschen, die besonders kulturschöpferische Leistungen vollbringen, humanitäre Werke erledigen oder aber die es als Erfinder mit der modernen Technik halten. Dieser Aspekt für sich allein würde nicht genügen, ein dauerhaftes Partnerglück zu bringen. Allerdings liegt eine Art Initialzündung vor. Der Venus-Eigner wird durch Aktivitäten des Uranus-Partners fasziniert, er wird sich schöpferisch auf ihn einstellen und ihm sehr zugetan sein. Das muß nicht sexuell geschehen, sondern kann auch im Sinne einer höheren geistigen Bestrebung erfolgen. Der Uranus-Eigner seinerseits inspiriert den Venus-Partner zu schöpferischen Werken. Er kann seine verborgenen Talente ansprechen und romantische Vorstellungen in ihm wecken.

Eigene Erfahrungen:

♀ im Spannungsaspekt zu ♅
♀ □ Quadrat, ☍ Opposition — ♅ 101

Hier trifft das unter Nr. 100 Gesagte mit einer Art negativem Vorzeichen zu. Die romantische Note kann so stark sein, daß die Gedanken von der Realität abgezogen werden. Das gegenseitige Verhalten ist exaltiert, fällt aus dem Rahmen und kann sich ganz bewußt von den üblichen Vorstellungen abkehren. Das zeigt sich im Lebensstil, kann geschäftliche, besonders finanzielle Beziehungen stören, denn unerwartete oder nicht vorhersehbare Wendungen werden möglich. Der Venus-Eigner hält den Uranus-Partner für exzentrisch, unbeständig und uneinsichtig, während dieser seinerseits den Venus-Eigner als zu materialistisch, vergnügungssüchtig, übersensibel einschätzt und meint, er wolle ihn als Besitz vereinnahmen. Eine solche Verbindung kann zwar zeitweise gelingen, wird aber meist schon sehr bald plötzlich zerbrechen. Die Opposition ist ähnlich zu beurteilen, kann aber eine stärkere Faszination als das Quadrat anzeigen. Der Einfluß des Uranus-Partners auf den Venus-Eigner kann erregend sein, ihn zu einem Abenteuer verführen und die gegenseitigen Interessen fördern. Doch ist er nicht uneingeschränkt negativ zu sehen, wenn auch diese Verbindung sehr labil und anfällig bleibt.

Eigene Erfahrungen:

♀

♀ in Konjunktion mit ♅
♀ ☌ Konjunktion — ♅ 102

Der enge Aspekt ist insofern ein Sonderfall, weil er sowohl negativ wie positiv beurteilt werden muß. Einmal wird die Sinnlichkeit zur Raffinesse gesteigert werden können, was zu einer Leidenschaft führt, die immer an der Grenze der Überhitzung zu sehen ist. Auch plötzliche Sinnesänderungen werden möglich, etwa, daß auf heftige Zuneigung eine ebenso radikale Abkehr folgt, was meistens durch Untreue bedingt ist oder dazu führt. Die Partner sind in ihren erotischen Wünschen zwar stark aufeinander bezogen, aber es ist kein harmonisches Verlangen, das sie erfüllt. Fehlen harmonische Jupiteraspekte im P-Hor, dann ist ein Eheschluß unwahrscheinlich, die Partner leben ohne Trauschein zusammen. Aber nur wenn Saturnaspekte hinzutreten, werden Pflichten füreinander übernommen. Venus und Uranus bedeuten in ihrer Kombination ein Experiment in Liebessachen. Darum gilt auch hier, was über homosexuelle bzw. lesbische Beziehungen gesagt ist. Wenn Marsaspekte fehlen, kann sich das Außergewöhnliche als platonische Liebe darstellen. Im negativen Fall sind Perversionen oder Abarten möglich.

Eigene Erfahrungen:

♀ harmonisch zu ♆
♀ △ Trigon, ⚹ Sextil — ♆ 103

Harmoniebestrebungen und Liebeswünsche des Venus-Partners stoßen auf ein sehr gefühlvolles, zartes Verständnis des Neptun-Partners. Romantische Empfindungen füreinander werden durch den romantischen Gedanken bestimmt, wie wunderbar und zart eine Liebe doch sein kann. Unwägbares, auch nicht Einsichtiges, Unterschwelliges schwingt mit und stärkt die Sympathie. Es ist eine Aspektverbindung des Ästhetischen, wie auch des schönen Scheins. Wenn realistische Aspekte im P-Hor hinzutreten, kann diese Konstellation sehr bereichern und vordergründigen Sex zu einer ästhetischen Form der Erotik steigern, sehr beglückend für beide Partner, wenn sie empfindsame Menschen sind. Angesprochen ist durch diesen Aspekt der humanitäre Gedanke, die nicht an eine bestimmte Person gebundene Menschenliebe, was im Fall einer Verbindung auch eine mitleidvolle Einstellung im besten Sinne bringen kann. Aus diesem Aspekt darf nicht auf »die große Liebe« geschlossen werden, denn Venus mit Neptun im Aspekt läßt es an Maß wie an Realitätsbezug mangeln. Es überwiegen das gemeinsame Sehnen und die Hoffnungsfreude. Allerdings kann gerade dadurch eine Liebe besonders erfüllt sein. Wünschenswert ist in einer PA ein Vergleichsaspekt von Venus und Neptun, wenn es um eine intuitiv begründete, geistige Form der Zusammenstimmung geht. Idealistisches steht im Vordergrund. So vermögen sich die Partner anzuregen, wenn es um Kunst, Musik und Kultur geht, wenn soziale Belange gemeinsam interessieren. Die Konstellation begünstigt durch ihre Herzlichkeit auch das Verhältnis von Eltern und Kindern, von Verwandten, jedoch auch Geschäftliches, wenn es um Vergnügen und Lebensgenuß, um Hobby und um Erziehungsfragen geht.

Eigene Erfahrungen:

♀

♀ im Spannungsaspekt zu ♆
♀ □ Quadrat, ☍ Opposition — ♆ 104

Wünsche können zur Süchtigkeit werden, Liebe im Rausch enden, dem ein ernüchterndes Erwachen folgt. Es wird den Partnern nicht gelingen, sich in der Welt des Scheins auszuleben und Illusionen für die Dauer zu pflegen. Irgendwann einmal wird der Schleier zerreißen, das harmonische Bild zerstört werden. Auch in manch anderer Hinsicht bleibt die Verbindung undurchsichtig. Es kann sein, daß jeder seine persönlichen Geheimnisse hat, daß aber auch gegeneinander intrigiert wird, oder daß beide Partner in einen Skandal verwickelt werden, weil sie ihrer Phantasie zu freien Lauf lassen. Aus Bequemlichkeit wird gelogen; dies dient oft dem Ziel einer sinnlichen Verführung. Eine solche Konstellation ist ungünstig für Liebende, kann aber durch Verantwortungsbewußtsein gemeistert werden. Sie ist ferner nachteilig für Geschäftsleute, besonders wenn es um Geldsachen geht, um Versorgung, Vergnügen aus Berufsgründen, um die Textil- oder Ausstattungsbranche, denn hier ist mit Geschmacksdifferenzen zu rechnen. Bei einer solchen Beziehung besteht immer die Gefahr einer Enttäuschung, besonders was den Venus-Eigner angeht, der sich vom Neptun-Partner falsche Vorstellungen macht und ihn in einem Licht sieht, das ein völlig falsches Bild abgibt.

Eigene Erfahrungen:

♀ in Konjunktion mit ♆
♀ ☌ Konjunktion — ♆ 105

Bei der am stärksten wirkenden Konjunktion dürften in der Regel Untreue, Enttäuschung, Hingabe aus Mitleid oder ähnlich unklare Motive bzw. Entwicklungen vorliegen. Bei Künstlern oder sehr feinsinnigen Personen, die aber doch die Wirklichkeit nicht aus den Augen verlieren, kann die Konjunktion bereichern. Man sollte die Personen kennen, bevor man sich zu einer positiven Auslegung entschließt. Neptunaspekte bedeuten oft eine späte Realisierung, so daß das Damoklesschwert der Enttäuschung immer über der Verbindung hängen kann.

Eigene Erfahrungen:

♀ harmonisch zu P
♀ △ Trigon, ⚹ Sextil — P 106

Obwohl über Plutoaspekte, die von manchen Menschen auch gar nicht empfunden werden, noch nicht das letzte Wort gesprochen ist, kann nach allem, was man bisher weiß und vermutet, eine positive Aspektverbindung nur als stärkend angesehen werden. Sie verbessert die Aussichten vor allem in erotischer Hinsicht, denn Pluto ist als eine Art höhere Oktave des Mars zu verstehen, so daß er ersatzweise auch für Mars in der PA betrachtet werden kann, allerdings weniger direkt auf das Triebhafte bezogen. Immerhin wird die Verbindung mit dieser Konstellation, wenn es sich um Freundschaft oder Liebe handelt, doch sehr sexuell bedingt sein. Günstiges läßt sich auch von geschäftlichen Kontakten sagen, besonders wenn es um Finanzielles geht, aber auch um Textilbranche, Freizeitgestaltung, Geselligkeit oder Vergnügen. Der Pluto-Eigner kann dem Venus-Partner helfen, den Kontakt geistiger zu sehen. Außerdem signalisieren alle günstigen Plutoaspekte Regenerationskraft, weshalb eine solche Vergleichskonstellation auch Verbindungen neu beleben kann.

Eigene Erfahrungen:

♀ im Spannungsaspekt zu P
♀ □ Quadrat, ☍ Opposition — P 107

Auch hier gilt, daß Pluto ersatzweise für Mars anzusehen ist, so daß bei der Deutung manches übernommen werden kann, was für die gleiche Venus-Mars-Konstellation zutrifft. In erster Linie ist es eine starke sexuelle Attraktion, die freilich nicht harmonisch verläuft, die durch heftige Reize disharmonisch werden kann. Dazu kommt noch Eifersucht, die bis zu Rachegefühlen führen kann. Der Pluto-Eigner wird dazu neigen, den Venus-Partner zu dominieren, ihn zu besitzen und zu kontrollieren. Die Aussichten auf eine günstige Zusammenarbeit sind schlecht, wenn es um Geld und Gut geht, aber auch um Erbangelegenheiten oder um Geschäfte, die mit Versorgung zu tun haben.

Eigene Erfahrungen:

♀ in Konjunktion mit P
♀ ☌ Konjunktion — P 108

Wenn Pluto als höhere Oktave des Mars angesehen werden kann, dann muß die Konjunktion als eine sehr intensive Vergleichskonstellation gelten, die den triebhaften Bereich trifft. Wahrscheinlich muß sie negativ bewertet werden, zumal wenn Pluto verletzt ist. Eifersucht und Besitzdenken schadeten der Verbindung. Der Venus-Partner fühlt sich kontrolliert und bevormundet oder sexuell zu stark gefordert. Wenn beide Planeten in günstigen Vergleichsaspekten sind, vermag die intensive sexuelle Beziehung ein starkes einigendes Band zu sein. Bei Geschäftsbeziehungen ist Vorsicht in finanzieller Hinsicht angezeigt. Die Zusammenarbeit kann an Spekulationen oder an einer abenteuerlichen Unternehmung scheitern.

Eigene Erfahrungen:

♀ harmonisch zu ☊
♀ ☌ Konjunktion, △ Trigon, ⚹ Sextil — ☊ 109

Lediglich der Konjunktion kann eine überdurchschnittliche Wirksamkeit zugesprochen werden, doch vermögen alle drei Aspekte eine durch andere Konstellationen angezeigte harmonische Art des Zusammenlebens oder -arbeitens zu vertiefen. Besonders wird dies bei Gruppenaktivitäten der Fall sein, auch wenn der Venus-Eigner in irgendeiner Form am Gemeinschaftsleben teilnimmt. Deswegen fördert die Konstellation den Familienzusammenhalt, aber sie begünstigt auch Freundschaften und kann es erleichtern, geschäftlich zu einer Übereinstimmung zu kommen.

♀

Eigene Erfahrungen:

♀ im Spannungsaspekt zu ☊
♀ □ Quadrat, ☍ Opposition — ☊ 110

In diesem Fall wiegt die Opposition stärker, da sie zugleich die Konjunktion mit dem absteigenden Knoten darstellt, der das bewährte Symbol für alle Arten von Trennung ist. Der Venus-Eigner wird es nicht leicht haben, sich in eine Gemeinschaft einzuordnen und sich inmitten einer solchen zu bewegen und wohlzufühlen. Wenn andere Faktoren der PA in Richtung Unverträglichkeit oder Trennung weisen, kann die Mondknoten-Konstellation das negative Bild nur verstärken. In einem wesentlich positiv orientierten P-Hor sind die negativen Mondknotenaspekte indessen unerheblich.

Eigene Erfahrungen:

♀ harmonisch zu Asz
♀ △ Trigon, ⚹ Sextil — Asz 111

Die günstigen Venusaspekte zum Asz vermögen erheblich zu begünstigen und Sympathie zu wecken. Menschen mit dieser Konstellation schließen Freundschaft oder kommen gut miteinander aus, weil sie einander nur Gutes wünschen, romantische Gefühle füreinander hegen und sowohl im Intimbereich wie im Geschäftsleben einander beistehen. Die Konstellation stärkt Familienbande, erleichtert Liebesbeziehungen oder begünstigt Freundschaften.

Eigene Erfahrungen:

♀ im Spannungsaspekt zu Asz
♀ □ Quadrat — Asz 112

Lediglich das Quadrat ist als negativer Aspekt aufzufassen. Heiraten zwei Menschen mit dieser Konstellation in der PA, so kann es Schwierigkeiten geben, sich einander anzupassen. Persönliche Gewohnheiten, soziale Bedingungen, aber auch Körperliches können dabei eine Rolle spielen. Wahrscheinlich ist die Zuneigung nicht von Bestand, doch verrät sie Sympathie und ist damit besser als gar keine

Verbindung. Der Aspekt kann durch andere Konstellationen aufgewertet werden.

Eigene Erfahrungen:

♀

♀ in Konjunktion mit Asz
♀ ☌ Konjunktion,
☍ Opposition — Asz 113

Beides sind sehr starke günstige Aspekte für die PA von Liebesleuten. Es ist mehr als Trigon und Sextil aussagen, denn hier kommt eine starke körperliche Anziehung hinzu. So wie der Asz (Desz)-Eigner sich infolge seiner triebhaften Veranlagung gibt, wird er vom Venus-Partner akzeptiert, ja geliebt. Der Venus-Eigner ist derjenige Teil, der Liebe und Zuneigung begehrt. Er wünscht sie zur Befriedigung seiner sinnlichen Wünsche, aber auch um sein inneres Gleichgewicht herzustellen. Ist der Asz verletzt oder durch einen »Unstern« besetzt, wird die positive Auslegung beeinträchtigt. Der Venus-Eigner sieht sich dann auf eine Weise getäuscht, die der Natur des Planeten entspricht. Im übrigen gewinnt man Klarheit über den Aspekt, wenn der Regent des Zeichens bestimmt wird, in das der Asz fällt. Ist es z. B. Steinbock, käme dies einer schwachen Konjunktion zwischen Venus und Saturn gleich. Fällt der Asz in den Wassermann, entspräche dies einer schwachen Konjunktion zwischen Venus und Uranus usw. Der Aspekt bezeugt aber nicht nur Verliebtheit, sondern läßt auch erkennen, daß die Liebe eine Erfüllung findet. Es ist ein »Heiratsaspekt«.

Eigene Erfahrungen:

♀ harmonisch zu MC

♀ ☌ Konjunktion, ☍ Opposition, △ Trigon, ⚹ Sextil — MC 114

Hier fördert der Venus-Eigner berufliche oder soziale Belange seines Partners. Deswegen eignet sich dieser Vergleichsaspekt vorzüglich für geschäftliche oder berufsbezogene Zusammenarbeit. Es ist eine Wohltäter-Konstellation, die natürlich auch in der Liebe oder bei familiären Verbindungen ihren Stellenwert hat. Sie ist günstig ferner bei Lehrer- und Schüler- und hilfreich bei einem Arbeitgeber-Arbeitnehmer-Verhältnis. Bei der Opposition geht die Fürsorge des Venus-Eigners allerdings mehr in die häusliche Richtung, um dort ein gutes Fundament zu schaffen, damit das berufliche Wirken möglich wird.

Eigene Erfahrungen:

♀ im Spannungsaspekt zu MC

♀ □ Quadrat — MC 115

Es liegt eine berufliche oder gesellschaftliche Behinderung vor, weil der Venus-Eigner entweder mangelndes Verständnis für den Partner und seine Wünsche aufbringt oder Eigeninteressen verfolgt. Können sich in der Partnerbeziehung Rivalitäten entwickeln, wie z. B. zwischen Künstlern leicht möglich, kann dieser Aspekt auch erhebliche Nachteile bringen. Er sollte im P-Hor von Eheleuten nicht vorkommen. Es fehlt sonst am rechten Verständnis für den beruflichen Einsatz des MC-Partners.

Eigene Erfahrungen:

♂

Mars im Horoskopvergleich

1. Mars für sich betrachtet:

Mars vertritt das Prinzip der aufbauenden oder der zerstörenden Energie. Er stellt damit die Kraft dar, welche die Dinge beschleunigt, bzw. sie verändert. Wo Widerstand auftritt, wird er gebrochen. Das kann durch den direkten Angriff, die Aggression, geschehen oder verdeckt durch List und Tücke. Wo Neues aufgebaut werden soll, muß Altes zerstört werden. Es ist die Heftigkeit des Trieblebens, die vorwärts drängt. Wille, Mut, Impuls und Initiative, der Drang Macht auszuüben sind »marsisch«. Ist Mars in günstigen Aspekten und in kräftiger Stellung in einem Radix, wird sein Eigner mit frischem Mut ans Werk gehen. Empfängt Mars jedoch kritische Aspekte, entspricht Tollkühnheit oder rasender Jähzorn dem marsischen Prinzip. Der Weg des Mars ist immer gerade, sein Zugriff direkt, auch wenn er gewaltsam sein muß. Mars weiß zu organisieren, doch ist es kein ausgeklügelter Plan, sondern immer eine praktische, realistische und kurzfristige Lösung. Mars ist der Motor des Lebens. Freilich ist es notwendig, daß er gleichmäßig läuft, daß nicht etwa ein »Zuviel an Mars« sinnlose Zerstörung bringt oder Vernichtung der Möglichkeiten, Neues aufzubauen. Mars ist Symbol der männlichen Potenz. Er zeigt im Horoskop an, ob man das Dasein aktiv und positiv gestaltet oder ob die Lust am Niederreißen und der Zerstörung überwiegt. Der Trieb kann sich nach außen richten oder gegen den Eigner. Mars will führen, seine Leidenschaften entfalten, angreifen, sei es körperlich oder geistig mit der Schärfe der Argumente. Der spontanen Reaktionsbereitschaft entspricht das vorschnelle und ungenaue Urteil.
Mars in kritischer Position bedeutet Freude am Konflikt, auch Bosheit und Hinterlist. Gesundheitlich hat Mars Bezug auf Fieber, Entzündungen, Unfälle, Wunden, Verletzungen und Geschlechtskrankheiten. Mars repräsentiert den Typ des Soldaten, des Sportlers, des Technikers und des Chirurgen.

2. Mars in der Partneranalyse:

In jeder Partnerschaft interessiert, »wie der Motor läuft«. Darum ist es für Berufsverbindungen aufschlußreich, das Leistungsvermögen abzuschätzen, bzw. die Zielrichtung der gemeinsamen Energie zu erkennen. Mars ist aber ferner das männliche Triebsymbol. Im Horoskop eines Mannes zeigt er an, wie dieser versucht, durch seine Männlichkeit auf das andere Geschlecht zu wirken. Darüber urteilt man aus der Zeichenstellung des Planeten. Im Horoskop einer Frau ist Mars das Symbol des »Animus«, d. h. des unbewußt vorgestellten idealen Partners. Deswegen ist wichtig, welche Aspekte auf den Marsort fallen. Beim Studium der Marsaspekte sollte man auch immer dessen natürlichen Gegenpol Venus beachten. Ist der Mars von A stärker im Radix betont als der von B und neigt A durch seine Veranlagung dazu führen zu wollen, so wird A auch über B dominieren. Von den Aspekten im Radix hängt schließlich ab, wie Wille, Trieb usw. sich äußern. Jupiter in harmonischen Aspekten wertet auf, mildert und aktiviert das Zielbewußtsein auf edle Weise. Mars im Quadrat mit Saturn kann dagegen Gewalttätigkeiten anzeigen, im Aspekt mit Uranus oder Pluto eine kritische Übersteigerung bewirken.

3. Besonders zu beachten:

Marsaspekte werden meistens sofort spürbar, seien es gute, seien es böse. Sie haben keine Zeitzünderwirkung wie die des Saturn oder Neptun. Man weiß mit dem Partner sogleich, woran man ist. Wenn in einer Verbindung von Anfang an Streit herrscht, werden auch später noch die Fetzen fliegen. Kritische Marskonstellationen können sich stärker auswirken als vergleichbare Aspekte von Venus im P-Hor.

4. Stellung des Mars in den Tierkreiszeichen:

♂ in ♈

Der Planet steht in seinem ureigenen Wirkungsfeld, daher wird das Marsische sehr ausgeprägt sein. Wenn der Partner sich nicht unterordnet, ist von Anfang an eine Konfliktstimmung gegeben. Der Partner muß viel Verständnis aufbringen, tolerant sein, sein Triebleben dem Mars-Eigner anpassen. Er wird sich auch etwas einfallen lassen müssen, denn das Interesse kann rasch erlahmen.

♂ in ♉

Ein unbeugsamer Wille, der sich aber nicht spontan, sondern stetig äußert. Den Eigensinn muß man akzeptieren oder ihm diplomatisch begegnen. Zu brechen ist er nicht. Der Mars-Partner verfällt leicht in Trotzhaltung. Er hat ein ausgeprägtes Triebleben und verlangt nach grob-sinnlichen Genüssen. ♂

♂ in ♊

Der Wille ist biegsam, die Aggressionen sind spitz, das geschliffene Argument ist rasch zur Hand. Es wird eher mit dem Florett als dem schweren Säbel gekämpft. Der Mars-Eigner neckt gern den anderen, ist selbst ruhelos und vielseitig in seiner Triebäußerung. Bei einem entsprechenden Gesamtbild kann es auch zu Untreue kommen. Der Mars-Eigner setzt sich unbedenklich über bestehende Konventionen hinweg.

♂ in ♋

Willensleistungen erfolgen weniger direkt, sind auch sehr stark vom Gefühl beeinflußt. Der Mars-Eigner handelt instinktiv, impulsiv, oft unbeherrscht und kennt seine Grenzen nicht. Er will mehr, als er leisten kann. Wenn seine Unzufriedenheit auch nicht lange anhält, kann sie doch den häuslichen Frieden bedrohen.

♂ in ♌

Der Mars-Eigner will den Ton angeben. Er verlangt, daß der Partner sich anpaßt, seine Leidenschaft teilt und ihm treu ist. Aus verletztem Stolz kann er hart reagieren.

♂ in ♍

Die Energie wird bewußt auf ein Ziel gelenkt. Gegnerschaft äußert sich vielfach als überzogene Kritik. Bei Partnerschaften interessieren Zweckmäßigkeit und Nutzen. Ihm wird das Gefühlsmäßige, Warme, Empfindsame untergeordnet. Empfindlichkeit und Gereiztheit machen den Mars-Eigner unzugänglich.

♂ in ♎

Die innere Balance wird mit Kraft zu halten gesucht. Die friedliche, harmonische Zusammenarbeit gerät leicht in Gefahr. Das Verlangen nach sinnlichen Genüssen, die oft ästhetisch verbrämt sind, ist stark. In der Liebe kann das zu Experimenten führen.

♂ in ♏

Sehr starke Sexualität, auch eine Position, die Eifersucht anzeigt. Wünsche werden gewaltsam befriedigt, wenn sich keine andere Möglichkeit bietet. Die Triebhaftigkeit kann zum Problem für die ganze Schicksalsführung sein.

♂ in ♐

Die Aktivitäten spielen sich mehr geistig ab, doch wird viel Kraft für den Sport aufgebracht. Leichte Ablenkbarkeit und vielseitiges Interesse leisten Vorschub für Nebenverbindungen und damit zur Untreue. Verbindungen werden übereilt eingegangen, dann aber auch plötzlich wieder gelöst.

♂ in ♑

Ein zäher, ausdauernder Wille läßt über Hemmungen triumphieren. Ein langer Atem begünstigt große Leistungen. Abzuwarten ist eine Stärke dieser Position. So kann am Ende doch noch möglich werden, was vordem nicht erreichbar schien.

♂ in ♒

Viele Hoffnungen und Wünsche zersplittern die Kräfte. Abenteuer und Experimente, exzentrisches Verhalten, sich dabei aber doch beirren lassen.

♂ in ♓

Der Wille erlahmt rasch. Der Mars-Eigner muß sich zu Leistungen aufraffen, kapituliert vor Schwierigkeiten und sucht einen Partner, der seine Mentalität versteht.

5. Bewertung der Marsposition im Radix:

Ein rückläufiger Mars ist von geringerer Intensität als der direktläufige. Das Radix läßt bereits bestimmte Handlungsmotive erkennen. Aus ihnen erwachsen Wünsche und Aktionen. Kennt man die Marsposition im Radix, wird auch klar, ob der Horoskop-Eigner einen harmonischen oder einen ergänzenden Partnertyp nötig hat. Die Radixposition gibt schließlich auch Aufschlüsse über den Umgang mit dem anderen Geschlecht und dem dadurch bedingten Harmonie- oder Ergänzungstyp.

6. Stellung des Mars in den Häusern des Partnerhoroskops:

♂ in 1

Hier setzt die Mars-»Wirkung« direkt an der persönlichen Sphäre des Partners an. Der Mars-Eigner wird den Haus-Eigner zu Aktionen ermuntern, kann ihn anstacheln, wenn Mars kritisch gestellt ist, ihn in Abenteuer verwickeln oder seine Leidenschaften überborden lassen. Ist Mars aber im Radix harmonisch und durch Vergleichsaspekte aufgewertet, vermag er viel zu einer harmonischen Partnerbeziehung beizutragen. Betroffen sind nicht nur jene Kontakte, bei denen das Triebhafte im Vordergrund steht. Begünstigt sind ferner technische, politische, und schnell ablaufende Vorgänge. Ist der Haus-Eigner eine schwächliche Natur, wird der Mars-Partner ihn beherrschen. Ist dieser aber eine reife und verständnisvolle Persönlichkeit, so vermag er den schwächeren Haus-Eigner zu aktivieren und ihm Mut zu machen.

♂ in 2

Die Energie des Mars-Eigners kann vom Haus-Partner vor allem geschäftlich nutzbar gemacht werden. Finanzielle Angelegenheiten oder die materielle Sicherung seines Lebens werden vom Mars-Partner angekurbelt. Wenn Mars in kritischen Aspekten steht, sind die Horoskop-Eigner in Geldgeschäften uneins. Auch Besitzangelegenheiten mißraten. Der Haus-Eigner wird den Mars-Partner dann als zu aggressiv und fordernd einschätzen.

♂ in 3

Wenn der Mars-Eigner eine intellektuell geprägte Persönlichkeit ist, vermag er, wenn sich der Planet in günstiger Position befindet, den Haus-Eigner anzuregen. Nützliche Gespräche und Verhandlungen können geführt werden. Für eine Geschäftsverbindung eine sehr vorteilhafte Position. Aber auch was den Ausdruck in Wort und Schrift angeht, also bei Gemeinschaftsarbeiten journalistischer oder schriftstellerischer Art, bei Forschungsaufgaben, auch im technischen Bereich, bei Planungsvorhaben und für politische Diskussionen ist die Voraussetzung günstig. Wenn Mars aber verletzt ist, dann übt sein Eigner einen nachteiligen Einfluß auf den Haus-Partner aus. Dann sind Streitigkeiten mit dessen Nahverwandten möglich, gibt es unsachliche Argumente, Vorurteile, wenn es um eine geistige Auseinandersetzung geht. Dies wäre auch keine günstige Verbindung für Angelegenheiten, die mit Reisen und Veränderungen im Aufenthaltsort zu tun haben. Sofern es dem Haus-Eigner darauf ankommt, gegenüber dem Mars-Partner diplomatisch zu reagieren, wird dieser das durch zu direkte und vorschnelle Stellungnahme verhindern können.

♂ in 4

♂

Ein im Radix und in Aspekten günstig gestellter Mars vermag den Haus-Eigner praktisch zu unterstützen. Besonders wenn der Mars-Eigner manuell geschickt ist, vermag er handwerkliche Aufgaben zu übernehmen, wird Familienangelegenheiten fördern und zwar durch direkten und raschen Zugriff, kann Personalbelange klären helfen, wird aber selbst in bester Aspektverbindung Spannungen bringen, also nicht Harmonie und Ausgleich bewirken.
Ist Mars verletzt, wird sein Eigner den Hausfrieden gefährden, Differenzen mit den Eltern haben oder jenes angreifen, was dem Haus-Eigner wertvoll ist, woran er hängt. Diese Konstellation ist für Liebesleute nicht sehr günstig, denn die Basis, welche der Haus-Eigner braucht, um sich gedeihlich entwickeln zu können, wird gestört. Im Fall einer Heirat gibt es dann rasch häuslichen Verdruß. Der Haus-Eigner fühlt sich durch den Mars-Partner zu Handlungen gedrängt, die ihm nicht liegen oder die er nicht will, wodurch die Ruhe in seinem eigenen Heim gestört wird. Der Mars-Eigner wiederum wird davon überzeugt sein, daß sein Haus-Partner sich nicht intensiv genug um ihn bemüht, daß er sich abkapselt, sich zu sehr in seinen vier Wänden gehenläßt oder zu sehr an Familienangelegenheiten hängt, worunter der Schwung gemeinsamer Aufgaben leidet.

♂ in 5

Eine sehr fördernde Position, wenn es sich um Partnerschaften zu Personen des anderen Geschlechts handelt. Der Haus-Eigner findet im Mars-Partner einen Liebhaber, der ihn sexuell fordert, dem er aber auch gerade dadurch sehr zugetan ist. Die Konstellation ist aber auch bei besten Marsaspekten für eine Eltern-Kind-Beziehung nicht günstig, desgleichen nicht für ein Lehrer-Schüler-Verhältnis, auch nicht für Personen, die sich beruflich gemeinsam einem Spekulationsobjekt widmen.
Ist Mars im Radix und durch Aspekte verletzt, wird der erwähnte negative Trend besonders auffällig sein. Auch Liebesangelegenheiten stehen dann zu sehr unter Spannung, um sich harmonisch entwickeln zu können. Es ist ein Zuviel an Leidenschaft, eine zu sehr zugespitzte sexuelle Einstellung, die Verbindung wird zum Abenteuer, die Liebe zur Spekulation, nicht zur Erfüllung. Aber diese Haus-Position wiegt weniger als die Aspekte, an denen Mars beteiligt ist.

♂ in 6

In günstiger Stellung fördert diese Marsposition Zusammenarbeit in Studien, im Beruf, sie ist von Vorteil für Kontakte zwischen Arbeitgeber und Arbeitnehmer.
Wenn Mars im Radix und durch Aspekte verletzt ist, wird von seinem Eigner Druck auf den Haus-Partner ausgeübt werden, was diesen zu Ressentiments bringt. Er fühlt sich beunruhigt, sieht sich in gefährliche Aufgaben verwickelt und möchte sich dem Zwang entziehen. Es ist keine günstige Konstellation, um sich mit ganzem Herzen einer Arbeitsaufgabe zu verschreiben. Steht Mars im Horoskop eines Arztes und in guten Aspekten, kann der Haus-Eigner, sofern er Patient ist, Gutes erwarten. Ähnliches gilt für Beziehungen zwischen Patient und Pflegepersonal.

♂ in 7

Ist der Haus-Eigner eine Frau und Mars steht im Horoskop eines Mannes und in guten Aspekten, kann eine intensive Einstellung zur Ehe abgeleitet werden. Der Mars-Eigner wirkt dynamisierend auf die Beziehung, er wird sie voranbringen, von ihm gehen Impulse aus, er fördert die Fähigkeit zum Selbstausdruck. Ist Mars aber auch nur geringfügig verletzt, muß man Störungen in der Ehe annehmen, dann verkörpert Mars Kräfte, die sich gegen den Haus-Eigner richten und an ihn Forderungen stellen, die er nur mit Mühe erfüllen kann. Wohl liegt eine gewisse sexuelle Anziehungskraft bei dieser Haus-Stellung vor, aber gemäß dem Charakter von Mars schlägt das Triebhafte durch und ist keine Garantie für eine harmonische Zweisamkeit. Eher ist anzunehmen, daß die Verbindung unruhig wird und den Haus-Eigner Nerven kostet.

♂

Wenn Mars verletzt ist, dann kann zwar zeitweilig sein Eigner als erotisch attraktiv angesehen werden, aber die Verbindung wird zu sehr belastet und kann daher scheitern. Die Konstellation ist von großem Nachteil, wenn sie sich im P-Hor von Menschen befindet, die Öffentlichkeitsarbeit zu leisten haben.

♂ in 8

In dieser Kombination begünstigt Mars sehr dynamisch Geschäfte abzuschließen oder in Geldsachen zusammenzuarbeiten. Ferner werden vom Mars-Eigner Impulse ausgehen, die wissenschaftliche Zusammenarbeit möglich machen. In vielen Fällen wird der Mars-Eigner vor dem Haus-Partner etwas verbergen. Umgekehrt kann aber auch eine Sache, die der Haus-Eigner gern für sich behalten möchte, die Neugier des Mars-Partners wecken.

Ist Mars durch Stellung und Aspekte verletzt, kann für beide Teile die Zusammenarbeit gefährlich sein.

♂ in 9

Ein im Radix und durch Aspekte gut gestellter Mars begünstigt Geschäftsbeziehungen, weil er den Haus-Eigner zu Taten ermuntert. Er wird abenteuerlustig sein, größere Reisen unternehmen wollen, kann sich auch mit riskanten Geldgeschäften befassen.
Wenn Mars aber verletzt ist und sich somit in schlechter Position befindet, ist die Konstellation nachteilig für Verbindungen mit Ausländern, für Kontakte, bei denen es um weite Reisen geht, aber auch bei religiösen Beziehungen oder weltanschaulichen Belangen.

♂ in 10

Ist der Haus-Eigner eine rasch zu begeisternde Persönlichkeit, vermag Mars ihn stark zu aktivieren und zu beruflichen Erfolgen zu bringen. Ein verletzter Mars aber wäre dem Ehrgeiz abträglich, würde zu Konflikten führen und den Haus-Eigner von seinen eigentlichen Zielen abbringen. Er müßte sich in kleinlichen Streitereien bewähren und würde unter dem Einfluß des Mars-Partners Fehlhandlungen begehen. Ist der Haus-Eigner eine sensible oder schwache Person, kann er den Mars-Partner bewundern, seine Energie hoch schätzen, ihm nacheifern. Berufsbeziehungen, die durch diese Hausstellung günstig oder nachteilig beeinflußt werden, sind vor allem solche, die mit industrieller Tätigkeit zu tun haben, bei denen es um Eisen und Stahl geht, um Maschinen, Technik, aber auch um Sport, bzw. Militärwesen.

♂ in 11

Auch ein gutgestellter Mars wird für Freundschaftsbelange hier nicht sehr förderlich sein. Er ist zu heftig, reagiert zu stark, so daß allenfalls jene Verbindung davon profitiert, in welcher der Mars-Partner als Vorkämpfer fungiert. Ist Mars in günstiger Position, kann eine Freundschaft zu einer Person des anderen Geschlechts einen gewissen Auftrieb bekommen.
Ist Mars verletzt, dann kann eine Freundschaft durch egoistische Ver-

haltensweise zerbrechen. Überhaupt neigt der Mars-Partner dazu, den Haus-Eigner zu beherrschen oder auszunützen. Dies geschieht auch im positiven Fall, in dem er ihn physisch beansprucht und für sich tätig werden läßt.

♂ in 12

Auch ein gutgestellter Mars kann dem Haus-Eigner nicht viel nützen. Der Mars-Eigner kann ein Geheimnis entdecken, eine Gegnerschaft bringen oder Auseinandersetzungen hart führen lassen, wobei eher der Trend zu einem Bruch als zu einem Kompromiß wahrscheinlich ist. Vor allem wird ein Haus-Eigner unter dem Mars-Partner leiden, wenn er eine weiche oder empfindsame Natur ist. Auch wenn es »nicht so gemeint ist«, wird der Mars-Eigner den Haus-Partner unter Druck setzen, beunruhigen, in Ungeduld und Zweifel stürzen. Oft entsteht eine Feindschaft durch ein Geheimnis, das die beiden Personen teilen und das vom Mars-Partner auf unseriöse Weise ausgenützt wird.

♂ harmonisch zu ♂
♂ △ Trigon, ⚹ Sextil — ♂ 116

Die harmonische Aspektverbindung verspricht die Steigerung gemeinsamer Kraftanstrengungen, wodurch es möglich wird, große Ziele zu erreichen. Die Initiativen des einen, werden vom anderen gern aufgegriffen und zu einem persönlichen Anliegen gemacht. Hierbei kommt es weniger auf den Inhalt der Aufgaben an, vielmehr läuft bei einem vorliegenden allgemeinen Verständnis das Trieb- und Dranghafte in ähnlichen Bahnen. Deswegen ist es eine vorzügliche Kombination für jene Partnerschaften, die wie bei Sport oder körper-

lichen Aufgaben, wie sie sich auch als Hobby stellen, den Einsatz aller verfügbaren physischen Kräfte erfordern. Darüber hinaus werden technische Angelegenheiten, aber auch politische oder administrative Aufgaben, die Führungsstil erfordern, zusammen besser gelöst als allein. Schließlich profitieren auch Beziehungen zum anderen Geschlecht dadurch, daß die Marspositionen ja Bezug zum Sexuellen haben, weswegen eine sinnliche Anziehung anzunehmen ist. Bei Personen gleichen Geschlechts finden sich auch ähnliche Neigungen, bzw. wird mit ähnlicher Intensität an die Verwirklichung von Wünschen herangegangen.
Die Partnerschaft wird dann besonders erfolgreich sein, wenn bei beruflichen Angelegenheiten der 10. Sektor oder auch der 6. berührt wird, in romantischen Beziehungen, wenn der 5., 11. oder 7. Sektor betroffen sind.

Eigene Erfahrungen:

♂ im Spannungsaspekt zu ♂
♂ □ Quadrat, ☍ Opposition — ♂ 117

Eine sehr gefährliche Konstellation, besonders in privater Hinsicht. Eine *überdurchschnittlich sinnliche Anziehung*, kann zwei Menschen zusammenführen, obwohl von Anfang an klar sein dürfte, daß Harmonie nicht zu erzielen ist. Die Meinungen prallen hart aufeinander, bei weniger zart besaiteten Gemütern, sind auch Tätlichkeiten möglich. Temperamentsausbrüche sind die Regel, es fällt schwer, sich zurückzuhalten, wenn ein Konflikt droht. Wenn noch andere Aspekte hinzutreten, die z. B. auf Eifersucht schließen lassen, dann können Quadrat und Opposition die übelsten Folgen signalisieren. Geschäftsbeziehungen scheitern an Unverträglichkeit; wenn sie doch aufrecht erhalten werden, dann nur aus Rücksichtnahme auf gewisse Umstände. Bei der Opposition ist gelegentlich zu beobachten, daß eine sehr starke sexuelle Anziehung vorliegt, aber das Triebverhalten der beiden Partner ist gegeneinander gerichtet, so daß es nicht möglich ist, die aufkommenden Schwierigkeiten abzubauen, zu verhindern, daß man sich gegenseitig ins Messer läuft. Sollte in einem Ehehoroskop dieser Aspekt vorliegen und noch weitere kritische Konstellationen z. B. von Saturn und Uranus vorhanden sein, dann ist ein böses Ende zu vermuten. Kommt es infolge der bestimmten Temperamentslage weniger zu Ausbrüchen, so bleibt doch die Bedrohung und eine voreingenommene Haltung, die nur darauf wartet, schließlich doch noch zu explodieren.

Eigene Erfahrungen:

♂

♂ in Konjunktion mit ♂
♂ ☌ Konjunktion — ♂ 118

Das Besondere ist die Chance eines gleichartigen Triebverhaltens. Allerdings ist diese Kombination weniger stark als Venus in Konjunktion mit Mars, doch wird im Fall einer Ehe die Sexualität eine übergroße Rolle spielen. Sehr wahrscheinlich ist in den beiden Radixhoroskopen Mars trotz gleicher Position im Tierkreis in unterschiedlichen Aspekten. Diese können zeigen, ob es sich um eine positiv zu beurteilende Planetenposition handelt oder ob man Negatives wird annehmen müssen. Wenn das Zusammenwirken der beiden Mars-Eigner zu beurteilen ist, werden sich Unterschiede ergeben, je nach dem, wie die Radixposition ausfällt. Entweder im Sinne einer Aufbauleistung oder aber in besonders kritischem Fall, daß Heimtücke, Verschlagenheit und Freude an Zerstörung vorhanden sind, wodurch manches Gemeinsame in Frage gestellt wäre. Sind beide Marspositionen kritisch einzuschätzen, dann können sich die beiden Partner verbinden, um gemeinsam ein böses Werk zu verrichten, oder aber, was häufig zu beobachten ist, werden sie einander bedrohen. In diesem Falle müßte auch eine geschäftliche oder andere Verbindung scheitern, weil egoistische Interessen überwiegen.

Eigene Erfahrungen:

♂ harmonisch zu ♃
♂ △ Trigon, ⚹ Sextil — ♃ 119

Mars bedeutet Aktivität und Leistungsenergie. Der expansive Drang zur Verwirklichung bedarf in einer Partnerschaft des bewußten Eingehens seitens des Partners und der Förderung. Wenn also der Schwung auf großzügiges Entgegenkommen trifft, dann kann die Begeisterung für die Tat auch zu einem positiven Ergebnis führen. Mars ist die vereinfachende Dynamik, die vom Jupiter-Partner bewußt erlebt und dankbar aufgegriffen wird. Die Energie des Mars-Partners verbindet sich mit der Generosität des Jupiter-Eigners und mit dessen Ambitionen, die eigene Position auszudehnen. Besonders begünstigt sind Partnerschaften, bei denen es um Religiöses, Soziales, aber auch um Rechtsangelegenheiten oder Geldsachen geht. Bei familiären Partnerschaften oder in der Ehe kann einer dem anderen helfen. Der Enthusiasmus des Mars-Partners gibt den Ausschlag, der Jupiter-Eigner geht auf die Initiativen ein, so daß konstruktive Lösungen für gemeinsame Probleme möglich werden. Eine günstige Kombination ist das auch für Beziehungen, bei denen es um Spekulatives oder um ein Abenteuer geht. Auch Lehrer-Schüler-Beziehung oder Chef-Mitarbeiter profitieren davon. Es ist eine Konstellation, die Schwung, Unternehmungsgeist und Optimismus anzeigt.

Eigene Erfahrungen:

♂ im Spannungsaspekt zu ♃
♂ □ Quadrat, ☍ Opposition — ♃ 120

Es mangelt an Kompromißbereitschaft, und die Spannung drängt nach extremer Leistung, für die das Echo von seiten des Jupiter-Partners fehlt oder daß dieser Ansprüche stellt, die vom Mars-Eigner nicht befriedigt werden wollen oder können. Sein Sinn für das Wohlbeschaffene, aus dem vollen zu schöpfen, für Genuß und Lebensbejahung wird durch den aggressiven Trieb des Mars-Eigners gestört, und eine gewisse Unvereinbarkeit der Standpunkte tritt deutlich zutage. Man stelle sich Jupiter als Repräsentant von Recht, Ordnung und Wohlsituiertheit vor, Mars aber als einen Aggressor. Darum mißraten auch Geschäftsbeziehungen oder solche, bei denen es um politische, soziale oder pädagogische Belange geht. Der Mars-Eigner stößt sich an der Haltung des Jupiter-Partners, der ihm als zu nachgiebig, auch scheinheilig, bzw. nicht hart genug erscheint. Dagegen sieht der Jupiter-Eigner den Mars-Partner als zu impulsiv, auch stur und ichsüchtig an. Er wird ihm den Mangel an moralischen Prinzipien und sozialer Verantwortung vorwerfen. Bei einer solchen Konstellation können Geschäftsleute ebensowenig miteinander auskommen wie Künstler, Pädagogen mit ihren Schülern und Arbeitgeber mit den Beschäftigten. Aber auch familiär gibt es böses Blut, und Ehen mit dieser Konstellation werden zur Scheidung neigen.

Eigene Erfahrungen:

♂ in Konjunktion mit ♃
♂ ☌ Konjunktion — ♃ 121

Im allgemeinen ist die Konjunktion sehr positiv einzuschätzen. Wenn sie gesondert aufgeführt wird, dann eben, weil es auch Ausnahmen gibt, wo Gegensätze aufreißen. Besonders wird das der Fall sein, wenn Partner durch andere Aspekte als nicht anpassungsfähig, egoistisch und zu hart verpackt ausgewiesen werden. Dann kann man unfair gegeneinander sein, es kann zu Differenzen und Ausbrüchen kommen. Besonders häufig sind für Konflikte auch religiöse oder weltanschauliche Gründe. Sind beide Aspektpartner aber im Radix günstig gestellt und stehen im P-Hor noch in harmonischen Vergleichsaspekten ist eine sehr dynamische und begeisterte Zusammenarbeit möglich, sowohl in geschäftlichen, religiösen, beruflichen als auch in anderen Sachangelegenheiten und in der Ehe. Was der Mars-Eigner als Willensleistung vollbringt oder energisch betreibt, weil es ihm liegt, kann beim Jupiter-Eigner aus moralischer Überzeugung geschehen oder aus dem Wunsch, mehr aus sich selbst zu machen. Beiden geht es um das gleiche Ziel, doch sind die Voraussetzungen unterschiedlich. So kann die Konjunktion eine gewisse Ergänzung bringen, während bei der Opposition überwiegend gegeneinander gerichtete Kräfte oder Vorstellungen eine Rolle spielen.

Eigene Erfahrungen:

♂ harmonisch zu ♄
♂ △ Trigon, ⚹ Sextil — ♄ 122

Die Konstellation läßt den motorischen Antrieb des Mars-Eigners in eine bestimmte Beziehung zum Saturnischen treten, was sich in der Regel als Vorsicht oder innere Hemmung, aber auch als äußerer Widerstand zeigt. Im positiven Aspekt wird die spontane Unternehmungslust nachhaltig gefördert, so daß eine gemeinsame Tat bis zur letzten Konsequenz durchgeführt werden kann. Die sachliche Beschränkung, die Saturn ausdrückt, wird im Zusammenwirken mit Mars zu einer gebändigten Aktivität. Ist Mars zu spontan, zu impulsiv, so wird der Saturn-Partner diese Äußerungen in einen festen Rahmen bringen. Allerdings kann es auch sein, daß manches Zwanghafte, das als Pflicht erlebt wird, an den Mars-Eigner und seine Selbstbeherrschung Anforderungen stellt. Darin liegt eine Problematik auch beim positiven Aspekt. Hier geht es um Lebensernst, um ein außerordentliches Zusammenwirken. Dieser Aspekt ist konstruktiv, weil die mächtigen Anstrengungen des einen und die konzentrierten, bedachten und doch vorsichtigen Bemühungen des anderen gut zusammenpassen. So gelingen Organisationsaufgaben vorzüglich und solche Pläne, die aus Berufs- oder arbeitsmäßigen Gründen zustande kommen. Gemäß der Natur der beiden Planeten haben vor allem Beziehungen aus dem technischen Bereich Aussicht auf gutes Gelingen, gleich, ob es sich hier um die Sachgebiete Mechanik, Eisen und Stahl, Bergbau oder Landwirtschaft handelt. Auch politische oder militärische Aufgaben verlaufen erfolgversprechend. Für romantische Beziehungen ist diese Aspektkombination zu nüchtern. Sie kann aber bei Eheleuten zu einer gemeinsamen Anstrengung führen, ein bestimmtes gemeinschaftlich beschlossenes Ziel zu realisieren. In Krisenzeiten werden die Partner treu zusammenstehen, sich nicht entmutigen lassen und gemeinsam die aufgekommenen Schwierigkeiten meistern.

Eigene Erfahrungen:

♂ im Spannungsaspekt zu ♄
♂ ☌ Konjunktion, □ Quadrat, ☍ Opposition — ♄ 123

Mars spornt an, findet aber Sperren vor. Energie stößt auf Widerstand und je stärker der Druck wird, um so größer die Aggressivität. In der ungünstigsten Bedeutung heizen die Partner einander auf, was auf unterschiedliche Art geschehen kann. Verbissene Härte, Rachsucht, aber auch eingenistete Ressentiments führen zu hinterhältigen Methoden. Das Ergebnis kann Trotz oder Verzweiflung sein, es können aber auch Minderwertigkeitsgefühle auftreten. Die sich entäußernden Kräfte wirken selbstzerstörerisch zurück. Je verkrampfter die Partner sind, um so schlimmer wird die Auslösung des Aspektes sein. Es ist eine böse Kombination, wenn Mars, »das kleine Unglück«, und Saturn, »das große Unglück«, zusammenwirken. Einer versucht dann dem anderen zu schaden, einer kann des anderen Teufel sein. Leid und Not, Aufregung und Feindschaft sind anzunehmen, werden je nach der Situation das Ergebnis eines unerfreulichen Zusammenwirkens sein. Allerdings können bei Konjunktion und Opposition zu gewissen Zeiten auch Gemeinsamkeiten in den Vordergrund treten: Wenn ein Jupiter-Trigon auf die Konjunktions-Planeten ermunternd bzw. auch harmonisierend wirkt. Im Fall einer Opposition wird das Trigon zu A für B ein Sextil sein, ist also ebenfalls günstig. Aber auch diese Konstellation ist kritisch zu beurteilen und muß jede Form der Zusammenarbeit von Anfang an in Frage stellen. Die aggressive Haltung des Mars-Eigners wird den Saturn-Partner gerade dort treffen, wo er zurückhaltend und vorsichtig reagiert. Es dürfte nicht möglich sein, mit diesem Aspekt eine echte Freundschaft zu begründen oder eine glückliche Zukunft in der Ehe aufzubauen. Auch verwandtschaftliche Beziehungen werden belastet sein oder zerbrechen. Gewisse Ausnahmen sind allerdings auch bei der Konjunktion möglich, unter der Voraussetzung, daß beide Planeten in bester Radixposition und in harmonischen Vergleichsaspekten stehen. Dann kann der Mars-Eigner den Saturn-Partner ermuntern, ihn von unnötiger Furcht und Sorge befreien, andererseits vermag der Saturn-Eigner ausgleichend zu wirken, den anderen an Pflichterfüllung heranzuführen. Günstig könnte eine solche Konstellation zwischen jenen Arbeitskollegen zu beurteilen sein, die sich einer harten Aufgabe stellen müssen. Während der Mars-Eigner sie mit Schwung und ungeheurer Stoßkraft angehen wird, wird der Saturn-Eigner kalte und nüchterne Überlegung beisteuern, Ausdauer ins Spiel bringen und alles Ablenkende nebenher auszuschalten wissen.

Eigene Erfahrungen:

♂

♂ harmonisch zu ♅
♂ △ Trigon, ⚹ Sextil — ♅ 124

Die Partner verstehen sich, wenn es um wissenschaftliche, technische, organisatorische Belange geht oder aber auch um verborgene Zusammenhänge aufzudecken, um ungewöhnliche Geschäfte. Beide Partner sind jeder auf seine Art unvoreingenommen. Beide halten nichts von Routine, beide werfen Traditionen über Bord, wenn das erforderlich sein sollte. Darum kann auch eine gesunde Naivität die Grundlage für den Erfolg sein. Der Uranus-Eigner erkennt die Ziele intuitiv, ist zu schöpferischen Leistungen befähigt und wird aus dem Augenblick heraus das Richtige tun. Der Mars-Partner steuert Energie dazu bei, ergreift mutig die Initiative und wird mit praktischem Sinn den Weg wissen, der gangbar ist. Handelt es sich nicht um eine Berufsbeziehung, sondern um eine Freundschaft, wird diese nicht still und harmonisch verlaufen, sich eher in der Öffentlichkeit und im Einsatz bewähren. Wahrscheinlich bestehen die Eigner gemeinsam Abenteuer, betätigen sich in Sport und Spiel oder auf sozialem Sektor. Da beide Gestirne auf das Sexualleben Bezug haben, kann die Vergleichskonstellation in den Horoskopen von Personen unterschiedlichen Geschlechts auch eine erotische Anziehungskraft ausdrücken. Es ist das Originelle und Unübliche, das am Partner fasziniert und das auch zu einer unüblichen Gestaltung der Beziehung drängt.

Eigene Erfahrungen:

♂ im Spannungsaspekt zu ♅
♂ □ Quadrat, ☍ Opposition — ♅ 125

Eine Partnerschaft auf diese Konstellation zu gründen, würde sehr unstabil verlaufen. Auf Zeiten besonderer Impulse folgt ebenso plötzliche Abkehr oder heftige gegeneinander gerichtete Aktionen. In beruflichen oder geschäftlichen Verbindungen wird selten etwas so laufen, wie es geplant ist. Das gilt für Gruppenaktivitäten wie für Organisationsangelegenheiten. Der Wunsch, etwas Neues zu tun oder zu erleben, kann zu einer überhitzten Stellungnahme führen, zu Meinungsverschiedenheiten, die mit plötzlichen Aufregungen verbunden sind. In der Konsequenz kann das zu Rücksichtslosigkeiten führen. Soweit es sich um eine erotische Partnerbeziehung handelt, ist Untreue möglich, als Folge dann eine oft plötzliche Trennung.

Eigene Erfahrungen:

♂ in Konjunktion mit ♅
♂ ☌ Konjunktion — ♅ 126

Charakteristisch ist hier das Plötzliche. Unvermittelt und heftig können beide aneinander geraten, ebenso aber auch rasch wieder zusammengehen. Kommt es zu einer Auseinandersetzung, wird der Uranus-Partner der Sieger sein. Er lebt stärker als der Mars-Eigner aus dem Unterbewußten, weiß sich instiktiv auf die richtige Seite zu schlagen oder im entscheidenden Augenblick das Richtige zu tun. Für ein Zusammenwirken im geschäftlichen Alltag ist dieser Aspekt ungeeignet. Der Mars-Eigner bezeichnet den Uranus-Partner als exzentrisch, wirft ihm Mangel an Zusammengehörigkeitsgefühl vor und an der Bereitschaft, etwas gemeinsam zu tun. Umgekehrt sagt der Uranus-Eigner von seinem Mars-Partner, er sei streitsüchtig, fordere alle Macht für sich und sei nicht frei und unabhängig genug. Eine Partnerverbindung dürfte plötzlich getrennt werden. Die Konjunktion ist ein »Explosionsaspekt«, den man sich so vorstellen muß, daß ein von Anfang an bestehender Zündstoff durch einen unwesentlich kleinen Funken in Brand geraten kann.

Eigene Erfahrungen:

♂ harmonisch zu ♆
♂ △ Trigon, ⚹ Sextil — ♆ 127

Die Tatbereitschaft des einen stößt auf das intuitive, unterschwellige Verständnis des anderen. Aber der Neptun-Partner vermag auch Aggressivität des Mars-Partners im Zusammenwirken aufzufangen, kann die Schärfe mindern und somit die Harmonie vergrößern. Das Zusammenwirken ist vor allem dort erleichtert, wo psychisch-intuitive Beweggründe vorliegen, z. B. in Partnerschaften, zur Erforschung wissenschaftlicher Grenzgebiete oder wenn es um die Aufdeckung von geheimen Zusammenhängen geht. Der Einfluß des Neptun-Partners mindert die Überimpulsivität des Mars-Eigners, dieser aber stellt die Wünsche und unausgesprochenen Hoffnungen des Neptun-Partners auf eine reale Basis und zeigt Wege zur Verwirklichung. In mancher Hinsicht kann das einer Geschäftsverbindung oder beruflicher Zusammenarbeit nützen. Aber auch familiär oder wenn es um soziale Zusammenhänge geht, ist der Aspekt hilfreich.

Eigene Erfahrungen:

♂ im Spannungsaspekt zu ♆
♂ □ Quadrat, ☍ Opposition — ♆ 128

Was der Neptun-Partner sich in seiner Phantasie ausmalt, wonach ihn seine Sinne drängen, stößt sich an der harten und realistischen Auffassung des Mars-Partners. Ein Übereinkommen wird schwer möglich sein, weshalb der Neptun-Partner resignieren und im Chaos seiner Vorstellungen versinken kann, während andererseits der Mars-Eigner aufgereizt eigene Wege geht. Ist durch andere Aspekte sexuelle Anziehungskraft angezeigt, werden Quadrat oder Opposition zu Aspekten der Verführung, des Rausches, aber auch der Illusion. Die Partner täuschen sich über ihren Einfluß auf den anderen, sie müssen erkennen, daß sie ihr Ziel nicht erreichen: Die Aktivitäten des Mars-Eigners verlaufen sich im Nebel von Empfindungen, die intuitiven Wünsche des Neptun-Eigners scheitern. Es ist sehr nachteilig, wenn die Partner sich spekulativen Unternehmungen oder einem Abenteuer zuwenden. Keiner kommt auf seine Kosten. Geschäftspartnern drohen Betrug oder Skandal. Sie werden auch im Umgang miteinander nicht offen sein, sondern sich durch Tricks über ihre Vorhaben täuschen. Es ist nicht möglich (sofern Merkuraspekte fehlen), Probleme auszudiskutieren oder unvoreingenommen zu betrachten. Jeder verstrickt sich auf seine Weise in sein eigenes Netz und sichert sich vor dem anderen ab. Es ist schwer, auf den anderen zuzugehen.

♂

Eigene Erfahrungen:

♂ in Konjunktion mit ♆
♂ ☌ Konjunktion — ♆ 129

Im allgemeinen muß man davon ausgehen, daß Zusammenarbeit nutzlos ist, daß Verführung und Intrigen aufkommen können, daß Treulosigkeit, ja Perversität möglich sind, im Geschäftsleben Anfälligkeit für Korruption. Zwar können Partner unterschiedlichen Geschlechts einander erotisch anziehend finden, was vor allem für künstlerische Naturen zutrifft. Sie regen einander an. Aber auch die Instinkte unterliegen einer Täuschung, man irrt sich im anderen und wird sich nach einiger Zeit auseinanderleben. Viel hängt davon ab, wie die Aspektpartner jeweils im Radix postiert sind und welche Vergleichsaspekte sie noch empfangen. Sind beide aufgewertet, wird die Verbindung nicht skandalös und unehrenhaft sein, auch nicht die Gefahr materieller Verluste bringen. Das aber ist der Fall, wenn sie in ihrer Position abgewertet sind. Es gibt nur wenige Fälle, in denen günstig gestellte Aspektpartner durch ihre Konjunktion den Betroffenen Vorteile zu bringen vermögen. Es ist das möglich in der Auseinandersetzung mit Geheimnissen, wie etwa bei Spionagetätigkeit oder aber bei der Erledigung von Forschungsaufträgen, die der Aufdekkung bisher unbekannter Zusammenhänge dienen sollen. Für Ehe- und Familienbindung ist auch die Konjunktion vor allem nachteilig zu beurteilen. Was ihre Auswirkung angeht, so muß der enttäuschende Effekt nicht sogleich spürbar, sondern kann erst nach einiger Zeit, oft nach Jahren, erkennbar werden.

Eigene Erfahrungen:

♂ harmonisch zu P
♂ △ Trigon, ⚹ Sextil — P 130

Eine Potenzierung der marsischen Kräfte ist anzunehmen, also Steigerung der Energie, Schärfe in der Argumentation und Erreichung eines Zieles durch harten Zugriff. Die Konstellation begünstigt geschäftliche Verbindungen, vor allem, wenn sie Technisches zum Inhalt haben. Aber auch Verbindungen zwischen Bankleuten oder solche finanzieller Art können dadurch einen Auftrieb erhalten. Schließlich ist noch daran zu denken, daß geistige Interessen durch diese Kombination angesprochen werden. Aber auch ein harmonisches Zusammenwirken von zwei »Unsternen« kann Probleme bringen. Deswegen sind schlechtgestellte Mars- und Plutopositionen, die durch einen harmonischen Aspekt verbunden sind, nicht uneingeschränkt günstig zu beurteilen. Das gilt auch hinsichtlich erotischer Auswirkung, etwa Leidenschaft, die überbordet.

Eigene Erfahrungen:

♂ im Spannungsaspekt zu P
♂ ☌ Konjunktion, □ Quadrat, ☍ Opposition — P 131

♂

Mars = Gewalt, Pluto = Schicksal, bringen in das Zusammenwirken Gewalttätigkeit, schicksalhafte Trennung, Leiden. Eine Partnerverbindung mit der Konjunktion im Vergleichshoroskop muß schon sehr glückliche Konstellationen haben, um das Negative dieses Aspektes zu neutralisieren. Aber der schicksalhafte Charakter der Verbindung, die eben deswegen so empfunden wird, weil sie nicht ganz glücklich sein kann, bleibt doch bestehen. Am stärksten zeigt die Konjunktion an, daß hier mit Gewalt auf den anderen Einfluß ausgeübt wird. Es gibt Ausnahmen, bei denen günstig aspektierte Radixpositionen und eine Stärkung durch harmonische Vergleichsaspekte geschäftliche oder berufliche Aktionen gelingen lassen, daß es vor allem um Beziehungen zwischen Militär- oder Polizeipersonen geht, daß auch der forcierte Einsatz von Macht sein Gutes haben kann. Im allgemeinen werden aber die Partner durch ihre Kontakte sehr gefordert sein, so daß beachtliche Anstrengungen unternommen werden müssen, um nicht dem Herrschaftsanspruch des anderen zu erliegen. Es kann aber sein, daß es dem Partner, wie bei vielen engen Pluto-Verbindungen zu beobachten ist, schicksalhaft aufgegeben scheint, sich miteinander – so oder so – auseinanderzusetzen. Im Wissen um diesen Sachverhalt kann es gelingen, Schärfen abzubauen, was dann möglich wird, wenn man Kompetenzen abgrenzt und einander nicht provoziert.

Eigene Erfahrungen:

♂ harmonisch zu ☊
♂ △ Trigon, ⚹ Sextil — ☊ 132

Eine vorteilhafte Konstellation für alle triebhaften Verbindungen, daher günstig für Liebe, Ehe, auch für Familiäres. Gemeinsames Wollen erfüllt beide Partner, sie helfen einander, sich in die Gemeinschaft einzufügen.

Eigene Erfahrungen:

♂ im Spannungsaspekt zu ☊
♂ ☌ Konjunktion, ☍ Opposition, □ Quadrat — ☊ 133

Es fällt schwer, sich an den anderen anzupassen, in einer Gemeinschaft aufzugehen. Eine Konstellation, die Streit und Auseinandersetzung bringt, weil Triebhaftes zu sehr im Vordergrund steht. Diese Konstellation muß für sich nicht viel bringen, kann aber die Urteilsfindung erleichtern, wenn man die Gesamtkonstellation des Vergleichshoroskops im Auge hat.

Eigene Erfahrungen:

♂ harmonisch zu Asz
♂ △ Trigon, ⚹ Sextil — Asz

134

Vom Mars-Eigner gehen starke erotische Impulse aus, die vom Asz-Eigner aufgenommen werden. Der Mars-Eigner sehnt sich nach Zuwendung und Liebe. Die Konstellation begünstigt jede Art von Zusammenarbeit, besonders in sozialer Hinsicht. Immer dann, wenn der Asz-Eigner verzagt ist, vermag der Mars-Partner ihn aufzumuntern, seine Zuversicht zu stärken und ihm gangbare Wege zu weisen. Umgekehrt fühlt sich der Mars-Eigner durch die Art und Weise, wie der Asz-Eigner sich in seinem Milieu bewegt, verstanden und in seinem Selbstgefühl bestätigt.

Eigene Erfahrungen:

♂ im Spannungsaspekt zu Asz
♂ □ Quadrat, ☍ Opposition — Asz

135

Der Mars-Eigner wirkt auf den Asz-Partner beunruhigend. Er stört seine Umweltkontakte und kann bewirken, daß er sich körperlich abgestoßen fühlt. Mars will den Partner indessen beherrschen, worauf dieser je nach seiner Gesamtveranlagung reagiert. Die Konstellation ist völlig ungeeignet für jene Partnerkontakte, bei denen ruhiges und überlegtes Handeln vorausgesetzt wird. Sie ist nachteilig z. B. für Lehrer-Schüler, Arbeitgeber-Arbeitnehmer, Arzt-Patient usw.

Eigene Erfahrungen:

♂ in Konjunktion mit Asz
♂ ☌ Konjunktion, teilweise
☍ Opposition — Asz 136

Hier kann zutreffen, und zwar in verstärktem Maße, was unter » ♂ in 1« gesagt wurde. Aber die Einflußnahme des Mars-Partners ist noch direkter, durchgreifender, auch beunruhigender. Bei einer Liebesbeziehung kann diese Konstellation außerordentliches sexuelles Interesse des Mars-Eigners am Asz-Partner ausdrücken. Aber es ist keine harmonische Zuwendung oder Hingabe, sondern eine sehr fordernde Einflußnahme, die, wenn der Partner sich verweigert, entsprechend negative Züge bringen kann. Der Partner wird leidenschaftlich, auch mit Gewalt, vereinnahmt. Mars will ihn »besitzen«. Daraus folgern Eifersucht, Gefahr einer Tragödie. Ähnlich aufregend und starke geschlechtliche Reize aufeinander ausübend ist die Position von Mars am Desz. Diese Oppositionsstellung kann bis zu einem gewissen Grad ergänzend sein. Ganz sicher sind diese Menschen einander nicht gleichgültig. Je nach ihrer Reife und ihrem Niveau werden sie es lernen können, miteinander umzugehen oder aber sie reiben sich auf. Diese Gefahr ist sehr groß.

Eigene Erfahrungen:

♂ harmonisch zu MC
♂ △ Trigon, ⚹ Sextil — MC 137

Ehrgeiz und berufliche Interessen des MC-Eigners werden vom Mars-Partner verstanden. Er springt ihm bei, unterstützt ihn, aktiviert seine Kräfte und schafft Voraussetzungen für gutes geschäftliches Gelingen. So eignet sich ein solcher Vergleichsaspekt auch vorzüglich für Verbindungen im Berufsleben, ist für jene Kontakte dienlich, die enges persönliches Zusammenwirken erfordern, ist also auch hilfreich für Intimbeziehungen. ♂

Eigene Erfahrungen:

♂ im Spannungsaspekt zu MC
♂ □ Quadrat, ☍ Opposition — MC 138

Häusliche Schwierigkeiten sind ebenso zu erwarten wie geschäftliches Mißgeschick. Es fällt schwer, eine übereinstimmende Beurteilung von Sachproblemen abzugeben. Was der MC-Eigner sich als Sicherheit wünscht, wird der Mars-Partner leichten Herzens aufs Spiel setzen. Wagnisse und Abenteuer aber gehen in der Regel ungünstig aus. Diese Kombination verspricht keinen gedeihlichen Effekt. Sie ist auch in der Ehe kritisch anzusehen, da der Mars-Eigner neidisch oder eifersüchtig auf den beruflichen Werdegang oder auf die erreichte soziale Stellung ist. Ein fruchtloses Konkurrenzdenken.

Eigene Erfahrungen:

♂ in Konjunktion mit MC
♂ ☌ Konjunktion, teilweise
auch ☍ Opposition — MC 139

Ähnlich zu beurteilen wie »♂ in 10«, jedoch in der Auswirkung konsequenter. Der Mars-Eigner nimmt entschiedenen Einfluß auf Berufsziele oder auf den sozialen Aufstieg des MC-Partners. In der Regel wird er versuchen, diesen zu dominieren und ihm seine Art der Leistungen aufzuzwingen. Die Folge sind Störungen in der Harmonie, Überforderung des MC-Eigners und Unzufriedenheit. Bei Verbindungen mit dem Berufsleben kann ein Mars-Eigner als Chef den MC-Mitarbeiter unterdrücken und ihm die Lust an eigener schöpferischer Arbeit nehmen.

Eigene Erfahrungen:

♃

Jupiter im Horoskopvergleich

1. Jupiter für sich betrachtet:

Gewiß bedeutet Jupiter das »Glück«, nach Meinung der Alten sogar »das große Glück«. Es besagt nichts anderes, als das Prinzip der »Assimilation« ausdrückt, was Angleichung bedeutet oder Vermehrung in dem Sinn, daß Vorhandenes ausgeweitet wird. In diesem Sinne ist Jupiter das Streben nach dem Lebensoptimum, also das Prinzip der Expansion. Jupiter bedeutet Hoffnung, die Erfüllung findet, Gerechtigkeit, wohlgeratene Ordnung, Wachstum und Fülle. Der Drang, aus den gegebenen Anlagen das Beste zu machen und die vorhandene Situation optimal nützen zu wollen, steckt in jedem Menschen. Vielfach hängt es von den Umständen ab, ob und wie Entfaltung und Ausbreitung sich vollziehen können. Jupiter ist der große Harmoniebringer, der das Maß der Glücksfähigkeit eines Menschen symbolisiert. Menschen mit einem mächtigen Jupiter im Horoskop strahlen Wohlwollen und Güte aus, sind gesund und von temperierter Aktivität, leben nach moralischen Grundsätzen, lieben die Gerechtigkeit und wünschen sich eine umfassende Bildung. ♃
In schlechter Stellung aber kann es des Guten zuviel sein, zu viele Genüsse, Krankheiten durch Ausschweifung, aber auch Verschwendung, unsoziales Verhalten, Unmoral, Unsittlichkeit und Unglauben.

2. Jupiter in der Partneranalyse:

Das alles ist Jupiter auch im PV. Je nach der entsprechenden Fragestellung, auf die eine Antwort gesucht wird, muß das Jupiter-Prinzip gesehen werden. In erster Linie steht Jupiter als Harmoniebringer, dessen Vergleichsaspekte eine Partnerschaft günstig beeinflussen. Er vertritt als Symbol für Recht und Ordnung auch die Legitimität. Günstige Jupiteraspekte eröffnen die Aussicht, daß ein Paar zum

Standesamt gehen kann oder daß Vertragsangelegenheiten zwischen Geschäftsfreunden eine erfolgreiche Abwicklung erfahren. Man verstehe das nicht wahrsagerisch. Harmonische Jupiteraspekte drücken einfach aus, daß der Betreffende Gerechtigkeit liebt, Ordnung will und nur dann ein ausgeglichenes Dasein führen kann, wenn er sich bewußt ist, in Übereinstimmung mit den bestehenden Gesetzen zu handeln. Eben deswegen wird sich ein solcher Mensch auch mit einer losen Partnerbeziehung, selbst wenn sie intensiv genug ist, nicht zufriedengeben. Daher wird die legitime Bindung angestrebt. Im Vergleichsaspekt werden diese Wünsche aufeinander positiv abgestimmt, so daß das Ziel beiderseits angestrebt wird.

3. Besonders zu beachten:

Ist Jupiter verletzt, vor allem durch »Übeltäter« (♂ ♄ ♅ ♆ P), dann kann man davon ausgehen, daß ein Vertragsabschluß, auch die Ehe ist ja ein solcher, nicht zustande kommen oder daß die Verbindung wieder getrennt wird. Kritische Aspekte von günstigen oder neutralen Gestirnen behindern zwar eine Eheschließung, bringen Verzögerungen oder Störungen, aber die legale Verbindung ist nicht ausgeschlossen. Als »Heiratsaspekte« gelten die Konjunktionen von Jupiter mit Sonne, Mond oder Venus, in etwas schwächerer Form auch die Trigonaspekte.

4. Stellung des Jupiters in den Tierkreiszeichen:

♃ in ♈

Großzügig und edelmütig, offen für das Gute eintreten, aber auch Verschwendung und Unausgeglichenheit.

♃ in ♉

Begünstigung jeglicher Erwerbstätigkeit, Streben nach gesichertem Einkommen, Genußfreude und Mitgefühl. In kritischem Aspekt Verschwendung und Genußsucht.

♃ in ♊

Harmonisch für die zwiespältige Zwillingsnatur, zeigt vielseitiges Entgegenkommen an, läßt nach Protektion und Beliebtheit streben. In kritischer Stellung oberflächlich und ausgabefreudig.

♃ in ♋

Freude an allem Schönen, Familiensinn, aber auch Beeinflußbarkeit und Neigung zu Genüssen und einem allzu guten Leben.

♃ in ♌

Selbstvertrauen, Streben nach Protektion, Popularität, Luxus. In ungünstigem Aspekt Eitelkeit und Lust zum Spekulieren.

♃ in ♍

Sittliche und moralische Qualitäten, harmonische Zusammenarbeit, in disharmonischer Aspektverbindung Scheinmoral, Egoismus oder religiöser Zwiespalt.

♃ in ♎

Wohltätig, gerecht und edelmütig. Diese Menschen können aus dem vollen schöpfen. Ein schlecht stehender Jupiter zeigt Sorglosigkeit an und Neigung zu üppigem Lebensstil.

♃ in ♏

Materialistische Einstellung, Genußfreude, Sinn für Religion und Okkultes, in ungünstiger Aspektverbindung Ausschweifung, Übersteigerung des Trieblebens und der Genüsse. Gefahr der Selbstüberschätzung.

♃ in ♐

Liebe zur Gerechtigkeit, Verinnerlichung und Streben nach Erweiterung des Gesichtskreises. In disharmonischer Position Gefahr von Verschwendung, Spekulation, Scheinmoral.

♃ in ♑

Umsicht und Vertrauenswürdigkeit, diplomatisches Geschick. In kritischem Aspekt Egoismus, Scheinheiligkeit und übertriebener Ehrgeiz.

♃ in ♒

Humanitäre und soziale Einstellung, Würde, Beliebtheit, in negativem Aspekt unbeständig und taktlos.

♃ in ♓

Liebe zu stillen Freuden, Sinn für Harmonie und Kunst, Beliebtsein und das Leben genießen wollen. In negativer Aspektverbindung Beeinflußbarkeit, Hang zu Genußgift und zu unangebrachter Großzügigkeit.

5. Bewertung der Jupiterposition im Radix:

Die Position in den Häusern eines Radixhoroskops läßt erkennen, in welchem Lebensbereich Jupiter besonders harmonisch wirksam werden kann, wo die Glücksmöglichkeiten liegen. Ist es z. B. der 5. Sektor, dann ist der Geborene kreativ, hat Glück mit Kindern, in der Liebe. Er braucht dann aber auch viel Liebe, um in allgemeiner Hinsicht ausgewogen zu sein und vom Partner als harmonischer Mensch akzeptiert zu werden. Für Geschäftsverbindungen ist die Position Jupiters im 2. Sektor des Radix günstig, für freundschaftliche Verbindungen seine Stelle im 11. Sektor.

6. Stellung des Jupiters in den Häusern des Partnerhoroskops:

♃ in 1

Je näher Jupiter am Aszendenten steht, um so kräftiger ist der Einfluß seines Eigners auf die Gesamtpersönlichkeit des Haus-Partners. Er stärkt das Selbstvertrauen, weckt positive Ausstrahlung und fördert ihn durch Protektion. Andererseits vermag der Haus-Eigner den Jupiter-Partner sozial, häuslich, in kultureller Hinsicht zu fördern. Auch pädagogisch oder religiös ist der gegenseitige Einfluß ebenso günstig wie bei Auslandsangelegenheiten oder weiten Reisen. Es ist eine vorteilhafte Vergleichskonstellation für Ehe- oder Familienbeziehungen.
Ist Jupiter jedoch verletzt, wird sein Eigner dem Haus-Partner gegenüber leichtsinnig sein und ihn zu Spekulationen verführen. Seine Scheinmoral wird als Untugend kritisiert werden.

♃ in 2

Vor allem für geschäftliche Angelegenheiten, materiell bedingte Kontakte oder solche, die der praktischen Auswertung von wissenschaftlichen Erfahrungen dienen, ist diese Haus-Stellung nützlich. Der Haus-Eigner kann häusliche oder familiäre Angelegenheiten des Jupiter-Partners finanziell unterstützen oder absichern, auf seine Erziehung fördernd einwirken oder vermag dem Zusammenwirken einen Nutzeffekt abzugewinnen. Der Haus-Eigner zieht seinerseits Nutzen durch einen Vertrag oder durch materielle Großzügigkeit seitens des Jupiter-Eigners. Die Konstellation zeigt an, daß für Reisen, kulturelle Belange, aber auch für die gemeinsame Alterssicherung größere Ausgaben getätigt werden.

♃ in 3

Intellektuelle Bemühungen des Haus-Eigners, Studien, wissenschaftliche Unternehmungen, aber auch der Umgang mit Nahverwandten werden vom Jupiter-Eigner gefördert. Seine finanzielle Generosität können Studien, Forschungsaufgaben oder Reisen überhaupt erst möglich machen. Andererseits kann der Haus-Eigner dazu beitragen, dem Expansionsbedürfnis des Jupiter-Eigners Richtung und Ziel zu geben. So vermag der Haus-Eigner in Wort und Schrift, auch durch Veröffentlichungen oder Werbung wie durch Gespräche, Kontakte, (Geschäfts-)Reisen, finanzielle Interessen des Jupiter-Eigners zu unterstützen. Die Konstellation ist günstig für Beziehungen von Geschwistern untereinander, aber auch zwischen Eltern und Kindern, Lehrern und Schülern, an Forschungsaufgaben Beteiligten sowie zwischen Reisenden.

♃ in 4

Bei dieser Vergleichskonstellation finden die Bemühungen des Jupiter-Eigners Anerkennung bei den Eltern oder im eigenen Heim, beim Personal des Haus-Eigners. Umgekehrt wird der Jupiter-Eigner auch in die Familie einbezogen und kann durch familiäre Kontakte oder Beziehungen zu den Eltern, auch wenn er Kontakte geschickt benutzt, die im Zusammenhang mit der Heimat des Haus-Eigners stehen, profitieren.

♃ in 5

Eine ganz vorzügliche Haus-Stellung für triebhaft bedingte Partnerbeziehungen. Ideal für Heiratskandidaten, auch für Beziehungen zwischen Eltern und Kindern, Lehrern und Schülern. Im übrigen bedeutet diese Position Jupiters, daß der Haus-Eigner in Spekulationen (wenn sein Radix in diese Richtung weist) Gewinne erzielen kann. Auch ein Abenteuer, an dem der Jupiter-Partner beteiligt ist, wird gelingen. Beide kommen in kulturellen, religiösen und pädagogischen Angelegenheiten gut miteinander zurecht. Die Partner werden auf Dauer einander zugetan sein und herzliche Gefühle füreinander aufbringen. Es ist aber wichtig, daß bei allen Spekulationen Jupiter nicht verletzt ist, sonst drohen dem Haus-Eigner Verluste.

♃ in 6

Besonders günstig ist diese Vergleichskonstellation, wenn es sich um arbeitsmäßige Verbindungen handelt. Auch finanzielle Angelegenheiten, Erziehungsaufgaben oder Religiöses im Zusammenleben wird durch diese Position unproblematisch. Die Partner haben Vorteile durch Geschenke oder können sich gegenseitig beerben. Wenn Jupiter verletzt ist, sollten Geschäftspartner von einem engen Kontakt Abstand nehmen, denn die Konstellation könnte Betrug oder Untreue möglich machen. Ist Jupiter in guten Aspekten, vermag der Arzt seinem Patienten zu helfen. Ist Jupiter aber schlecht aspektiert, ist das für die Beziehung zwischen Heiler und Kranken ungünstig.

♃ in 7

Eine vorzügliche Vergleichsposition für Heirat und jede Art von Partnerschaft, vor allem auch für solche, die sich vor den Augen der Öffentlichkeit abspielt. Die Partner begünstigen einander in ehrenhafter oder ethischer Weise, können aber auch finanziell einander fördern. Eine derartige Position vermag die Partnerschaft in kultureller, religiöser oder geistiger Hinsicht zu bereichern. Ist Jupiter aber verletzt, werden die Partner voneinander zuviel erhoffen, bzw. es wird gemeinsam über die Verhältnisse gelebt. Diese unangebrachte Großzügigkeit, verbunden mit Leichtsinn, kann in der Öffentlichkeit ein schlechtes Bild abgeben.

♃ in 8

Günstig für finanzielle Angelegenheiten, aber auch für Leidenschaften. Diese werden gefestigt, verlieren an Heftigkeit, werden dafür aber durchwärmt. Die Konstellation begünstigt Geschenke, Erbangelegenheiten oder Legate. Ein verletzter Jupiter kann finanzielle Sorgen bringen. Geschäftsleute sollten auf eine Verbindung besser verzichten, weil Untreue zu Verlusten führen kann.

♃ in 9

Die Haus-Partner begünstigen einander was Recht und Ordnung angeht, finden weltanschaulich einen gemeinsamen Nenner oder kommen in religiösen Belangen zu einer verständnisvollen Übereinkunft. Die Konstellation fördert eheliche oder familiäre Beziehungen. Die Partner bereichern einander durch materielle, aber auch geistige Werte. Besonders begünstigt sind Beziehungen zum Ausland oder zu Ausländern. Ist Jupiter aber durch Radixstellung oder Vergleichsaspekte verletzt, dann wird die Zukunft falsch beurteilt, die beiden Partner erliegen falschen Vorstellungen oder unternehmen zwecklos größere Reisen. Die Vorstellungen voneinander können dann auch durch unmoralische Gedanken gestört sein.

♃ in 10

Es ist eine hervorragende Vergleichskonstellation für Beruf, äußere Ehren oder für die Verwirklichung ehrgeiziger Ziele, besonders wenn diese dem sozialen Aufstieg dienen. Vom Jupiter-Partner kann Protektion oder eine entscheidende Förderung ausgehen. Die Vergleichskonstellation fördert politische, kulturelle, pädagogische oder religiös bestimmte Verbindungen. Der Haus-Eigner fördert Jupiter-Partner durch seine berufliche Tätigkeit oder durch seine äußere Stellung. Ist der Planet im Radix oder im Vergleich schwer verletzt, wird das Maßhalten im angezeigten Bereich schwierig sein. Unrealistische Vorstellungen bestimmen dann den Inhalt der Partnerschaft. Man täuscht sich über die materiellen Möglichkeiten, aber auch über die Chance hinsichtlich des Aufstiegs.

♃ in 11

Eine sehr günstige Kombination für Verbindungen zu Freunden oder Gönnern, wobei der Jupiter-Eigner jener ist, von dem hilf- oder segensreiches Wirken ausgeht. Die Konstellation begünstigt ferner humanitäre oder soziale Werke, Zusammenarbeit in religiösen oder pädagogischen Belangen. Durch diese Konstellation profitieren aber auch wissenschaftliche Kontakte oder solche, die okkulte Studien zum Inhalt haben. Der Jupiter-Eigner wirkt auf seine besondere Art auf den Haus-Eigner ein. Dieser wiederum vermag dem Jupiter-Eigner uneigennützig zu helfen, dessen finanzielle oder rechtliche, pädagogische, religiöse oder kulturelle Interessen zu fördern. Ist Jupiter in ungünstigen Aspekten, wird sich der Haus-Eigner mehr von dieser Verbindung erhoffen, als sie leisten kann.

♃ in 12

Ein günstig gestellter Jupiter vermag das Leben des Haus-Eigners zu erleichtern, indem der Eigner die Sorgen zu lindern vermag. Das geschieht durch Geld, durch Rechtshilfe, aber auch durch Protektion in sozialer Hinsicht. Der Aspekt begünstigt Arzt-Patienten-Beziehung, Berufliches, was mit Krankenhäusern oder ähnlichen Anstalten zu tun hat. Der Jupiter-Partner kann dem Haus-Eigner helfen, Prüfungen zu bestehen, Feinde zu überwinden oder materielle Verluste aufzufangen. Ist Jupiter aber in kritischen Aspekten, kann der Eigner zum Prozeßgegner werden oder dem Haus-Partner materielle Verluste zufügen. ♃

♃ harmonisch zu ♃
♃ ☌ Konjunktion, △ Trigon, ⚹ Sextil — ♃

140

Ähnliche Auffassungen über religiöse, weltanschauliche, pädagogische, kulturelle Themen oder gleiche Wünsche und Vorstellungen von Reisen erleichtern das Zusammenleben. Die Konstellation ist sehr sympathiefördernd. Vor allem begünstigt sie Kontakte, die vertraglich gefestigt sind. Besonders begünstigt ist der Umkreis, der mit finanziellen Angelegenheiten, Steuersachen, Rechtsfragen beruflich befaßt ist. Die beste Auswirkung hat die Konstellation bei Ehepartnern, da der Wunsch besteht, diese Verbindung einzugehen, bzw. aufrechtzuerhalten.

Eigene Erfahrungen:

♃ im Spannungsaspekt zu ♃
♃ □ Quadrat, ☍ Opposition — ♃ 141

Wenn im Zusammenleben oder Zusammenwirken von Partnern religiöse, kulturelle oder pädagogische Probleme auftauchen, wenn es um die Regelung von finanziellen oder rechtlichen Fragen geht, werden unterschiedliche Standpunkte eingenommen. Das kann bis zu gegensätzlichen Meinungen gehen, die schließlich zu Prozessen führen können. Keine günstige Konstellation für Ehe, Familie, besonders auch für Geschäftsleute. Die Partner überschätzen einander in der Fähigkeit, sich gute Dienste zu erweisen, rechtlich zusammenzuwirken oder sich zu fördern.

Eigene Erfahrungen:

♃ harmonisch zu ♄
♃ △ Trigon, ⚹ Sextil — ♄ 142

Ernstgemeinte Angelegenheiten, besonders Geschäfte, aber auch Handel mit Grundstücken, Wohnungen, festen Werten werden bei einer entsprechenden Partnerverbindung gefördert. Sofern diese Dinge nicht im Vordergrund der Bemühungen stehen, wird die Partnerschaft dennoch intensiv sein. Es besteht der Wunsch zusammenzuarbeiten und sich vertraglich aneinander zu binden. Darum ist diese Konstellation günstig für Heiratswillige und fördert jene, die als Eheleute zusammenleben. Wenn keine anderen störenden Vergleichsaspekte vorliegen, vermögen die Partner ihre Handlungsweise harmonisch aufeinander abzustimmen, können gemeinsame Unternehmungen planen, sorgfältig vorbereiten und mit Glück durchführen. Der Verlauf wird jedoch nicht allzu schnell, sondern überschaubar sein.

Eigene Erfahrungen:

♃ im Spannungsaspekt zu ♄
♃ □ Quadrat, ☍ Opposition — ♄ 143

Es fällt Partnern mit dieser Vergleichskonstellation schwer, ihre finanziellen Angelegenheiten aufeinander abzustimmen oder in solchen erfolgreich zu handeln, bei denen es um Haus oder Wohnung geht, um Grundstücke oder um die Regelung von Besitzstandsangelegenheiten. Sie machen sich über den zeitlichen Ablauf ihrer Unternehmungen falsche Vorstellungen, so daß der Expansionsdrang des einen Partners zu Zeiten fällig wird, wenn der andere Partner sich nicht darauf einstellen kann. Bei dieser Vergleichskonstellation treten in

Kontakten oder geschäftlichen Verbindungen Hindernisse oder Verzögerungen ein. Wenn es sich um Heiratswillige handelt, kann sich der Gang zum Standesamt zerschlagen. Bei Verheirateten besteht eine gewisse Neigung zur Scheidung, sofern noch andere Aspekte in diese Richtung weisen. Der Jupiter-Eigner wird zu der Meinung kommen, daß sein Saturn-Partner zu materialistisch und egoistisch eingestellt ist, daß er sein Handeln nicht von geistigen Motiven beeinflussen läßt. Dieser wiederum sieht den Jupiter-Eigner als zu genußsüchtig, selbstherrlich und scheinheilig an. Unter diesen Voraussetzungen sollte besser darauf verzichtet werden, eine Verbindung einzugehen, was solche häusliche oder geschäftliche Angelegenheiten betrifft, wenn Rechtsfragen dabei eine Rolle spielen.

Eigene Erfahrungen:

♃ in Konjunktion mit ♄
♃ ☌ Konjunktion — ♄ 144

Ob dieser Aspekt positiv oder negativ einzuschätzen ist, hängt davon ab, welcher Aspekt-Partner der stärkere ist. Findet die Konjunktion im Steinbock statt, ist eine negative Auslegung anzunehmen, da Saturn den Steinbock regiert. Geschieht die Kombination im Zeichen Schütze, das Jupiter als Regenten hat, ist die positive Auslegung interessant. In jedem Fall ist eine Konstellation, die anzeigt, daß ein wesentlicher Zug der Partnerbeziehung Lebensernst ist. Die Partner sind also nicht irgendwie oberflächlich gebunden, sondern werden sich nachhaltig miteinander auseinandersetzen. Sind beides aufgeschlossene, optimistische Menschen, die soziales Verantwortungsgefühl haben, kann der positiven Auslegung gefolgt werden, wenn sie aber Unmoral erkennen lassen, dann kann diese Konstellation das Böse in der Partnerschaft nur noch verschlimmern.

Eigene Erfahrungen:

♃ harmonisch zu ♅

♃ △ Trigon, ⚹ Sextil — ♅ 145

Vom Uranus-Eigner gehen Anstöße aus, die den Jupiter-Partner zur Expansion ermuntern. Der Uranus-Eigner inspiriert ihn, etwa in dem Sinne, wie ein Erfinder einen Geldgeber anspricht. Um bei diesem Beispiel zu bleiben, werden dem Uranus-Partner vom Jupiter-Eigner Mittel bereitgestellt, es werden schöpferische Kräfte breiter, geordnet gelenkt, beiderseits gelingen Organisationsaufgaben oder es ergeben sich Vorteile durch Zusammenarbeit. Besonders können moderne Methoden angewendet werden, humanitäre oder soziale Gesichtspunkte können den Ausschlag geben. Eine besonders glückliche Konstellation für Geschäftspartner, vor allem, wenn solche wissenschaftliche Forschung, technische Neuheiten oder Erfindungen auswerten. Sie ist aber auch günstig für Luftreisen, für Bildungsvorhaben oder für Rechtsfragen.

Eigene Erfahrungen:

♃ im Spannungsaspekt zu ♅
♃ □ Quadrat, ☍ Opposition — ♅ 146

Auf die Zukunft gerichtete Unternehmungen verlaufen zu radikal. Neues wird zu sehr, Traditionen werden zuwenig beachtet. Im Zusammenwirken ergibt sich eine gewisse querköpfige Haltung, weil jeder der Partner sich auf seine Weise zu sehr für seine Vorstellungen einsetzt. Der Uranus-Eigner will mit seinen Ansichten auffallen, ist übereifrig, handelt und reagiert vorschnell, anstatt abzuwarten und Probleme zu durchdenken. Der Jupiter-Partner wird ihm exzentrisches Verhalten vorwerfen, während dieser ihn als scheinheilig oder »schwierig« einstuft. Partner mit dieser Vergleichskonstellation geraten früher oder später aneinander, was dann plötzlich zu einem Umschwung führen kann, der zu beider Personen Nachteil ist. Äußere Zufälle können eine Trennung herbeiführen.

Eigene Erfahrungen:

♃ in Konjunktion mit ♅
♃ ☌ Konjunktion — ♅ 147

Ähnlich wie bei anderen Konjunktionen Jupiters ist entscheidend, welche Position die Planeten innehaben, ob durch Stellung nach Tierkreiszeichen oder Häusern, sowohl im Radix wie im P-Hor, welcher der Planeten der stärkere ist. Davon wird es abhängen, ob der stimulierende Effekt, der von der Konjunktion ohne Zweifel ausgeht, von den Partnern positiv genützt werden kann oder ob eine überstürzte Handlungsweise mit Traditionen brechen läßt, wodurch eine exzentrische oder revolutionäre Verhaltensweise bedingt sein könnte. Wenn es bei der Partnerverbindung darum geht, Ideen zu haben und auszuwerten, z. B. im Hinblick auf Werbung, Wissenschaft, Pädagogik, auch Religion, so ist der Effekt vermutlich positiv. Bei Rechtsangelegenheiten ist die Situation schwierig. Man muß beachten, daß bei der Konjunktion viel Störendes im Spiel ist, was gemäß der Natur des Uranus unvermittelt sichtbar werden kann. Sind geistige Aktivitäten wünschenswert, kann der Aspekt sein Gutes haben. So oder so scheint es, daß bei der Partnerbeziehung der »Zufall« eine große Rolle spielt.

Eigene Erfahrungen:

♃ harmonisch zu ♆
♃ △ Trigon, ⚹ Sextil — ♆ 148 ♃

Bedeutet Jupiter allgemein das Streben nach Breite und Entfaltung, nach Vermehrung und Fülle, so steuert Neptun noch Weite bei. Beide Planeten sind mindestens im nicht-materiellen Bereich als verwandt einzustufen. Dadurch bekommt gemeinsames Glück, wie es von Liebesleuten erlebt wird oder familiär erreicht werden kann, einen weiteren Horizont, es kann »Geheimnisvolles« hinzutreten, Lockungen, Wünsche, Hoffnungen. Diese Menschen gehen wie im Traum aufeinander zu, können sich gegenseitig helfen, weil sie einander verstehen. Manches an den Beziehungen bleibt ihnen selbst vermutlich unbewußt. Von dieser Aspektverbindung haben Künstler, Reisende, humanitär wirkende Personen den meisten Vorteil. Zwar sind durch Sympathie auch jene begünstigt, die in materiell bedingten Kontakten stehen, doch ist es hier mehr die allgemeine Sympathie. Eine beglükkende Konstellation für Liebende oder für Familienmitglieder. Günstig ferner für Beziehungen, bei denen es um Religiöses oder aber auch um Okkultes geht, z. B. um parapsychologische Forschungen.

Eigene Erfahrungen:

♃ im Spannungsaspekt zu ♆
♃ □ Quadrat, ☍ Opposition — ♆ 149

Phantasie und mystische Strömungen lassen einen Zwiespalt zwischen Ideal und Wirklichkeit auftreten. Die Vorstellungen der Partner voneinander sind verworren, anfällig für Enttäuschungen. Was fest gegründet scheint, erweist sich als Illusion. Auch moralisch können Handlungsweisen zu unterschiedlich beurteilt werden, um eine Übereinkunft möglich zu machen. Verbindungen, bei denen es auf Organisationsgabe, auf eine praktische Ausrichtung oder auf eine solide finanzielle Basis ankommt, erweisen sich als nachteilig oder scheitern. Es ist ein Aspekt, bei dem es den Partnern an Disziplin und Einsicht in die Notwendigkeit, aber auch an Verantwortungsbewußtsein mangelt. Der Neptun-Partner lebt zu sehr in einer Traumwelt, Jupiter hängt an Überlieferungen und festgefügter Ordnung.

Eigene Erfahrungen:

♃ in Konjunktion mit ♆
♃ ☌ Konjunktion — ♆ 150

Im allgemeinen wird man die positive Auslegung gelten lassen können, muß aber beachten, wie weit die Verbindung zwischen Traum und Wirklichkeit fördern kann. Soweit es sich um Religiöses, um idealistische oder sentimentale Verbindungen handelt, dürfte das uneingeschränkt der Fall sein. Bei materiellen Kontakten kann es Enttäuschung geben.

Eigene Erfahrungen:

♃ harmonisch zu P
♃ △ Trigon, ⚹ Sextil — P 151

Die Vergleichskonstellation begünstigt jene Verbindungen, bei denen Machtwünsche oder Finanzielles auf dem Spiele stehen. Die Partner arbeiten zusammen, jeder wird auf seine Weise Nutzen ziehen oder Vorteile wahrnehmen, will respektiert werden und Ansehen genießen. Die Voraussetzungen dazu sind sehr günstig. Eine Konstellation, die ähnlich zu beurteilen ist wie Jupiter harmonisch zu Mars (vgl. Nr. 119). Bezeichnend für diesen Aspekt ist eine durchschlagende Dynamik die konstruktiv gelenkt Großes erreichen läßt. Wenn die Partner in ihrer Position und durch Vergleichsaspekte geschädigt sind, können in finanzieller oder sozialer Hinsicht Schwierigkeiten aufkommen.

Eigene Erfahrungen:

♃ im Spannungsaspekt zu P
♃ □ Quadrat, ☍ Opposition — P 152

Die Zusammenarbeit zwischen Partnern wird erschwert, weil jeder auf seine Art nachhaltig seine eigenen Interessen vertritt. Das aber bedeutet Mißbrauch der Autorität, Amtsanmaßung, Schädigung des Vertrauens. Auch materielle Nachteile werden einander zugefügt, wobei der Jupiter-Eigner jener ist, der sich ausgebeutet fühlt.

Eigene Erfahrungen:

♃ in Konjunktion mit P
♃ ☌ Konjunktion — P 153

Beide Partner fühlen sich stark aneinander gekettet, sei es durch höhere Gewalt oder schicksalhafte Umstände. Das schlägt ihnen jedoch nicht zum Vorteil aus. Manche Astrologen beurteilen diese Konstellation günstig. Sicher ist nur, daß außerordentliche Anstrengungen oder Energieleistungen möglich werden, daß einer sich vom andern abhängig oder auf ihn bezogen fühlt. Gemeinsame Interessen können vorliegen für okkulte Fragen, Angelegenheiten, die Autorität und Macht ausdrücken, aber auch größere Risiken bedeuten. Wenn die

Partner in anderen ungünstigen Vergleichsaspekten stehen, sollte von vertraglichen Kontakten über Rechts- oder Geldangelegenheiten Abstand genommen werden. Vor allem der Jupiter-Eigner muß vorsichtig sein, vom Pluto-Partner nicht dominiert zu werden oder von dessen Seite Gewalt zu erleiden.

Eigene Erfahrungen:

♃ harmonisch zu ☊
♃ ☌ Konjunktion, △ Trigon, ⚹ Sextil — ☊ 154

♃

Zwar keine sehr nachhaltig wirksame Konstellation, doch hilft sie, das Urteil über die Chancen einer Partnerverbindung abzurunden. Günstig ist dieser Vergleichsaspekt, wenn der Jupiter-Partner sich in eine Gemeinschaft eingliedern soll, oder wenn es um Fragen der Zusammenarbeit geht. Die Konstellation verspricht Sympathiegewinn, Popularität, Harmonie in familiärer oder sozialer Hinsicht. Der Eigner des Mondknotens kann durch den Jupiter-Partner protegiert werden.

Eigene Erfahrungen:

♃ im Spannungsaspekt zu ☊
♃ □ Quadrat, ☍ Opposition — ☊ 155

Bei dieser Konstellation ist die Anpassung an den anderen oder an eine Lebens- bzw. Arbeitsgemeinschaft erschwert. Wenn andere Aspekte in die gleiche Richtung deuten, werden Disharmonien wahrscheinlich sein. Beide Partner stehen einander kritisch gegenüber oder haben die Absicht, einander zu beherrschen. Es mangelt an Vertrauen und Hilfsbereitschaft. Dennoch kann bei der Opposition eine Art Ermunterung zur Selbständigkeit vorliegen. Das geschieht dann aber zum Schaden des Partners. Beim Quadrat ist sowohl ungeschicktes Verhalten anzunehmen wie Vorurteile, die es schwermachen, sich auf den Partner einzustellen.

Eigene Erfahrungen:

♃ harmonisch zu Asz
♃ ☌ Konjunktion, △ Trigon, ⚹ Sextil, ☍ Opposition — Asz 156

Der Jupiter-Eigner steht den Bemühungen des Partners, sich ein persönliches Profil zu verschaffen, nicht nur freundlich, sondern fördernd gegenüber. Seine eigenen Interessen wird er denjenigen des Partners unterordnen. Der Asz-Eigner vermag Anregungen und Hilfe anzunehmen und kann seine Bemühungen konstruktiv gestalten. Andererseits vermag der Asz-Eigner durch sein Auftreten und seinen persönlichen Einsatz Voraussetzungen zu schaffen, daß der Jupiter-Partner seine soziale Position ausweiten kann. Das geschieht durch Erwerb von Sympathie und Ansehen, durch gute Abschlüsse,

Verträge, vorteilhafte Erledigung von Rechtsangelegenheiten. Diese Konjunktion ist ein Harmonieaspekt erster Ordnung und schafft Voraussetzungen, daß zwei Partner einander in Liebe zugetan sein können, ja, daß ihre Beziehung legalisiert wird. Besonders kräftig und ideal ist die Konjunktion für private Partnerschaften, so für Liebe, Ehe, Familie, Freundschaft, aber auch für eine geschäftliche Verbindung. Soweit es sich um Liebe handelt, ist es der Jupiter-Eigner, von dem die stärkeren Impulse ausgehen.

Eigene Erfahrungen:

♃ im Spannungsaspekt zu Asz
♃ □ Quadrat — Asz 157

Das Quadrat ist der einzige Spannungsaspekt, denn die Opposition ist von ähnlicher Wirksamkeit wie die Konjunktion. Der Spannungsaspekt ist immerhin besser als gar keine Verbindung zwischen Jupiter und Asz, allerdings wird das Zusammenwirken nicht reibungslos sein. Unterschiedliche Standpunkte in religiösen, kulturellen oder weltanschaulichen Fragen, aber auch in finanzieller Hinsicht, sodann was häusliche, familiäre oder Heiratsangelegenheiten angeht, können zeitweise das harmonische Einverständnis in Frage stellen. Diese Konstellation macht es schwer, einen Vertrag für beide Teile ersprießlich auszuarbeiten oder auch den Weg zum Standesamt zu finden. Schwierigkeiten oder Hindernisse tauchen auf. Es ist ein typischer Aspekt für eine »unerlaubte« Liebesverbindung. Die Intensität der Beziehung wird dadurch aber selten beeinträchtigt.

Eigene Erfahrungen:

♃ harmonisch zu MC
♃ ☌ Konjunktion, △ Trigon, ⚹ Sextil — MC 158

Aktivitäten des Jupiter-Eigners richten sich auf die Förderung des sozialen Aufstiegs oder beruflicher Bemühungen seitens des MC-Partners. Ein sehr fördernder Aspekt für Protektion, aber auch für alle anderen Arten von Verbindungen, die Nutzen bringen sollen. Der MC-Eigner sieht sich in seiner beruflichen oder gesellschaftlichen Zielsetzung vom Jupiter-Partner verstanden. Im Fall einer Konjunktion vermag der Jupiter-Eigner beim MC-Partner eine glückliche Lebenswende zu bringen. Da in gewisser Hinsicht das MC ähnlich dem Asz zu beurteilen ist, kann auch diese Deutung teilweise berücksichtigt werden.

Eigene Erfahrungen:

♃ im Spannungsaspekt zu MC
♃ □ Quadrat, ☍ Opposition — MC 159

Die Opposition muß nicht unbedingt negativ beurteilt werden, jedoch gelten die Interessen des Jupiter-Eigners weniger dem beruflichen Vorwärtskommen als dem häuslichen Glück des MC-Partners. Es ist möglich, daß ein gewisses Konkurrenzdenken vorliegt, wenn die Lebenssituation solche möglich macht. Doch es wird immer wieder ein Weg zur Versöhnung gefunden. Aufstiegshemmend ist das Quadrat zu beurteilen. Aber auch hier müssen Differenzen oder Schwierigkeiten nicht durchgehend vorliegen, können sich aber immer wieder einstellen, wenn negative Transite sie auslösen. Diese Konstellation ist im Berufsleben nachhaltiger als in der Familie bzw. in der Ehe. Im letztgenannten Fall wird der Ehepartner aber sozialen Bestrebungen oder beruflichem Ehrgeiz zum Teil ablehnend gegenüberstehen, bzw. es am rechten Verständnis fehlen lassen.

Eigene Erfahrungen:

♃

♄

Saturn im Horoskopvergleich

1. Saturn für sich betrachtet:

Bei Partnerschaftsangelegenheiten muß man vor allem das Prinzip der Konzentration im Auge haben, das Saturn vertritt. Er bedeutet Verdichtung, Einengung der Möglichkeiten. Bei Aufstellung der Wertskala rangiert Vorsicht etwa in der Mitte, während auf der negativen Seite dann Angst und Hemmungen, Verzögerung bis hin zur zerstörenden Tendenz stehen. Aber Saturn ist auch ein ganz unverzichtbares Grundprinzip der menschlichen Existenz. »Viel Saturn« im Horoskop richtet den Blick auf das Wesentliche, sei es im Guten oder im Bösen. Es bedeutet das Gleichbleibende, die Fixierung. So wird ein »saturnischer Mensch« auch die Erfahrung über alles stellen. Im positiven Sinne kann er zur Einsicht gelangen, reifen, seine Pflicht erfüllen, ausdauernd und praktisch sein. Negativ können Mißtrauen, Rückzug auf sich selbst, Isolation, Trennung, auch Krankheit das Wesen des Saturn erfassen. Saturn ist der Planet des Alters. Er vertritt auch die geistige Haltung des Menschen in dieser Lebensphase, also eben Lebenserfahrung, dann aber auch Pessimismus, Zermürbung und Hoffnungslosigkeit. Saturn an und für sich im Horoskop besagt noch nicht viel. Es kommt darauf an, auf welche Gebiete sich sein »Einfluß« richtet, wie die saturnische Qualität gemäß der Zeichenstellung beschaffen ist. Fast ebenso wichtig sind seine Aspektpartner. Ein Saturn in harmonischer Konstellation gewinnt an Farbe, je nach dem, wie er mit anderen Gestirnen verbunden ist. Handelt es sich um negative Aspekte, wird der disharmonische Trend von beiden Planeten her zu erfragen sein.

2. Saturn in der Partneranalyse:

Positive Vergleichsaspekte fördern die Möglichkeit der Zusammenarbeit, verstärken den Sinn für Pflicht und Ausdauer füreinander, fördern Freundschaft und Lebensernst. Aber dieser Trend ist längst nicht so bedeutsam wie kritische Aspekte. Ein Saturn in schlechter Position kann eine Partnerschaft scheitern lassen, mindestens braucht es dann *mehrerer* günstiger Konstellationen, um hier einen Ausgleich zu schaffen. Der Bearbeiter einer PA muß vor allem prüfen, ob und wie weit Saturnisches zu beachten bleibt. Negative Quadrate zu Sonne, Mond, Merkur und Venus können Verbitterung und Kummer bringen, zu Mars und Saturn große Spannungen oder Zerreißproben, die bis zur Gewalttätigkeit gehen können. Saturn steht gegen die Freiheit, denn er bedeutet Enge und Zwang, dies mitunter sogar in einem positiven Sinn. Schlechte Aspektverbindungen des Planeten mit Asz und MC können deren Eigner sehr bedrücken und Gefühle der Unfreiheit aufkommen lassen. Es ist ein dumpfer Druck, der sich anbahnt und zur Abkehr vom Partner führen kann.

3. Besonders zu beachten:

Auch mit Saturn-Quadraten im Vergleichshoroskop kann ein Liebespaar den Honigmond seines Glücks erleben und für eine ganze Zeit romantische Zweisamkeit genießen. Am Anfang einer Bekanntschaft, besonders wenn die Sexualität begünstigende Vergleichskonstellationen wirksam sind, bleibt Saturnisches im Hintergrund. Es kann allerdings eine Verbindung mit Altersunterschied bezeichnen. Auffällig ist aber, daß nach einiger Zeit langsam, oft ohne ein besonderes Ereignis, wenn nicht gerade entsprechende Aspekte in diese Richtung weisen sollten, sich eine Lösung der Beziehungen einstellt. Nun ist es normal, daß Flitterwochen durch den Alltag abgelöst werden. Es ist aber nicht »normal«, wenn die Partner einander lästig werden und wenn zunächst, vielleicht uneingestanden, der Wunsch besteht, eine Distanz zwischen sich und den Partner zu legen. Auch das kann zur Gewohnheit werden, was dabei herauskommt, ist ein Nebeneinander-Herleben. Hat sich aber erst eine gewisse Verstimmung oder eine pessimistische Einstellung eingefressen, ist es nicht mehr möglich, Gräben zuzuschütten und aufeinander zuzugehen. Insofern ist saturnische Wirkung gleichzusetzen mit Zermürbung und Zerstörung dessen, was man gemeinsam und frohen Herzens aufgebaut hat. Dann, oft nach Jahren, zeigt es sich, daß eine Lösung der Beziehung, sei es eine Trennung ohne letzte Konsequenz oder eine Scheidung, bzw. Vertragsauflösung unvermeidlich sind.

4. Stellung des Saturn in den Tierkreiszeichen:

♄ in ♈

Entweder bezeugt der Planet durch seine Position Fleiß und Strebsamkeit, auch Takt und Zurückhaltung oder aber in negativer Stellung Hartnäckigkeit, die zu Eigensinn und Trotz werden kann. In Verbindung mit Mars ist Herrschsucht anzunehmen.

♄ in ♉

Das solide Streben nach materieller Sicherheit ist die eine Seite, konservative Einstellung kommt hinzu, so daß wenig geändert werden will. Gründliches methodisches Vorgehen verbürgt Erfolg. Aber im Negativen ist die kleinliche Berechnung, sind Egoismus und Neid für den Betroffenen oft ein Problem, sich offen und anpassend zu geben.

♄ in ♊

Das Unstete dieses Typs wird gemäßigt, die Durcharbeitung schwieriger Probleme erfolgt gewissenhaft und die Wünsche nach vielseitigem geselligem Verkehr sind gemindert. In guten Aspekten für Zusammenarbeit günstig, aber in kritischer Stellung bringt Unbeholfenheit und Schüchternheit Nachteile.

♄ in ♋

Das Gefühlsleben ist ernst und beherrscht. Es mangelt an Wärme und an Bereitschaft, auf den Partner zuzugehen. Daraus erwachsen Sparsamkeit bis zum Geiz, Engherzigkeit und Vereinsamung.

♄ in ♌

Zwar Mangel an Tatendrang, aber in guter Stellung zuverlässig, gediegen, treu und stolz auf die eigene Leistung.

♄ in ♍

Der Wunsch, sich anderen mitzuteilen, ist gering, das Bedürfnis nach Kontakten unvollkommen. In positiver Stellung wird das Naturell ernst und gefaßt sein, es ist begünstigt, über Lebens- und Gesundheitsprobleme nachzudenken. In negativer Aspektverbindung oder Stellung fühlt sich der Eigner unverstanden, neigt zu Schwermut und ist kritisch-nörgelnd.

♄ in ♎

Gewissenhaft und gerecht in guter Stellung, neidisch, selbstsüchtig bis tyrannisch in kritischen Aspekten.

♄ in ♏

Entweder geduldig und ernst, Neigung zu Gründlichkeit und wissenschaftlicher Akribie, aber auch melancholische Stimmungen. In ungünstigem Aspekt erzeugt Saturn Minderwertigkeitsgefühle, läßt grausam und hart erscheinen.

♄ in ♐

Religiös-philosophisch-ernste Lebensauffassung, Sinn für Gerechtigkeit. In disharmonischer Stellung regen sich Zweifel, es besteht die

Neigung, sich zurückzuziehen, sich einsam zu fühlen und pessimistisch zu urteilen.

♄ in ♑

In positivem Aspekt die beste Stellung, weil dann mit einem geringen Aufwand viel erreicht wird. Das liegt am methodischen Vorgehen, an Ausdauer, Fleiß und Geduld. Sicherheit geht vor. Ist Saturn verletzt, kennt der Egoismus oft keine Grenzen. Schweres Erleben wird als schicksalhaft aufgefaßt und kann niederdrücken.

♄ in ♒

Ein Symbol für überlegte Reformen, wobei alte Erfahrungen verwendet werden. Festigkeit und Standhaftigkeit, wenn es um soziale Aufgaben geht. Ist Saturn verletzt, ist haltloser Ehrgeiz zu erwarten oder der Eigner verfolgt Pläne, die sich nicht realisieren lassen.

♄ in ♓

Selbstbeschränkung und mühevolles Wirken, Beeinträchtigung der Sehnsucht in die Weite und Neigung, sich einsam und unverstanden zu fühlen. Der Eigner ist mißtrauisch und tut manches, um ein Opfer von Intrigen zu werden. Er ist zu ängstlich und läßt es an Initiative fehlen.

5. Bewertung der Saturnposition im Radix:

Man muß vor allem prüfen, welche Aspekte unscharf sind und im Laufe des Lebens als Direktion hervortreten werden. Besonders negative Direktionen können schicksalhafte Einschnitte in die Lebensbahn bedeuten. Es ist z. B. nicht damit zu rechnen, daß Liebesglück erlebt wird, wenn Saturn den Mond durch Quadrat verletzt. Andererseits kann eine harmonische Direktion zwischen Saturn und Venus anzeigen, daß nunmehr ein Eheschluß erfolgen kann, bzw. »planmäßig« auf eine solche Partnerverbindung hingelebt wird.

6. Stellung des Saturn in den Häusern des Partnerhoroskops:

♄ in 1

Es ist immer das Zeichen einer ernsthaften Partnerschaft. Von der Stellung des Planeten hängt jedoch ab, ob der Saturn-Eigner aus einer positiven Einstellung heraus den Haus-Partner fördert, ob er sich ihm gegenüber verantwortungsbewußt verhält, bzw. einen konstruktiven Einfluß ausübt. Ist der Planet in schlechter Position, wird sich der Haus-Eigner vom Saturn-Partner bedrückt fühlen, unselbständig werden oder eine pessimistische Einstellung zu den Fragen seiner persönlichen Existenz haben.

♄ in 2

Vom Saturn-Eigner kann eine stabilisierende Einwirkung auf die finanziellen Belange des Haus-Partners erfolgen. Er wird sein Sicherheitsbedürfnis angesprochen sehen, auf ernsthafte Weise im sozialen Bereich aktiv sein können und davon abgehalten werden, unnötige Ausgaben zu machen, sich auf finanziell riskante Abenteuer einzulassen. Mit diesem Saturn-Partner kann es der Haus-Eigner zu einem Vermögen bringen, allerdings nicht durch Spekulation, sondern nur durch Sparsamkeit. Ist Saturn jedoch in kritischen Aspekten, kann der Saturn-Eigner vom Geld des Haus-Partners in die eigene Tasche wirtschaften, egoistische Ziele befriedigen, so daß beträchtliche finanzielle Einbußen möglich werden. Es ist keine günstige Voraussetzung für geschäftliche Kontakte.

♄ in 3

Ein Saturn in harmonischen Aspekten vermag für den Haus-Eigner in verschiedener Hinsicht fördernd zu sein. Besonders günstig ist es, wenn er studiert oder eine schriftliche Tätigkeit hat, in einem Transportunternehmen tätig ist oder aber den Lehrberuf ausübt. In diesem

Fall wird der Saturn-Partner ein tiefes Verständnis für seine Belange zeigen. Er kann ihm bei Organisationsfragen helfen.
Ein verletzter Saturn wird dagegen in den angezeigten Bereichen zu einer Verunsicherung führen oder kann Minderwertigkeitskomplexe auslösen. Diese Konstellation ist ungünstig für das Zusammenleben, wenn der Haus-Eigner noch Geschwister hat.

♄ in 4

Es kommt darauf an, welchen Stellenwert Heimatgefühl, Herkunft und das eigene Heim für den Haus-Eigner haben. Sind diese Dinge nicht von Belang, ist mit einer Störung durch den Saturn-Eigner nicht zu rechnen. Befindet sich der Planet in harmonischen Aspekten, wird sich der Haus-Eigner bestärkt sehen, seine Gedanken und Arbeitskraft häuslichen Fragen zu widmen. Ist aber Saturn verletzt, es genügt hier schon die Rückläufigkeit, so wird der Einfluß dieses Planeten-Eigners auf den Haus-Partner negativ sein, was dessen Elternhaus oder das eigene Heim angeht. Von ihm geht ein Verzögerungseffekt aus, eine pessimistische Grundnote oder Sorgen.

♄ in 5

Diese Konstellation ist nicht günstig für Liebesangelegenheiten oder freudvolle Lebensäußerungen, die dieser Sektor anzeigt, dazu gehören Spiel, Spekulationen, Flirts mit dem anderen Geschlecht, vor allem aber auch Kinder. Vom Saturn-Eigner geht ein gewisser schwermütiger, melancholischer Einfluß aus, der im günstigsten Fall einen allzu optimistischen oder oberflächlichen Haus-Eigner vor unbedachter Handlungsweise bewahren kann. Im allgemeinen aber wird sich der Haus-Eigner in seiner Entfaltung gehindert sehen. Steht der Saturn aus eines Vaters Horoskop im 5. Haus seines Kindes, wird er sich für dieses sehr verantwortlich fühlen, aber auch streng zu ihm sein. Ein verletzter Saturn ist sehr schädlich bei einer Eltern-Kind-Beziehung, schadet auch dem Verhältnis zwischen Lehrer und Schüler, beeinträchtigt schließlich geschäftliche Kontakte.

♄ in 6

Ein guter Saturn fördert vor allem arbeitsmäßige Beziehungen, begünstigt aber auch die Verbindung zwischen einem Arzt oder Pfleger und seinen Patienten. Der verletzte Saturn bringt Erschwernisse bei Arbeitsverbindungen und ist jenen Kontakten abträglich, bei denen es um Arbeit, Beruf und Gesundheitliches geht. Vom Saturn-Eigner gehen Einflüsse aus, die die Widerstandskraft des Haus-Partners herabsetzen. Der berufliche Einfluß ist destruktiv.

♄ in 7

Ist Saturn in guter Stellung und empfängt er keine nachteiligen Aspekte im P-Hor, so wird dessen Eigner auf den Haus-Partner einen günstigen Einfluß in jenen Angelegenheiten ausüben, welche die Öffentlichkeit betreffen oder Ehe, auch Freundschaft. Ist aber Saturn verletzt, dann wird sich der Haus-Eigner durch den Saturn-Partner bedrückt fühlen, er wird sich unfrei vorkommen und zu einer pessimistischen Einstellung kommen. Diese Konstellation macht sich aber erst nach einiger Zeit des Zusammenlebens oder des Zusammenarbeitens bemerkbar.

♄ in 8

Ein gut gestellter Saturn begünstigt geschäftliche Zusammenarbeit, vor allem wenn es um Geld, Kauf oder Verkauf geht, um Versicherung, Erbschaftsangelegenheiten oder um Legate. Der Haus-Eigner sieht sich vom Saturn-Partner in seinen Organisationsbestrebungen verstanden und gefördert, wenn diese eine gewisse Zeit zur Abwicklung brauchen. Ein kritisch gestellter Saturn bringt für den angegebenen Themenkreis nachteilige Einflüsse. Der Saturn-Eigner wird bremsen, durch seinen Egoismus aber auch dem Haus-Eigner Verluste beibringen.

♄ in 9

Ist Saturn harmonisch gestellt, fördert er Gespräche über Religion, Philosophie, begünstigt Reisen und macht es möglich, daß der Haus-Eigner mit Hilfe des Saturn-Partners einen höheren Bildungsgrad erwerben kann. Diese Saturnposition spricht für gemeinsame ernsthafte Erfahrungen, für ein gutes Gelingen der Partnerbeziehung, weil eine durchdachte Grundlage vorhanden ist.

♄ in 10

Diese Position muß sehr genau untersucht werden, wenn der Haus-Eigner vom Saturn-Partner eine Förderung seiner beruflichen oder ehrgeizigen Pläne erwartet. Nur in besten Aspekten werden vom Saturn-Eigner positive Einflüsse ausgehen. Ist der Planet aber verletzt, sieht sich der Haus-Eigner in seiner Karriere beeinträchtigt, erlebt Verzögerungen oder fühlt sich unverstanden. Die Konstellation begünstigt Eifersucht oder Rivalität, ist daher sowohl bei einer Verbindung, die das Arbeitsverhältnis betrifft als auch für Ehe oder Freundschaft ungünstig.

♄ in 11

Sofern zwischen den beiden Partnern ein beträchtlicher Altersunterschied gegeben ist und Saturn günstig steht, wird die Freundschaft dauerhaft sein. Berufliche Zusammenarbeit gelingt, weil der Haus-Eigner im Saturn-Partner eine verläßliche Stütze hat. Ist der Planet aber in schlechter Stellung, kann eine Freundschaft langsam aber sicher zugrunde gehen. Diese Stellung ist schlecht für humanitäre Anliegen, politischen Ehrgeiz oder wissenschaftliche Forschungen.

♄ in 12

Lediglich wenn es um okkulte Fragen geht, kann ein gut gestellter Saturn eine Hilfe sein. Vom Saturn-Eigner geht ein etwas strenger Einfluß aus, der nur in seltenen Fällen als eine Ermunterung verstanden wird, daß sich der Haus-Eigner mit Gegnern auseinandersetzt. Eher fühlt er sich unfrei oder vom Saturn-Partner abhängig. Ist Saturn verletzt, dann wird der Haus-Eigner sich vor dem Saturn-Partner fürchten, sich bedrückt fühlen oder in seiner Bewegungsfreiheit eingeengt sehen. Diese Konstellation kann auch als eine Art karmisch-bedingtes Bindeglied zwischen zwei Partnern verstanden werden.

♄ harmonisch zu ♄
♄ △ Trigon, ⚹ Sextil — ♄ 160

Man halte sich vor Augen, daß Saturn in ganz besonderem Maße Hinweise auf den Rhythmus des Daseinsablaufs gibt. Insofern zeigen Saturn-Konstellationen an, in welchem Maße zwei Partner in jener Rhythmenlage harmonieren, die vor allem die gegenseitige Abstimmung von Lebenserfahrung ausdrückt. Saturn wird immer dort im Vergleich in Erscheinung treten, wo es um ernstgemeinte Bewältigung der Daseinsaufgaben geht, wie sie das Schicksal dem Menschen stellt. Hierbei ist es belanglos, ob man jenes als »von außen geschickt« versteht, oder ob es als Projektion in uns tätiger Kräfte verstanden wird, die nach außen projiziert werden. Der harmonische Zusammenklang von zwei Partnern, wie die Saturnaspekte ihn ausweisen, ist eine günstige Voraussetzung, in der Partnerschaft entstehende Probleme aufzuarbeiten. Wie dies geschehen kann, muß die Lage der anderen Aspekte zeigen, ob intellektuell, von der Gefühlsseite her oder aber auch durch triebhafte Möglichkeiten. Der günstige Saturn-Vergleichsaspekt fördert das harmonische Zusammenwirken in allen Bereichen des Lebens, wo es auf ernsthafte Gesinnung und ausdauernde Bemühung ankommt. Besonders gilt das für Geschäftsangelegenheiten, insonderheit wenn es um Grund und Boden, Rohstoffangelegenheiten, Landwirtschaft geht. Aber auch gemeinsames öffentliches Wirken, politische Betätigung, Erziehungsbelange oder Organisationsaufgaben gelingen. Die Partner können einander in religiöser und ethischer Hinsicht ermuntern, in den weltanschaulichen Überzeugungen stärken und vor allem einander lebenspraktisch helfen. Wenn es beim Zusammenwirken auf Geduld und harte Arbeit ankommt, auf Treue zueinander, ist dieser Aspekt wertvoll. Von ihm profitieren daher auch Heiratswillige. Es ist eine Konstellation des Verantwortungsbewußtseins. Darum fördert diese Planetenstellung loyale Freundschaften und die Eltern- und Kind-Beziehung. Im Berufsleben ist aber auch das Zusammenwirken zwischen Arbeitgeber und Arbeitnehmer erleichtert.

Eigene Erfahrungen:

♄ im Spannungsaspekt zu ♄
♄ □ Quadrat, ☍ Opposition — ♄ 161

♄

Auch das ist ein Aspekt, der Bezug nimmt auf die persönliche Rhythmenlage, wie sie sich aus Lebenserfahrung und Schicksalsgestaltung ableiten läßt. Nur gibt es hier Unverständnis und daraus resultierende Spannungen. Es ist eine Konstellation der Bedrückung, wie sie sich ergibt, wenn zwei Menschen im Leben zu ganz unterschiedlichen Auffassungen neigen (oder infolge ihres persönlichen Schicksalsganges gelangt sind) und sich nunmehr auf ihren individuellen Standpunkt versteifen. Die unnachgiebige Haltung gegenüber dem anderen hat etwas Aufreizendes, doch ist der Effekt nicht eine »Explosion«, sondern Depression. Wenn noch andere Aspekte hinzukommen, vor allem bei Personen, die durch Wasserzeichen stark geprägt sind, dann können aufreibende Zustände im Miteinander dazu führen, daß die

Betreffenden sich seelisch unfrei, gehemmt oder durch den anderen gehindert fühlen. Die Folge ist Abneigung, weil die Schwierigkeiten, die man miteinander hat, unüberwindlich scheinen. In der weiteren Konsequenz lebt man nebeneinander her oder es kommt zur Trennung. Nachteilig ist diese Konstellation für Politiker, Geschäftsleute, im Bankwesen Tätige oder für jene, die organisatorisch zusammenwirken müssen. Unter diesem Aspekt ersterben Harmonie, Liebe und Wärme. Deswegen ist diese Vergleichskonstellation absolut ungeeignet, einem Liebespaar eine gemeinsame glückliche Zeit zu verheißen. Allerdings braucht eine vorübergehende Beziehung darunter nicht zu leiden, denn es bedarf erst einer gewissen Ansammlung leidvoller Erfahrungen, bis dieser Aspekt seine Wirkung zeigt.
Die Oppositionsstellung ist nicht ganz so eindeutig negativ zu beurteilen. Bei einem entsprechenden Altersunterschied kann es sein, daß die Partner einander respektieren, ja sich in die Pflicht genommen fühlen, wodurch eine feste Beziehung möglich wird. Aber auch hier wird zu beobachten sein, daß die Pflichten, die man füreinander übernommen hat, mit der Zeit lästig werden und daß es oftmals Kleinigkeiten sind, die schließlich doch die Zweisamkeit einen ungünstigen Verlauf nehmen lassen.

Eigene Erfahrungen:

♄ in Konjunktion mit ♄
♄ ☌ Konjunktion — ♄ 162

Die Seltenheit dieser Vergleichskonstellation ergibt sich aus der Tatsache, daß zwischen den Partnern ein Altersunterschied von nahezu dreißig bzw. sechzig Jahren vorliegen muß, damit die Saturnpositionen den Konjunktionsaspekt bilden. Es ist eine im allgemeinen günstige Stellung, doch hängt die endgültige Aussage natürlich von der Art der Beziehung ab. Ein Altersunterschied zwischen Ehegatten von drei Jahrzehnten ist an sich problematisch, so daß die anderen Vergleichsaspekte Aufschluß geben müssen. Aber bei der Konjunktion wird der Gesichtspunkt der Verantwortlichkeit füreinander sehr stark durchkommen. Deswegen sind geschäftliche oder sachliche Beziehungen gefördert, aber auch familiäre.

Eigene Erfahrungen:

♄ harmonisch zu ♅
♄ △ Trigon, ⚹ Sextil — ♅ 163

♄

Ein günstiger Aspekt, wenn er im Vergleichshoroskop von Menschen auftritt, die wie Lehrer und Schüler oder im Arbeitswesen zusammenwirken, die beruflich im Rahmen einer industriellen oder geschäftlichen Betätigung, evtl. im Management aufeinander angewiesen sind. Was der Saturn-Partner an Erfahrungen mitbringt, worin er sicher ist, was ihn an Traditionen bindet, bringt er in den Kontakt mit einem Partner ein, der seinerseits ideenreich ist, neue Gedanken berücksichtigt, bzw. der für den Fortschritt eintritt. Diese Konstellation kann nur zum Tragen kommen, wenn die Partner einander gut kennen und in einem Vertrauensverhältnis zueinander stehen. Diese Konstellation hat für sich genommen keine besondere Wirkung, doch kann sie, die entsprechende Sympathie oder mindestens Respekt füreinander vorausgesetzt, für die Beteiligten von großem Nutzen sein. Handelt es sich um eine Sachbeziehung, die wirtschaftlich ergiebig sein muß, so wird der Aspekt die Effektivität steigern. Gerät z. B. eine Ehe zwischen zwei derartigen Partnern in Schwierigkeiten, so kann der Uranus-Partner neue Ideen haben, die einen Ausweg bringen. Andererseits wird der Saturn-Eigner seinen Uranus-Partner vor unüberlegten Schritten bewahren, das ganze Gewicht seiner persönlichen Erfahrungen einbringen, so daß sich Pläne an das Machbare halten und nicht nur blauer Dunst sind.

Eigene Erfahrungen:

♄ im Spannungsaspekt zu ♅
♄ □ Quadrat, ☍ Opposition — ♅ 164

Wenngleich Saturn und Uranus Planeten sind, die ein Generationsschicksal anzeigen, weil sie sich so langsam durch den Tierkreis bewegen, daß sie von vielen Menschen in ähnlicher Position vorgefunden werden, also ganze Jahrgänge mithin auch ähnliche Vergleichsaspekte haben werden, so kann doch im Einzelfall diese Konstellation eine entscheidende Aussage erlauben. Das einerseits konservative, beharrliche und realistische Denken mit der Neigung zu langsamer Handlungsweise steht im Gegensatz zur Spontaneität und der Fähigkeit, rasch die Blickweise zu verändern. Die Folge kann sein, daß fanatische Auseinandersetzungen möglich werden, daß Verständigung nicht zu erzielen ist. Der Uranus-Eigner geht davon aus, daß mit dem Saturn-Partner nicht auszukommen ist, weil er uneinsichtig und negativ ist, zu sehr materialistische Interessen vertritt und keinen Sinn für »innere Werte« hat.
Der Saturn-Partner wiederum hält den Uranus-Eigner für einen exzentrischen Störenfried, der die Dinge auf den Kopf stellen will, ein unverbesserlicher Idealist, dem es gleichgültig ist, ob er Unruhe stiftet oder nicht, wenn nur der »Fortschritt« triumphiert.

Eigene Erfahrungen:

♄ in Konjunktion mit ♅
♄ ☌ Konjunktion — ♅ 165

Nur wenn beide Planeten im Radix in bester Position sind und im P-Hor noch harmonische Vergleichsaspekte haben, darf man davon ausgehen, daß eine Zusammenarbeit möglich ist, etwa in dem Sinne, daß der Saturn-Eigner dem Uranus-Partner hilft, wichtige Angelegenheiten zu organisieren oder praktisch durchzuführen; andererseits kann in diesem Fall der Uranus-Eigner durch eine gewisse Unvoreingenommenheit und durch seinen Reichtum an Ideen dem Saturn-Partner aus einer verfahrenen Situation heraushelfen. Im allgemeinen aber muß man davon ausgehen, daß bei dieser Vergleichskonstellation die Spannungen zu groß sind und sich negativ äußern, vergleichbar dem Quadrataspekt.

Eigene Erfahrungen:

♄ harmonisch zu ♆
♄ △ Trigon, ✶ Sextil — ♆ 166

Beim positiven Vergleichsaspekt vereinen sich zwei Grundprinzipien innerer Einstellung. Einmal sind es Tatsachensinn und Realitätsbewußtsein, zum anderen Phantasie und Traum. Beides kann nur zusammengehen, wenn die Partner durch eine bestimmte Aufgabe genötigt sind, zueinander zu finden. Dann allerdings kann der eine durch sehr bewußte Haltung und Ausdauer gemeinsamen Handlungen Hand und Fuß geben, während der Neptun-Partner nicht nur die nützlichen oder sachlichen Bedingungen sieht, sondern das ganze in einen höheren Bezug stellt. Deswegen profitieren Partnerschaften, bei denen es um Bauwesen, Architektur, Kunst und Musik geht ebenso, wie bei der Verwirklichung strategischer oder organisatorischer Aufgaben. Wenn es auf ein Zusammenwirken psychologischer Art ankommt oder wenn Partnerbeziehungen aus dem pädagogischen Gebiet vorliegen, dann zeigt es sich, wie vorteilhaft es ist, wenn die Partner einander mit Ruhe begegnen können. Bei ungewöhnlichen Partnerschaften, die irgendwelchen Spekulationen dienen oder Abenteuer, Spionage, Geheimaufträge etc. zum Inhalt haben, kann der gemeinsame Erfolg groß sein, weil der Neptun-Eigner spürt, was der Saturn-Partner realisieren möchte, bzw. weil dieser durch seine praktische und vorsichtige Haltung den Neptun-Eigner hindert, beachtenswerte Grenzen zu übersteigen. Kommt dieser Vergleichsaspekt bei Ehekandidaten vor, vermag er ein gutes Bindeglied bei jener Partnerbeziehung zu sein, die von Außenstehenden als merkwürdig oder gar als ein Sonderfall angesehen wird.

Eigene Erfahrungen:

♄ im Spannungsaspekt zu ♆
♄ □ Quadrat, ☍ Opposition — ♆ 167

Was an Regungen unter der Bewußtseinsschwelle liegt und nach außen drängt, stößt auf krasses Unverständnis des Partners. Es ist eine

Konstellation, in der sich Realitätssinn und Bestreben nach praktischen Lösungen am Unverständnis eines Partners reiben, zu dessen Traumwelt der Saturn-Eigner keinen Zugang hat. Bei einer solchen Konstellation werden Täuschungen und Unklarheiten eine beträchtliche Rolle spielen, so daß man von Illusionen sprechen kann, die z. B. dazu beitragen können, einer angeknacksten Ehe den Rest zu geben. Desillusionierung und Täuschung bzw. Enttäuschung ist häufig mit einem Bruch des Vertrauens verbunden. Deswegen leiden unter dieser Konstellation auch Verbindungen zwischen Geschäftsleuten, zwischen Arzt und Patient, Lehrer und Schüler, Kontakte in der Arbeitswelt, besonders wenn es um Geldangelegenheiten, aber auch um streng Vertrauliches geht. Wenn noch andere negative Aspekte vorliegen, kann man davon ausgehen, daß die Partnerschaft auch durch eine ungesunde Atmosphäre bestimmt ist, in der jeder sich vor dem anderen fürchtet oder ihm die Schuld für Depressionen gibt. Es ist wenig aussichtsreich, Fehler, die gemacht wurden, ausdiskutieren zu wollen, weil Vorurteile unüberwindbare Schranken setzen. Auch Haß und Feindschaft können unter diesem Aspekt begriffen werden, wobei jeder der Partner bestrebt ist, dem anderen zu schaden. Die Konstellation wirkt sowohl psychologisch wie physisch, kann ihre negativen Auswirkungen in der Art haben, daß ein Skandal geschieht, der gute Ruf geschädigt wird oder daß durch die Preisgabe von Vertraulichkeiten Schaden entsteht. ♄

Eigene Erfahrungen:

♄ in Konjunktion mit ♆
♄ ☌ Konjunktion — ♆ 168

Im allgemeinen kein günstiger Vergleichsaspekt, in jedem Fall aber wird dadurch angezeigt, daß bei dieser Verbindung der Humor und das freundliche Verständnis zu kurz kommen werden. Betrug, Leid und Intrigen sind bei dieser Konstellation in der Regel noch mehr zu erwarten als bei den anderen negativen Vergleichsaspekten.

Eigene Erfahrungen:

♄ harmonisch zu P
♄ △ Trigon, ⚹ Sextil — P 169

Personen mit diesem Aspekt im Vergleichshoroskop vermögen auch große Aufgaben zu lösen, denn sie fühlen sich in einem schicksalhaften Verhältnis zueinander. Es ist ein Aspekt großen Lebensernstes und unbeugsamer Härte. Sie richtet sich aber nicht gegeneinander, sondern erlaubt es, gemeinsame Anliegen gegenüber Dritten zu verteidigen. Die Kooperation ist besonders erfolgreich bei jenen Personen, die wie Politiker, Industriemanager große Verantwortung tragen und weitreichenden Einfluß ausüben können. Diese Konstellation begünstigt Kontakte, bei denen verantwortungsvolle Partner, aus welchen Gründen auch immer, sehr produktiv sein wollen oder müssen. Mit dieser Vergleichskonstellation kann Schöpferisches realisiert werden. Die Partner stehen fest zueinander und fördern sich durch Aktivitäten, besonders auf wissenschaftlichem oder technischem Gebiet, in der Forschung, durch ernste Studien, auch durch parapsychologische Bestrebungen.

Eigene Erfahrungen:

♄ im Spannungsaspekt zu P
♄ □ Quadrat, ☍ Opposition — P 170

Wenngleich diese Konstellation auch den Charakter eines Generationsaspektes hat, kann doch im Einzelfall davon ausgegangen werden, daß eine besondere Form der Unverträglichkeit vorliegt. Sie resultiert aus einer unterschiedlichen Einstellung zu jenen Problemen, die sich aus dem Lebensalter oder der Zugehörigkeit zu bestimmten Generationen ergeben. Es ist ein Aspekt der Härte, die sich bis zur Grausamkeit steigern kann. Einer versucht den anderen zu beherrschen, was, wenn die entsprechende Veranlagung aus dem jeweiligen Radix zu erkennen ist, mit List und Tücke, aus Rachsucht oder aus einer unnatürlichen Lebensgier heraus geschehen kann. Auch okkulte Praktiken können dabei angewendet werden, oder parapsychologische Experimente ins Spiel kommen. Eine schlechte Vergleichskonstellation für Geschäftsleute, Unternehmer, besonders auch für Versicherungspartner, schließlich auch für jene, bei denen Herzlichkeit und Fürsorge vorausgesetzt wird. ♄

Eigene Erfahrungen:

♄ in Konjunktion mit ♇
♄ ☌ Konjunktion — ♇ 171

Nur in seltenen Fällen wird man diese Konstellation als günstig ansprechen können. Laufende Transite werden bei einer engen Konjunktion von den Partnern zwar ähnlich empfunden werden, aber unterschwellig bleiben doch Kräfte gegeneinander gerichtet, wie sie bei der negativen Verbindung vorkommen, so daß man von sehr großen Spannungen sprechen kann. Zwanghaftes ist im Spiel, auch eine Abhängigkeit, gegen die die Partner aufbegehren, die sie aber nicht ohne weiteres abschütteln können. So hat die schließlich doch zustande kommende Trennung häufig schicksalhafte Züge oder sie erscheint den Betroffenen als Katastrophe. Es ist schwer für die Partner, über den eigenen Schatten zu springen, Vorurteile zu begraben, nicht anzunehmen, daß vom Partner her Gefahr drohen könne. Bösartigkeit und Rachegefühle entzünden sich leicht und können dann, wenn andere Vergleichskonstellationen in die gleiche Richtung weisen, die Verbindung ernsthaft in Frage stellen.

Eigene Erfahrungen:

♄ harmonisch zu ☊
♄ △ Trigon, ⚹ Sextil — ☊ 172

Ein weniger gravierender Aspekt, der aber doch eine gewisse Ernsthaftigkeit in den Beziehungen unterstreicht. Sind beide Partner genötigt, miteinander in engem Kontakt zu leben, so wird dieser einen ernsthaften Charakter haben. Deswegen eignet sich diese Konstellation, wenn es um eine sorgfältig überlegte Form von Zusammenarbeit geht. Gemeinschaftsbestrebungen, dazu gehört auch soziale Anpassung, werden zwar nicht leicht gelingen, aber es wird von beiden Seiten versucht, den Kontakt zu vertiefen. Die Konstellation kann sich erst auf lange Sicht hin auswirken, vermag aber dann auch eine Art Treuebindung anzuzeigen. Sie ist eine gute Vorsorge für jene Wechselfälle des Lebens, welche Partner leicht anderer Meinung werden lassen. Sie begünstigt besonders auch familiäre oder partnerschaftliche Kontakte, wenn diese durch einen gewissen Altersunterschied auffallen.

Eigene Erfahrungen:

♄ im Spannungsaspekt zu ☊
♄ □ Quadrat, ☍ Opposition — ☊ 173

♄

Wenn es um Anpassung geht, um fundierte Zusammenarbeit oder aber auch um Beziehungen, die durch einen Altersunterschied charakterisiert werden, kann diese Konstellation erschwerend wirken. Wenn andere Vergleichsaspekte günstig oder gar sehr günstig sind, wird diese Konstellation nicht schaden, wird aber helfen, eine Analyse abzurunden. Sind die Vergleichsaspekte wesentlich negativ, dann wird diese Konstellation zu Mißverständnissen beitragen, wie sie sich z. B. im Gemeinschaftsleben ergeben, wenn die Partner, aus welchen Gründen auch immer, dazu neigen, sich voneinander abzuschließen, zu isolieren oder eigene Wege zu gehen. Es fällt schwer, soziale Schranken zu überwinden oder sich in eine bestehende Ordnung einzufügen. Es ist aber auch angezeigt, daß es eine Zeit dauern wird, bis unbewußte Hemmungen beseitigt werden und so der Weg zum Herzen des anderen frei wird. Diese Konstellation wird zu Anfang einer Partnerschaft kaum durch direkte Ereignisse in Erscheinung treten.

Sind aber die Vergleichskonstellationen danach, daß diese Verbindung keine Chance hat zu gelingen, so wird auf die Dauer gesehen, die Saturn-Mondknoten-Verbindung die Erosion beschleunigen.

Eigene Erfahrungen:

♄ in Konjunktion mit ☊
♄ ☌ Konjunktion — ☊ 174

Im wesentlichen gilt hier, was für den negativen Fall gesagt wurde, nur daß die Trennungstendenz noch ausgeprägter ist. Bestimmt wird die Ablehnung durch Neidgefühle, auch durch die Unfähigkeit, sich über Erfolge des Partners zu freuen. Was der eine als Glück empfinden kann, wird der andere beargwöhnen. Hinsichtlich dieser Beziehung gibt es weniger den raschen und heftigen Bruch, als vielmehr eine langsam wachsende Abneigung.

Eigene Erfahrungen:

♄ harmonisch zu Asz
♄ △ Trigon, ⚹ Sextil — Asz 175

Die Konstellation erlaubt dem Saturn-Eigner, besonders wenn er der ältere oder erfahrenere der beiden Partner ist, auf seinen Geschäftsfreund oder Intimpartner fördernd einzuwirken. Das geschieht durch die Reife seiner Ansicht, durch ausgewogenes Verhalten, durch intensive, geduldige Bemühungen, lebenspraktische Erfahrungen in die Verbindung einzubringen. Der Vergleichsaspekt fördert sowohl Zusammenwirken in ehelichen, familiären, geschäftlichen Unternehmungen, solche, die privat wie in die Öffentlichkeit hinaus wirken.

Eigene Erfahrungen:

♄ im Spannungsaspekt zu Asz

♄ □ Quadrat, ☍ Opposition — Asz 176

Hinsichtlich der Opposition beachte man auch das unter Konjunktion Gesagte, doch wird im wesentlichen die Auslegung gültig sein, die für den Quadrataspekt zutrifft. Es ist eine ungünstige Aspektverbindung, weil sie Konflikte anzeigt, die zu Anfang nicht bemerkt werden, sich dann aber so intensiv steigern können, daß aus Unverständnis Ablehnung, ja sogar Haß werden kann. Der Asz-Eigner sieht sich vom Saturn-Partner in eine Zwangslage gebracht, fühlt sich bedrückt, möchte der Enge entfliehen und hat doch nicht die Kraft dazu (wenn keine anderen Konstellationen dies ermöglichen sollten). In seinem Bemühen, der zu werden, der er nach seinen Anlagen eigentlich ist, wird sich der Asz-Eigner vom Saturn-Partner gehindert sehen. Mag dies auch nur eine subjektive Empfindung sein, so schafft sie doch Schwierigkeiten. Man kann nicht mehr aufeinander zugehen oder Brücken schlagen, das Unverständnis bleibt. Ist die Situation ausweglos geworden, kann sich der Asz-Eigner zurückziehen, eigene Wege gehen, den Vertrag lösen oder die Flucht antreten. Es ist ein Aspekt seelischer Kälte, die sich bis zur seelischen Grausamkeit steigern kann. Aber auch eine negative körperliche Einflußnahme seitens des Saturn-Eigners ist möglich. Darum ist dieser Aspekt für ein Arzt-Patienten-Verhältnis schädlich oder auch für jenen Kontakt, wie er zwischen Personen vorliegt, die füreinander sorgen oder Pflichten erfüllen müssen.

Eigene Erfahrungen:

♄ in Konjunktion mit Asz
♄ ☌ Konjunktion — Asz 177

Grundsätzlich wird die Annahme gerechtfertigt sein, daß dieser Aspekt mit großer Vorsicht zu betrachten ist. Er hat eine ähnliche Auswirkung wie Saturn im 1. Haus des P-Hor. Der Saturn-Eigner ist jener, von dem die Entscheidung ausgeht, ob die Beziehung gelingt oder nicht. Ist der Asz-Partner ein sensibler Mensch, wird er sich vermutlich durch den Saturn-Eigner bedrückt fühlen und das Empfinden haben, daß dieser ihm zusetzt, ihn vernachlässigt oder einen Zwang auferlegt, dem er sich nicht entziehen kann. Er kann ferner zu der Überzeugung kommen, dieser Person schicksalhaft ausgeliefert zu sein. Möglich auch, daß sich der Saturn-Eigner mit seiner ganzen Lebenserfahrung und seinem ernsthaften, zweckvollen Streben auf den Asz-Eigner einstellt und ihm zu helfen versucht. Allerdings besteht hierbei die Gefahr, daß das sehr einseitig und in einer Richtung geschieht, die zwar vom Saturn-Partner als einzig mögliche angesehen wird, die aber den individuellen Bedürfnissen des Asz-Eigners nicht Rechnung trägt. Dabei ist darunter eine Art patriarchalische Fürsorge für einen unreifen Zögling zu verstehen, oder für jene Hilfsmaßnahmen, die ein Sklavenhalter seinem Sklaven zuteil werden läßt, der nicht anders handeln kann, weil er sich in einem Abhängigkeitsverhältnis befindet. Diese Fürsorge des Saturn-Eigners kann so weit gehen, daß sich der Asz-Partner bevormundet fühlt. Tritt dieser Fall ein, ist also das Pendel von Sympathie nach Antipathie umgeschlagen, dürfte die Abneigung nur noch wachsen und die Kluft vergrößern. In diesem Fall ist ein Weg zurück nicht mehr möglich. Der Asz-Eigner wird versuchen, den Saturn-Partner abzuschütteln, sich von ihm zu trennen. Das kann Vertragsauflösung bedeuten oder aber Resignation, wenn eine solche nicht möglich ist.

Eigene Erfahrungen:

♄ harmonisch zu MC
♄ △ Trigon, ⚹ Sextil — MC 178

♄

In angenäherter Form kann gelten, was für Nr. 175 Saturn harmonisch zu Asz zutrifft, nur daß hierbei mehr Berufliches des Saturn-Partners die eigentliche Zielrichtung der Handlungsweise des Saturn-Eigners darstellt. Der MC-Partner fühlt sich gefördert, was auf lange Sicht geschieht. Sein Saturn-Partner nimmt Anteil am beruflichen Werdegang, an sozialen Zielen, wenn es darum geht, äußere Anerkennung oder eine Ehrenstellung zu erreichen. Er wird ihm Wege ebnen zu sozialem Aufstieg, wenngleich dies langsam geschieht.
Diese Konstellation fördert besonders beruflich bedingte Partnerschaften zwischen Geschäftsleuten, aber auch zwischen Lehrer und Schüler, unter Forschern, Politikern und jenen, die durch ihren Kontakt zweckhafte Absichten verfolgen.

Eigene Erfahrungen:

♄ im Spannungsaspekt zu MC
♄ ☌ Konjunktion, ☍ Opposition, □ Quadrat — MC 179

Am nachhaltigsten wirkt die Konjunktion, vor allem auf das berufliche Schicksal des MC-Eigners ein. Der Saturn-Partner kann ihn hindern, plötzlich eine Rolle zu spielen, berufliche Chancen wahrzunehmen, sozial aufzusteigen. Eine positive Auslegung wird nur in den allerseltensten Fällen möglich sein und kann erst dann versucht werden, wenn der Deuter durch praktische Erfahrung weiß, daß hier ein Förderungsaspekt vorliegt. Aber selbst dann kann das Pendel in die andere Richtung gehen, es kann der Saturn-Eigner anderen Sinnes werden oder es können die Jahre des Zusammenlebens bewirken, daß eine Art verknöcherter Haltung eingenommen wird.
Bei der Opposition betrifft das Negative zwar auch den Beruf, ist in erster Linie aber familiär schädlich, was bei Konjunktion in zweiter Linie ebenfalls zu beachten ist. Der eindeutig negative Quadrataspekt warnt davor, Partnerschaften einzugehen, bei denen es um Geld und Gut, besonders um feste Werte geht. Aber auch für Verwaltungsaufgaben, Management, politische oder wirtschaftliche Administrationstätigkeit ist dieser Vergleichsaspekt negativ einzuschätzen.

Eigene Erfahrungen:

Uranus im Horoskopvergleich

1. Uranus für sich betrachtet:

Bis zur Entdeckung der Transsaturnier Uranus, Neptun und Pluto genügten den alten Astrologen die bekannten, mit freiem Auge sichtbaren, sieben astrologischen Planeten, um das Psychogramm einer Person zu entwerfen. Die neuen Planeten erlaubten eine differenziertere Darstellungsweise. Wenn es also grundsätzlich möglich ist, mit den sieben alten Grundprinzipien auszukommen, bringt die Hinzunahme von Uranus, Neptun und Pluto doch eine Bereicherung. Bei Uranus wird manches angesprochen, das bereits durch Merkur ausgedrückt wird, jedoch in der Art einer höheren Oktave. Er vertritt das Prinzip des Umschwungs oder der Veränderung, aber in besonderer Art und Weise. Es geht immer um eine Erneuerung, wobei der »Zufall« eine Rolle zu spielen scheint, denn sehr häufig ist es nicht möglich, für »uranisches Wirken« eine kausale Erklärung oder Herleitung anzugeben. Was Uranus vertritt, stammt aus den tiefsten Schichten unserer Existenz, leuchtet daher auch durch Intuition auf, die gleichsam blitzartig eine Situation erhellt. In kritischen Aspekten kann aber auch Krampf oder Katastrophe angezeigt sein, häufig ist ein Überraschungseffekt damit verbunden. Gleichsam plötzlich kann eine Erkenntnis aufscheinen, aber ebenso heftig eine katastrophale. Uranus hat Beziehung zum Modernen, zu Erfindungen, Technik, zu Revolution und ist sehr häufig ein Symbol für das Zufällige.

2. Uranus in der Partneranalyse:

Der Transsaturnier Uranus bewegt sich so langsam, daß bei gleichaltrigen Personen häufig keine besonderen Konstellationen untereinander gebildet werden. Deswegen kommen diesen Planeten mehr Bedeutung in jenen Aspektverbindungen zu, die mit schnellaufenden

Gestirnen gebildet werden, bzw. die sich zu Asz und MC des P-Hor ergeben. Es sind »Generationsplaneten«, vorzüglich geeignet, Unterschiede zwischen den Partnern erkennen zu lassen, soweit sie altersmäßig, d. h. im Hinblick auf die Generation, hervortreten. Uranus wurde als Bezirk das Zeichen Wassermann zugewiesen. Hier entfaltet er seine größte Kraft, demgemäß auch im 11. Haus. Wer einen starken Wassermann-Uranus-Einfluß im Radix hat, strebt nach Originalität, will nicht so sein, wie der Durchschnitt, beansprucht vielmehr für sich das Recht auf Individualität. Das zeigt sich auch bei der Stellung des Planeten im Radix wie im P-Hor und schließlich in den Häusern.

3. Besonders zu beachten:

Es liegt in der Natur des Planeten, daß er ganz besondere geistige Schwingungen charakterisiert. Das heißt aber, daß Partner, bei deren Horoskopvergleich Uranusaspekte fehlen, in der ganz speziellen Art und Weise keinen Kontakt haben. Es ist daher besser, wenn Uranusaspekte vorhanden sind, auch wenn sie negativer Art sind. Bei den Uranusaspekten geht es um zwischenmenschliche Beziehungen, denen gerade heutzutage eine große Bedeutung zukommt. Gemäß der Verbindung zum 11. Horoskopsektor, dem »Haus der Freunde«, lassen Uranusaspekte auf zwischenmenschliche Beziehungen schließen, wie sie heute typisch sind, also andere, als sie früher in einer Großfamilie oder in einer kleinen, überschaubaren Welt vorhanden waren. Es ist das Ungewöhnliche, häufig mit humanitären Anliegen verbunden, auch eine »moderne« Art, wie sich die Geschlechter begegnen. Überhaupt bezeichnen uranische Konstellationen in der PA oftmals »absonderliche« Kontakte, solche, die außerhalb der Norm verlaufen. Daher auch in Verbindung zwischen dem Planeten und jenen, die auf Sexualität Bezug nehmen, Hinweise auf homosexuelle Anlagen oder Neigungen.

4. Stellung des Uranus in den Tierkreiszeichen:

Bei einer Umlaufzeit von rund vierundachtzig Jahren hält sich Uranus etwa sieben Jahre jeweils in einem Tierkreiszeichen auf. Daher sind es gleichaltrige und große Menschengruppen, ganze Jahrgänge, die diesen Planeten in etwa gleicher Position haben. Beim Vergleich spielt die Zeichenstellung weniger eine Rolle als die genaue Aspektverbindung. Darum kann an dieser Stelle auf eine Interpretation verzichtet werden.

5. Bewertung der Uranusposition im Radix:

Uranus ist das Symbol eines plötzlichen Umschwungs, wie er sich auch in einer überraschenden Sinnesänderung zeigt. So ist zunächst zu prüfen, ob ein Partner nach seinem Radix an sich schon zu plötzlichem Sinneswandel neigt. Zu denken ist z. B. an eine starke Besetzung der Zeichen Zwillinge oder Schütze. Plötzliche Sinnesänderung drückt sich aus in heftig aufflammender Zuneigung, z. B. »Liebe auf den ersten Blick«, aber ebenso plötzliche in Gleichgültigkeit. Deshalb ist die Uranusposition im Radix wie im Vergleichshoroskop ein Indiz für Beständigkeit und dadurch auch für Fähigkeit zur Treue. Uranus liefert ferner häufig eine Erklärung dafür, warum eine Partnerschaft zwischen sehr verschiedenen Menschen überhaupt möglich ist. Zu denken ist hierbei nicht nur an einen außergewöhnlichen Altersunterschied, also an eine Verbindung von zwei Menschen sehr unterschiedlichen Reifegrades, aber auch zwischen arm und reich, also das soziale Milieu betreffend. Schließlich können auch Verbindungen zwischen einem Gesunden und einem Krüppel dadurch eine Erklärung finden. Uranus im Radix läßt häufig den Schluß auf eine besonders gelagerte Ausstrahlung zu. Diese fasziniert dann einen Menschen, der auf diese Wellenlänge »programmiert« ist. Aus dem Verhältnis des Uranus zu Planeten des P-Hor sind unübliche Erfahrungen zu erschließen. Man kann vermuten, worauf (die gegenseitige) Inspiration zurückzuführen ist und in welcher Hinsicht plötzliche Veränderungen möglich werden. Das Ungewöhnliche reizt, seien es technische, wissenschaftliche oder humanitäre Anliegen bis hin zum Parapsychologischen. Uranisch stark geprägte Menschen spielen oft eine Außenseiterrolle. Man kann sie nicht mit üblichen Maßstäben messen, wie sie auch selbst zu unüblichen Methoden und Verhaltensweisen neigen. Das Streben nach Unabhängigkeit ist einem heftigen

Freiheitsdrang gleichzusetzen. Uranisch geprägte Partner müssen daher tolerant behandelt werden und brauchen einen Freiraum, um sich bewegen zu können.

6. Stellung des Uranus in den Häusern des Partnerhoroskops:

⛢ in 1

In harmonischen Aspekten kann der Uranus-Eigner den Haus-Partner zu mehr Selbständigkeit ermuntern und ihm die Perspektive einer persönlichen Freiheit eröffnen, die in gewisser Hinsicht etwas Abenteuerliches an sich haben kann. Der Haus-Eigner wird den ungewöhnlichen Interessen und den daraus entstehenden Handlungen ein überraschendes Interesse entgegenbringen. Wahrscheinlich eröffnet der Haus-Eigner seinerseits dem Uranus-Partner neue Wege zur Realisierung von dessen wissenschaftlichen, humanitären, technischen, reformerischen oder revolutionären Gedanken. Eine solche Konstellation ist ungünstig für jene Haus-Eigner, die in besonderem Maße auf Pflege von Tradition oder von überkommenen Erfahrungen angewiesen sind. Sie begünstigt aber Künstler oder Modernisten, Menschen, denen humanitäre Aktivitäten Herzensanliegen sind.

⛢ in 2

Ob die Konstellation fördernd oder negativ zu beurteilen ist, hängt von der Aspektverbindung ab. Im ersteren Falle können alle Arten von Kontakten durch ungewöhnliche Umstände profitieren. Das kann in Partnerschaften von Wissenschaftlern ebenso wichtig sein, wie von Organisatoren, bei technisch bedingten Kontakten oder bei Personen, die in einer parapsychologischen Beziehung stehen.
Vom Uranus-Eigner gehen Impulse aus, wie der Haus-Partner auf ungewöhnliche Art und Weise seinen Besitz bzw. seine materiellen Reserven (oder Finanzen) vermehren kann oder, im negativen Fall, wie er sie verliert. Zu denken ist hierbei vor allem an Spekulationen oder größere Risiken, bei denen ein mißliebiger »Zufall« Verluste bringen kann.

Andererseits vermag der Haus-Eigner dem Uranus-Partner Wege zu zeigen, wie er seine ungewöhnlichen Ideen realisieren kann. Er wird auch, häufig genug überraschend, sich plötzlich bereit finden, den Uranus-Eigner zu fördern.

♅ in 3

Besonders wichtig kann diese Haus-Stellung für Partnerschaften sein, bei denen es um Pädagogisches, um Studien geht, aber auch um Beziehungen zu Nahverwandten. Neue Ideen, wissenschaftliche Forschungen, aber auch politische Überlegungen, Technisches spielen hierbei eine Rolle. Eine Zusammenarbeit wird vor allem dort möglich sein, wo neuartige Gedanken eine Rolle spielen, sei es in ungewöhnlichen Geschäften, dann aber auch in der journalistischen Betätigung oder was Reisen angeht. Der Uranus-Eigner ermuntert den Haus-Partner, sich in seiner Verwandtschaft durchzusetzen, eigene Wege zu beschreiten, wenn es um Studien geht oder um weltanschauliche Belange. Ungewöhnliche, originelle Gedanken verbinden beide Partner. Vom Haus-Eigner kann eine Förderung ausgehen, die der Uranus-Partner gern aufgreift, etwa Hilfe in der Not, Unterstützung mit nützlichen Dingen, sei es, daß ihm eine Reise ermöglicht wird, sei es, daß Kontakte zustande kommen, die weiterhelfen.

♅ in 4

Es ist keine sehr günstige Stellung, denn selbst in fördernden Aspekten bringt der Uranus-Eigner Unruhe in das Heim des Haus-Partners. Sofern dieser an Traditionen hängt, wird er sich durch den Uranus-Partner veranlaßt sehen, damit zu brechen, was Gegensätze zu den Eltern bringen kann. Aber es ist nicht nur eine momentane Einflußnahme auf die Wurzelgefühle des Haus-Eigners, es kann auch ein beunruhigender Einfluß auf jene Pläne genommen werden, die dem Alter als dem letzten Lebensabschnitt dienen.
Die Konstellation kann wichtig sein für jene sachlichen Verbindungen, bei denen Grund und Boden eine Rolle spielen. Hier kommt es auf die Konstellation an, ob man einen fördernden, plötzlich einsetzenden Effekt erwarten kann.

♅ in 5

Vom Uranus-Eigner geht vermutlich eine besondere magnetische Anziehungskraft aus, so daß der Haus-Eigner erotisch sehr stark angesprochen wird, wenn es sich um eine Beziehung handelt, bei der Liebe eine Rolle spielt. Rein geschäftliche Verbindungen bekommen einen abenteuerlichen oder spekulativen Zug, der mit Risiken behaftet ist. In der Liebe kann es sich um eine romantische, gleich einem Strohfeuer auflodernde Leidenschaft handeln, die indessen nicht von Dauer sein muß, oder es sind sexuelle Praktiken zu vermuten, die dieser Verbindung eine eigenartige Note geben. Begünstigt sind Verbindungen zwischen Künstlern, Menschen mit ungewöhnlichen Hobbies oder solchen, die unübliche Erfahrungen verarbeiten. Ein verletzter Uranus würde vor allem in einer Eltern-Kind- oder Lehrer-Schüler-Beziehung sehr großes Ungemach vermuten lassen. Vor allem würde es an Geduld und steter Zuwendung mangeln.

♅ in 6

Betroffen sind Kontakte, die im weitesten Sinn mit Gesundheit oder aber mit Arbeitsverhältnissen zu tun haben. Im ersteren Fall kann ein Heiler ungewöhnliche Methoden anwenden oder wenn es sich um eine Beziehung zwischen Arzt und Patient handelt, dann könnte auch der Einsatz modernster Technik hilfreich sein. Begünstigt sind ferner bei harmonischer Planetenstellung Verbindungen aus dem Bereich der Wissenschaft, der Technik, der Elektronik, aber auch der Politik, soweit es sich um Fortschrittsparteien handelt. Ist Uranus aber verletzt, dann sind die genannten Verbindungen sehr schädlich und würden dem Haus-Eigner Schaden bringen.

♅ in 7

Hier bezieht sich alles Originelle, Ungewöhnliche, auch Faszinierende auf die Ehe oder auf das Zusammenwirken von zwei Partnern in der Öffentlichkeit. Je nach Art der Planetenstellung wird die Auswirkung sein. Ist Uranus in harmonischem Aspekt, wird der Haus-

Eigner eine überraschende Förderung erfahren, ist Uranus verletzt, dann ist mit einer Störung der Beziehung zu rechnen, die plötzlich eintritt, evtl. Treuebruch oder auch einer raschen Trennung.

⛢ in 8

Nur wenn die Stellung des Planeten sehr harmonisch ist, kann eine Förderung für geschäftliche Kontakte, vor allem für Finanzbeziehungen, angenommen werden. Diese Konstellation ist wichtig für Wissenschaftler, auch für solche, die sich mit parapsychologischen Phänomenen auseinandersetzen. Ist der Planet verletzt, dann können dem Haus-Eigner in Erbschaftsangelegenheiten oder aber auch in Verbindungen, bei denen es um Geld geht, die Versicherung betreffen, Konflikte oder Schwierigkeiten entstehen.

⛢ in 9

Ein günstiger Uranusstand bringt Überraschungen, die mit dem Ausland oder weiten Reisen zusammenhängen. Er kann ferner den Haus-Eigner veranlassen, sich weltanschaulich modernen oder ungewöhnlichen Gedanken zuzuwenden. Eine Verbindung wird von idealistischen Tendenzen bestimmt sein. Ist der Planet aber verletzt, können für den Haus-Eigner Reisen zu einem Abenteuer werden. Es können plötzliche Konfliktsituationen im Zusammenhang mit Ausländern entstehen, oder er wird in seiner weltanschaulichen Überzeugung erschüttert werden.

⛢ in 10

Es hängt vielfach von der beruflichen Tätigkeit des Haus-Eigners ab, ob die originellen Denkanstöße seitens des Uranus-Partners aufgenommen werden können. Wünschenswert ist, daß sich der Planet in harmonischer Position oder Aspektlage befindet. In diesem Fall kann eine Förderung möglich sein, doch wird sie, wie in jedem Fall die negative Stellung des Planeten, Unruhe mit sich bringen. Können im günstigeren Fall plötzlich neue wissenschaftliche Methoden oder

Technologien beruflich voranbringen, unvermutet Kontakte geschlossen werden, die weiterhelfen, so kann der negative Einfluß des Uranus auf den Haus-Eigner als Verwirrung in politischer Hinsicht gewertet werden. Der Haus-Eigner wird sich dann falscher Methoden bedienen, Gefahr laufen Dinge zu tun, die ihn isolieren. Dies etwa in dem Sinn, daß er dann seiner Zeit voraus ist, daß er sich als Sonderling gebärdet oder Dinge tut, für die »normale Menschen« kein Verständnis aufbringen.

♅ in 11

Diese Planetenstellung kann wichtig sein, wenn es sich um Kontakte zwischen außergewöhnlichen Menschen handelt. Aber nur ein günstig gestellter Uranus vermag Begeisterung zu wecken, kann in humanitärer Hinsicht nützlich sein und soziale Projekte verfolgen lassen. Der Haus-Eigner wird ermuntert, eigene Wege zu gehen, sich unabhängig zu machen und kann dabei in einer Weise beeinflußt werden, daß er unpraktische Methoden wählt. Ein schlecht gestellter Uranus kann die Nervosität des Haus-Eigners steigern, und wenn die Aspektlage kritisch ist, auch psychische Krisen auslösen.

♅ in 12

Zu denken ist in erster Linie an Gefahren, die sich durch eine ungewöhnliche Feindschaft ergeben. Der Haus-Eigner läuft Gefahr, sich auf parapsychologische Experimente einzulassen, Dinge zu tun, die er bei reiflicher Überlegung unterlassen würde. Andererseits kann auch er auf den Uranus-Eigner einen ungünstigen Einfluß ausüben. Darum ist diese Haus-Stellung ungeeignet für Geschäfte, Partnerbeziehungen, die ihren Partnern Wohlstand und Glück bringen sollen.

⛢ harmonisch zu ⛢
⛢ △ Trigon, ⚹ Sextil — ⛢ 180

Die Partner sind altersmäßig etwa vierzehn Jahre auseinander. Ob die Konstellation durchschlagend günstig ist, hängt nicht zuletzt davon ab, ob nicht etwa kritische Saturn-Saturn-Aspekte vorliegen, die dann als stärker gelten müßten. Das Reizvolle an Partnerbeziehungen dieser vorliegenden Art ist die unterschiedliche Blickweise auf Belange des Alltags, was eine gewisse Faszination ausdrücken kann, vor allem bei Personen unterschiedlichen Geschlechts. Günstig für Beziehungen, bei denen einer dem anderen hilft. Der Trigonaspekt ist bei Partnerschaften anzutreffen, bei denen ein Altersunterschied von etwa achtundzwanzig oder sechsundfünfzig Jahren vorliegt. Hier sind es besondere Interessen politischer, wirtschaftlicher, wissenschaftlicher oder soziologischer Art, welche die Partner zusammenführen können, doch werden solche Kontakte auch in günstigen Fällen selten von Bestand sein.

Eigene Erfahrungen:

⛢ im Spannungsaspekt zu ⛢
⛢ □ Quadrat — ⛢ 181

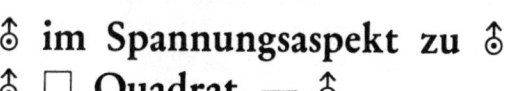

Man kann auch das Halbquadrat beachten, jedoch nur bei einem Orbis von 1°. Der Altersunterschied zwischen den Partnern beträgt beim Quadrat etwa einundzwanzig bzw. dreiundsechzig Jahre. Es ergeben sich sehr unterschiedliche Blickwinkel auf die Belange des Alltags oder auf jenes, was gemeinsames Interesse erweckt. Da die Partner in diesen Jahren meistens eine Art Krisenzeit durchzustehen haben, die entwicklungsbedingt ist, sind sie auch zu sehr mit eigenen Problemen beschäftigt, um sich unvoreingenommen und ganz auf den Partner einstellen zu können. Es ist eine sehr disharmonische Konstellation, die einen häufig totalen Mangel an Übereinstimmung erkennen läßt. So wird es möglich, daß Gegensätze so hart aufeinander prallen, daß man einander plötzlich mißbilligt.

Eigene Erfahrungen:

⛢ in Konjunktion mit ⛢
⛢ ☌ Konjunktion — ⛢ 182

Diese Konstellation ist nur bei etwa gleichaltrigen, bzw. wäre bei Personen anzutreffen, bei denen der Altersunterschied ungefähr vierundachtzig Jahre beträgt. Bei Gleichaltrigen zeigt die Konstellation an, daß auf äußere Ereignisse ähnlich reagiert wird, etwa durch plötzlichen Umschwung, neuartige Gedanken, revolutionäre Abkehr von bisherigen Auffassungen. Aber gerade eine solche Einstellung oder Handlungsweise hat etwas Verbindendes. Um eine Partnerschaft zu beurteilen, darf die Konjunktion nie isoliert betrachtet werden.

Eigene Erfahrungen:

⛢ harmonisch zu ♆
⛢ △ Trigon, ⚹ Sextil — ♆ 183

Die Partner können Interessen entwickeln, die über das Alltägliche hinausgehen. Es interessieren religiöse, philosophische Themen, Parapsychologisches im weitesten Sinn, aber auch Soziologisches, Politisches oder Fragen der Wirtschaft. Dieser Aspekt begünstigt das partnerschaftliche Verständnis, darf aber nicht überbewertet werden. Je enger der Aspekt, um so besser ist die gegenseitige Anteilnahme.

Eigene Erfahrungen:

⛢ im Spannungsaspekt zu ♆
⛢ □ Quadrat, ☍ Opposition — ♆ 184 ⛢

Zwar darf dieser Aspekt nicht zu hoch eingeschätzt werden, aber wenn andere Konstellationen in die gleiche Richtung weisen, so kann er Differenzen vergrößern. Hinsichtlich wissenschaftlicher, geistig ungewöhnlicher Themen, aber auch über Angelegenheiten aus dem religiös-mystischen Bereich werden die Stellungnahmen unterschiedlich sein, und die verschiedene Blickweise kann zu Differenzen führen. Bei einem engen Orbis werden negative Transitaspekte von beiden Partnern hart empfunden werden, bzw. ist gerade dann die Möglichkeit von Mißverständnissen zu befürchten.

Eigene Erfahrungen:

⛢ in Konjunktion mit ♆
⛢ ☌ Konjunktion — ♆ 185

Dieser Aspekt dürfte keine vordergründigen Auswirkungen haben. Aber es kann sein, daß auf eine besondere Art und Weise die beiden Partner sich geistig-seelisch verbunden fühlen, was entweder durch eine gleiche Interessenlage bedingt ist, oder aber es wird eine Art zwanghaft bedingte Zusammengehörigkeit vorliegen, weil beide Partner zu ungewöhnlichen Anschauungen neigen. Diese werden sie miteinander, aber auch gegeneinander verteidigen, was in Zeiten ungünstiger Planetenübergänge oder Transite Schwierigkeiten bringen kann.

Eigene Erfahrungen:

⛢ harmonisch zu P
⛢ △ Trigon, ⚹ Sextil — P 186

Eine günstige Konstellation, wenn beide Partner Interesse an parapsychologischen oder wissenschaftlichen Untersuchungen haben, in ganz ungewöhnlicher Geschäftsverbindung miteinander stehen oder wenn es schicksalhafte Probleme zu meistern gilt. Die Partner helfen einander ihr Selbstbewußtsein zu stärken, können gemeinsam größere Anstrengungen bewältigen.

Eigene Erfahrungen:

⛢ im Spannungsaspekt zu P
⛢ ☌ Konjunktion, □ Quadrat, ☍ Opposition — P 187

Alle Arten des Spannungsaspektes, einschl. der Konjunktion, können Zwanghaftes bedeuten, dem aber eine sehr exklusive Note zukommt. Gegeneinander gerichtete Gewalt wird eine Verbindung in Frage stellen. Dieser Aspekt darf aber nicht isoliert gesehen werden, er kann vor allem Unstimmigkeiten anzeigen, die außerhalb der betreffenden Person liegen, die diese als einer bestimmten Generation zugehörig sein läßt, wodurch Belastungen entstehen. Im Falle der **Konjunktion** kann eine besonders enge Interessengemeinschaft in politischer, wissenschaftlicher oder soziologischer Hinsicht bestehen, die jedoch in ihrem Verlauf durchaus nicht harmonisch zu sein braucht. Auch gefährliche Aktionen werden möglich, die gegeneinander gerichtet sein können. Um diesen Aspekt richtig einzuschätzen kommt es darauf an, wie die Aspekt-Partner im Radix, bzw. in den Planetenverbindungen des Vergleichshoroskopes in Aspekten stehen. Es ist aber das gesamte Vergleichsbild ausschlaggebend. Ist dieses sehr positiv, kann eine negative Uranus-Pluto-Verbindung zwar Schicksalhaftes bedeuten, muß aber dann keine gegeneinander gerichtete Haltung der Aspekt-Partner anzeigen.

Eigene Erfahrungen:

⛢ harmonisch zu ☊
⛢ △ Trigon, ⚹ Sextil — ☊ 188

Verbindungen kommen plötzlich zustande. Beide Partner stehen in freundschaftlicher Beziehung, helfen einander oder gehen eine Verbindung ein, die populär ist. Im Fall einer engeren Lebens- oder Arbeitsgemeinschaft vermag der Uranus-Partner durch neue, morderne, humanitäre Ideen der Partnerschaft einen besonders fortschrittlichen Inhalt zu geben. Umgekehrt vermag der Mondknoten-Eigner den Uranus-Partner zu unterstützen und ihm Hilfestellung zu gewähren.

Eigene Erfahrungen:

⛢ im Spannungsaspekt zu ☊
⛢ ☌ Konjunktion, ☍ Opposition, □ Quadrat — ☊ 189

In diesem Fall sind die Interessen, soweit das Gemeinschaftsleben betroffen ist, gegeneinander gerichtet. Besteht eine Partnerschaft mit diesem Aspekt, so kann sie durch plötzliche Aufregungen erschüttert werden, ein Zwischenfall kann zur Trennung führen. Es sind immer

Störungen in der Zusammenarbeit oder im Zusammenleben zu befürchten.

Eigene Erfahrungen:

♅ harmonisch zu Asz
♅ △ Trigon, ⚹ Sextil — Asz 190

Beide Partner treten plötzlich in eine enge Verbindung zueinander. Der Uranus-Eigner wird dabei der stärkere sein und versuchen, den Asz-Partner zu dominieren. Es ist ferner eine ähnliche Situation gegeben, wie durch einen Uranusstand im 1. Haus des P-Hor. Beide Partner können einander ermuntern, wobei der Uranus-Eigner dem Asz-Partner durch neue Ideen auch ungewöhnliche Problemlösungen anbieten wird. Dieser wiederum vermag durch seine ganze Persönlichkeit den Uranus-Partner zu fördern. Es ist ein Aspekt gegenseitiger Faszination, der indessen nicht ein ganzes Leben anhalten muß. Begünstigt sind vor allem jene Kontakte, die ein sehr enges Aufeinander-Eingehen erfordern.

Eigene Erfahrungen:

♅ im Spannungsaspekt zu Asz
♅ ☌ Konjunktion, ☍ Opposition, □ Quadrat — Asz 191

Besonders die Konjunktion kann einen beunruhigenden Eingriff des Uranus-Eigners in Leben und Schicksal des Asz-Partners signalisieren. Man kann aber auch einiges aus der Deutung Uranus im 1. Haus des P-Hor übernehmen. Diese Partnerschaft steckt im Fall einer Konjunktion voller Überraschungen, Zufälle und unüblicher Verhaltensweisen. Langweilig wird sie bestimmt nicht werden, aber sie wird auch plötzlich zerbrechen können.

Eigene Erfahrungen:

♅ harmonisch zu MC
♅ △ Trigon, ⚹ Sextil — MC 192

Der Uranus-Eigner kann den MC-Partner plötzlich und auf ungewöhnliche Art und Weise fördern. Möglich ist geschäftliches Zusammenwirken, besonders wenn es um eine wissenschaftliche Aufgabenstellung geht, um Forschungsprojekte, aber auch um Werbung, Reisen, modernste Technik.

Eigene Erfahrungen:

⛢ im Spannungsaspekt zu MC
⛢ ☌ Konjunktion, ☍ Opposition, □ Quadrat — MC 193

Eine gefährliche Konstellation, wenn Ehegatten sie im P-Hor haben, denn der Uranus-Eigner drängt den MC-Partner in eine von ihm nicht beabsichtigte Lebensrichtung. Das aber löst Unruhe aus, schafft Spannungen und kann Anlaß für Zerwürfnis sein, wobei sowohl der Beruf, das soziale Ansehen, aber auch der häusliche Friede auf dem Spiele stehen. Die Gefahr ist groß, daß diese Partnerverbindung eines Tages plötzlich zerbricht.

Eigene Erfahrungen:

Neptun im Horoskopvergleich

1. Neptun für sich betrachtet:

Als Transsaturnier ist Neptun ein wichtiges zusätzliches Deutungselement geworden, gegenüber den Interpretationen von Horoskopen in weit zurückliegenden Jahrhunderten. Er ist in seiner Natur mit Venus verwandt. Hat diese einen Aspekt zur Erotik, weist Neptun auf eine mehr allgemeine, humanitäre, über die direkte Beziehung hinausgehende Form der Liebe. Er vertritt die allumfassende Menschenliebe, Romantik, Mystik, Hingabe und Inspiration, stellt das Prinzip des Grenzüberschreitens dar. Hauptsächlich ist dem Neptun Phantasie zugeordnet. Er bedeutet feingeistige »Einflüsse«, ohne die z. B. kein Künstler arbeiten kann. Aber auch bei anderen Personengruppen ist eine besondere Einfühlungsfähigkeit wünschenswert. Häufig kann diese jedoch auch zu stark sein, bzw. wird es dadurch erleichtert, andere auszunützen, zu betrügen, so daß Neptun Symbol für Illusion, Täuschung und Intrige werden kann.

2. Neptun in der Partneranalyse:

Neptun-Verbindungen zeigen an, ob und wie eine psychische Übereinstimmung zwischen zwei Partnern vorliegt, in welchem Maße unbewußten Motivationen nachgegangen wird, oder ob durch besondere künstlerische oder phantasievolle Tätigkeit aufeinander Einfluß ausgeübt wird. Neptunaspekte sind psychische Verbindungsglieder zwischen Partnern, die im negativen Fall dazu führen, daß der Kontakt falsch beurteilt wird, daß im Laufe seines Bestehens Unklarheiten hervortreten, die zur Verwirrung führen. Im Spannungsaspekt zeigt es sich, daß Täuschung und Illusion, mindestens eine nebelhafte Verschleierung von Tatbeständen Anlaß zu Mißverständnissen sein können.

3. Besonders zu beachten:

Neptunaspekte können, wenn sie gut sind, dazu beitragen, eine Verbindung zu festigen. In gewisser Hinsicht können sie bei erotisch bedingten Partnerbeziehungen Aspekte von Venus ersetzen. Negative Neptunaspekte haben aber nicht nur den Effekt der Illusion, der Täuschung oder der Verwirrung, sie können auch eine an sich positive Partnerbeziehung stören, bzw. für Verzögerungen sorgen. Negative Neptunaspekte haben (ähnlich wie bei denen des Saturn) oft die Wirkung von Zeitzündern.

4. Stellung des Neptun in den Tierkreiszeichen:

Der Planet läuft zu langsam, um für die PA entscheidende Aussagen nach der Zeichenstellung zu gewinnen.

5. Bewertung der Neptunposition im Radix:

Ist Neptun in harmonischem Aspekt, so dürfte der Horoskop-Eigner offen und geradlinig sein. Besetzt Neptun eine der »Ecken«, so kann der Eigner zwar Künstler sein, über eine hervorragende Einfühlungsgabe verfügen und wohl auch intuitiv wissen, was er tun muß, um Erfolg zu haben. Er kann aber auch andere über sich und die Beweggründe seines Handelns täuschen.

6. Stellung des Neptun in den Häusern des Partnerhoroskops:

♆ in 1

Häufig ist ein unbewußter Einfluß zwischen den Partnern vorhanden. Die psychische Übereinstimmung kann fördern, aber auch stören. In welchem Maße sie sich auszuwirken vermag, hängt vor allem von der Konstitution des Haus-Eigners ab. Ist dieser eine in sich gefestigte Persönlichkeit, bzw. ist er nicht sehr von Wasserzeichen abhängig, wird das nicht von Nachteil sein. Im anderen Fall aber wird der

Neptun-Eigner Verwirrung stiften oder zur Folge haben, daß sich der Haus-Eigner über den Neptun-Partner im unklaren ist bzw. sich in ihm täuscht.

♆ in 2

Der Neptun-Eigner übt einen zweifelhaften Einfluß auf den Haus-Partner aus. Dieser ist von ihm seelisch abhängig, kann dazu veranlaßt werden, seine materiellen Reserven auszugeben, ohne etwas dafür zu erhalten. Ist der Neptun-Eigner ein Künstler, vermag er dem Haus-Partner besondere Impulse zu geben, die diesen »auflockern«.

♆ in 3

Bei dieser Sektorenstellung wird besonders deutlich, daß eine geistige Verwandtschaft zwischen den beiden Partnern besteht. Vom Neptun-Eigner gehen Impulse aus, die den Haus-Eigner psychisch (intuitiv), anregen, während er durch logisch-nüchternes Denken dem Neptun-Partner hilft, Ordnung in dessen Vorstellungswelt zu bringen und seine Träume zu realisieren. Ist Neptun in Spannungsaspekten, wird sein Einfluß auf den Haus-Partner negativer Art sein. Wenn noch andere Aspekte in die gleiche Richtung weisen, kann dieser Aspekt psychotische Tendenzen anzeigen oder Neurosen des Haus-Eigners fördern. Im positiven Fall ist diese Konstellation eine Hilfe für jene Partnerbeziehungen, bei denen es auf kreatives Schaffen ankommt, bzw. bei denen ästhetische Überlegungen eine Rolle spielen. Begünstigt sind familiäre Verbindungen oder auch solche herzlicher Art.

♆

♆ in 4

Ein günstig gestellter Neptun fördert die familiären Belange des Haus-Eigners. Das geschieht durch eine Art innige Anteilnahme (im Sinne allgemeiner Menschenliebe), aber auch durch Einfühlung, was bis zu echten Mitleidsbezeugungen gehen kann. Aber auch Unbewußtes spielt eine Rolle. Der Neptun-Eigner vermag aus seinem eigenen Familienerbe Erkenntnisse zu gewinnen, die dem Partner hilfreich sind. Dies weniger im Sinne von materiellem Nutzen als idealistisch. Musik und Kunst können dem Haus-Eigner vermittelt werden, der seinerseits dem Neptun-Partner das Gefühl der Geborgenheit geben kann, bzw. der ihm Beheimatung zu bieten vermag. Ein Neptun in Spannungsaspekten verwirrt die häusliche Situation, läßt Mißverständnisse oder Unklarheiten erwarten, unter denen der Haus-Eigner leidet. Neurosen oder psychosomatische Störungen sind möglich.

♆ in 5

Ein günstig gestellter Neptun ist im 5. Sektor sehr wohl am Platz. Die feingeistigen Bestrebungen und Absichten, humanitäre Einstellung und Alliebe des Neptun-Eigners geben dem Haus-Eigner erotische Impulse. Seine triebhaften Empfindungen werden verfeinert und idealisiert. Diese Konstellation schafft eine vorzügliche Voraussetzung für romantische Beziehungen, aber auch zwischen Lehrern und Schülern bzw. Eltern und Kinder. Berufliche Kontakte, die Amouröses zum Inhalt haben, z. B. bei Künstlern, ziehen daraus ebenfalls Nutzen. Ist andererseits Neptun in kritischen Aspekten, so vermag gerade diese Haus-Stellung sehr negativ zu sein, denn eine innige romantische Beziehung wird sich als Illusion erweisen, wie überhaupt der Täuschungsfaktor beträchtlich ist. Darunter werden Eltern- und Kinder-Kontakte ebenso leiden wie Beziehungen zwischen Lehrer und Schüler. Neptun ist auch hier Symbol für Verwirrung, Täuschung und Enttäuschung, Betrug, im mildesten Fall für Verschleierung oder Verzögerung.

♆ in 6

Nur wenn Neptun in sehr guten Aspektverhältnissen ist, können Beziehungen aus dem Arbeitsleben oder sofern sie medizinisch, gesundheitlich bedingt sind, gelingen. Mit dieser Neptun-Konstellation werden Arbeitsbemühungen unfruchtbar. Sie gehen an der Realität vorbei, oder sie scheitern am undisziplinierten, dummen Verhalten. Ein wohlaspektierter Neptun kann ärztliche Bemühungen fördern, weil diese Konstellation Heilkräfte vom Neptun-Eigner ausgehen läßt, die der Haus-Eigner annehmen kann. Es ist eine Konstellation, die unterschwellig sehr wirksam ist.

♆ in 7

Häufig zeigt es sich bei dieser Haus-Stellung, daß sich ein Eheschluß verzögert oder durch unklare Umstände scheitert. Es sind nicht materielle Dinge, die enttäuschend sind, sondern Unaufrichtigkeit, Betrug, im mildesten Fall noch Unverständnis, weil es an psychologischer Einfühlung fehlt. Ist Neptun verletzt, wird dieser negative Effekt besonders nachteilig sein. Aber selbst in einigermaßen guter Position wird die Verbindung selten so laufen, wie sie sich von Anfang an darstellt.

♆ in 8

Ist Neptun günstig in seinen Aspekten, dann kann eine positive Auswirkung auf alles gegeben sein, was Bewußtseinsübergänge angeht. Betroffen sind dann jene Kontakte, bei denen es um eine vorwiegend geistige Verbindung geht. Darüber hinaus ist eine Zusammenarbeit in Geldgeschäften, Versicherungs- oder Erbangelegenheiten möglich. Auch was den Tod angeht (z. B. Bestattungsgewerbe), können die Partner Nutzen haben. Ein übel aspektierter Neptun läßt bei religiösen, pädagogischen oder medizinischen Partnerschaften Schwierigkeiten erwarten. Diese Haus-Stellung fördert unbewußte Kräfte, je nach Position des Neptun in positiver oder nachteiliger Weise.

♆ in 9

In günstigen Aspekten können Kontakte zum Ausland oder zu Ausländern gelingen, besonders auch solche, bei denen Reisen eine Rolle spielen. In weltanschaulicher Hinsicht sind Kontakte zum Themenkreis Religion, Philosophie, auch alles, was man unter »höhere Geistigkeit« einstufen könnte, gefördert. Ist Neptun verletzt, wird es in diesen Bereichen Verwirrungen und Nachteile geben, der Neptun-

Eigner weckt Sehnsüchte, die in der Realität sich nicht befriedigen lassen. Je nach Position des Planeten werden sich also auch Beziehungen einer pädagogischen Thematik gut anlassen oder mißlingen.

♆ in 10

Besonders betroffen sind hier geschäftliche, berufliche oder politische Partnerschaften. Der gut aspektierte Neptun erlaubt eine hilfreiche Zusammenarbeit und läßt den Neptun-Eigner einen schöpferischen Einfluß ausüben. Das ist vor allem dann zu erwarten, wenn dieser Musiker, Künstler, Pfarrer oder Lehrer ist. Wenn sich Neptun aber in kritischen Aspekten befindet, dann ist der Einfluß seines Eigners auf den Haus-Partner verderblich, denn dann wird er ihm Flausen in den Kopf setzen, seine beruflichen Ziele nicht verstehen oder solche verdunkeln, es wird verwickelte Situationen geben, weil der Haus-Eigner nicht auf gleicher Wellenlänge zu denken vermag wie der Neptun-Partner.

♆ in 11

Besonders günstig ist die Konstellation für Freundschaftsangelegenheiten, sofern der Planet harmonische Aspekte empfängt. In diesem Falle wird sein Eigner dem Haus-Partner gegenüber idealistisch eingestellt und selbstlos sein. Ist Neptun aber in kritischen Aspekten, dann wird eine Freundschaft scheitern, bzw. machen sich Partner, gleich welcher Art der Kontakt ist, voneinander falsche Vorstellungen, was sich besonders nachteilig auswirken wird, wenn über das rein Sachliche oder Geschäftliche hinaus private Kontakte angestrebt werden.

♆ in 12

Ein vorzüglich aspektierter Neptun kann dem Haus-Eigner eine Hilfe sein, weil er ihm den Zugang zu Geheimnissen eröffnet. Dazu zählen auch Religion, geistige Interessen und all das, was zunächst wenig greifbar zu sein scheint. Ist der Planet aber nicht sehr günstig oder gar schlecht gestellt, dann können aus Partnern Feinde werden, es gibt Intrigen, geheime Anfeindung oder einen selbstzerstörerischen Trend. Dann wäre es sehr ungünstig, wollten die Partner sich mit okkulten Dingen beschäftigen oder parapsychologische Studien verfolgen. Sie würden unbefriedigend verlaufen.

♆ harmonisch zu ♆

♆ △ Trigon, ⚹ Sextil — ♆ 194

Der Sextilaspekt findet sich bei Partnern mit einem Altersunterschied von etwa dreißig Jahren. Hier kommen bereits Generationsbelange ins Spiel. Günstig daher für jene Beziehungen, bei denen ein natürlicher Altersunterschied vorausgesetzt wird, z. B. bei einem Lehrer-Schüler-Verhältnis, aber auch bei familiären Beziehungen. Das Bindeglied zwischen beiden Partnern ist psychisch-psychologischer Art, es sind Gefühle, Empfindungen, welche die Partner einander entgegenbringen. Beim Trigon liegen die Dinge ähnlich, nur daß der Altersunterschied sechzig Jahre beträgt. Rivalitäten sind nicht mehr zu befürchten, es können jene schönen inneren Kontakte zustande kommen, wie sie zwischen Großeltern und Enkelkindern oder solchen Personen, denen man Liebe und Ehrfurcht entgegenbringt, vorhanden sind.

Eigene Erfahrungen:

♆ im Spannungsaspekt zu ♆

♆ □ Quadrat, ∟ Halbquadrat — ♆ 195

Die Oppositionsstellung ist nicht möglich, da der Altersunterschied ja etwa neunzig Jahre betragen müßte. Beim Quadrat dagegen ist der Altersunterschied fünfundvierzig Jahre. Diese Konstellation ist u. U. besser als gar keine Verbindung, wenn auch Mißverständnisse sicher vorhanden sein werden, die sich aus der Altersdifferenz und damit aus einem unterschiedlichen Generationsverhalten ergeben. Wenn andere erschwerende Aspekte hinzutreten, sollten die Partner kein gemeinsames Betätigungsfeld haben, bei denen es um Religion, okkulte Aktivitäten oder aber um Auslandsbeziehungen geht.

Eigene Erfahrungen:

♆ in Konjunktion mit ♆

♆ ☌ Konjunktion — ♆ 196

Diese Konstellation ist nur bei Menschen annähernd gleichen Alters möglich. Sie zeigt, daß man sich im Bereich, den Neptun ausmacht, bzw. den er als Grundprinzip vertritt, versteht. Dies kann das Zustandekommen einer Verbindung erleichtern, vor allem wenn es um eine solche geht, bei der Phantasie eine Rolle spielt. Aber auch hinsichtlich Religion, sodann psychisch, ist eine Konjunktion hilfreich.

Eigene Erfahrungen:

♆ harmonisch zu P
♆ △ Trigon, ⚹ Sextil — P 197

Am ehesten darf eine Förderung in geistiger Hinsicht erwartet werden. Aber dieser Aspekt könnte höchstens eine bereits bestehende positive Aussage abrunden. Er vermag nicht, widrige Aspekte wichtigerer Gestirne auszugleichen. Eine Hilfe kann er für jene Partnerschaften sein, bei denen es um politische, wirtschaftliche oder soziologische Belange geht. Bei Sextil wie Trigon werden die Partner sich intuitiv besser aufeinander abstimmen können.

Eigene Erfahrungen:

♆ im Spannungsaspekt zu P
♆ □ Quadrat, ☍ Opposition — P 198 ♆

Ob Quadrat oder Halbquadrat, auch Opposition, ist diese Aspektverbindung ungünstig, weil Gewaltsam-Schicksalhaftes auf ein empfindsames Naturell stößt. Das bringt Sorgen oder Furcht, Schwierigkeiten oder auch den Einfluß von »höherer Gewalt«. Diese Konstellation wird aber selten von individuellem Interesse sein, vielmehr als Generationsaspekt wirken. Dann könnten etwa gegeneinander gerichtete Interessen von Partnern vermutet werden, bei denen ein beträchtlicher Altersunterschied vorliegt.

Eigene Erfahrungen:

♆ in Konjunktion mit P
♆ ☌ Konjunktion — P 199

Dieser Aspekt ist schwierig zu beurteilen. Er dürfte aber besonders hinsichtlich der Haus-Stellung eine Rolle spielen, weil dieser Sektor dann in politischer, wirtschaftlicher, soziologischer oder religiöser Hinsicht beeinflußt oder schicksalsträchtig ist. Eine Rolle spielt auch, wie die Partner geistig aufeinander abstimmbar sind, in welchem Maß Interessen vorliegen. Sind diese durch andere Konstellationen ausgewiesen, dann ist ein Miteinander möglich, im anderen Fall aber vermag sich die Sensitivität des einen störend auf machtvolle Unternehmungen des anderen auszuwirken. Man sollte diesen Aspekt nicht für sich allein betrachten, sondern ihn immer im Rahmen des gesamten Horoskops sehen.

Eigene Erfahrungen:

♆ harmonisch zu ☊
♆ △ Trigon, ⚹ Sextil — ☊ 200

Verbindungen zwischen Menschen, die sozial bedingt sind, bei denen es um Religiöses, Okkultes oder aber um Ästhetisches geht, werden gelingen. Demnach profitieren von diesem Aspekt Künstler, Geistliche, aber auch Reisende. Diese Aspektverbindung fördert kreative Kontakte, romantische Beziehungen oder solche, die einen pädagogischen Inhalt haben.

Eigene Erfahrungen:

♆ im Spannungsaspekt zu ☊
♆ ☌ Konjunktion, ☍ Opposition, □ Quadrat — ☊ 201

Mit dieser Konstellation gibt es Schwierigkeiten im Zusammenleben oder bei der gemeinsamen Arbeit. Unklarheiten oder ein Geheimnis isolieren den Neptun-Eigner, die Verbindung scheitert am Mangel an Offenheit. Der Mondknoten-Partner erweist sich unfähig, etwas gegen Intrigen zu unternehmen, es ist eine Konstellation, die dem Ansehen beider schadet. Weist noch anderes auf einen Skandal, wird dieser bei einer solchen Konstellation noch eher möglich werden.

Eigene Erfahrungen:

♆ harmonisch zu Asz
♆ △ Trigon, ⚹ Sextil — Asz 202

Zwischen den Partnern liegt eine intuitive harmonische Übereinstimmung vor. Der Neptun-Eigner vermag beim Asz-Eigner geistige Qualitäten zu wecken und stimmt ihn empfänglich für geistige, psychische, ästhetische Werte. Andererseits vermag der Asz-Eigner dem Neptun-Partner zu helfen, seine phantasievollen Vorstellungen zu verwirklichen.
Diese Konstellation ermöglicht es, die unbewußt wirksamen Kräfte im Partner zu verstehen. So ist diese Konstellation vorzüglich für Ehewillige geeignet. Auch Partnerschaften aus dem Bereich Kunst und Religion, ferner wenn es um weite Reisen geht, sind gefördert.

Eigene Erfahrungen:

♆ im Spannungsaspekt zu Asz
♆ □ Quadrat, ☍ Opposition — Asz 203

Unbewußt wirksame Kräfte stehen der gedeihlichen Entwicklung der Partnerschaft im Wege. Es sind psychologische Schwierigkeiten. Sie können zur Folge haben, daß vom Neptun-Partner Einflüsse ausgehen, die es dem Asz-Eigner schwierig machen, sich innerhalb seines Milieus zu bewegen. Auch können Kräfte geweckt werden, die Aversion auslösen, nachdem man sich gegenseitig etwas vorgemacht hat. Es ist eine Konstellation, die Intrigen ebenso möglich macht wie Betrug oder Herabsetzung des anderen.

Eigene Erfahrungen:

♆ in Konjunktion mit Asz
♆ ☌ Konjunktion — Asz 204

In etwas ausgeprägterer Weise hat hier Gültigkeit, was bei »Neptun in 1« gesagt wurde. Ähnlich der Konjunktion ist die Opposition zu beurteilen, wenn auch hier die negativen Züge stärker hervortreten. Der Neptun-Partner hat einen starken psychischen Einfluß auf den Asz-Partner. Von der Gesamtlage der Vergleichsaspekte ist es abhängig, ob die Konstellation positiv zu beurteilen ist oder ob sie Verwirrung stiftet. Das wird jedoch in der Regel der Fall sein. Der Partner übt nur bei einem vorzüglich gestellten Neptun einen geistig anregenden Einfluß aus. Wenn Neptun beschädigt ist, wenn der Partner nicht jene positiven Qualitäten hat, die ihn als moralisch integer ausweisen, kann seine Einfühlung in das Wesen des Asz-Partners dazu angetan sein, diesen falschen Vorstellungen folgen zu lassen oder auf Irrwege zu bringen. Der Neptun-Partner kann die Dynamik der Handlungsweise des Asz-Eigners herabmindern. Eine Konstellation, die für Künstler günstig sein kann, weil sie schöpferische Kräfte weckt. Für Partnerschaften, bei denen es um harte Arbeit oder Geschäfte geht, bei denen ferner eine sachliche Zusammenarbeit wünschenswert ist, erweist sich diese Konstellation als ungünstig.

♆

Eigene Erfahrungen:

♆ harmonisch zu MC
♆ △ Trigon, ⚹ Sextil — MC 205

Diese Konstellation fördert sehr jene Partnerschaften, bei denen es auf geistige Harmonie ankommt, also Ehe, Familie, aber auch berufliche Kontakte, besonders von Künstlern, Musikern, von Werbefachleuten oder jenen, für die psychologische Übereinstimmung wichtig ist. Der Neptun-Partner fördert den beruflichen Weg oder die Verwirklichung ehrgeiziger sozialer Ziele durch wohlwollendes Verständnis, durch seine Phantasie und kann damit auch ein schöpferisch tätiger Freund oder Mitarbeiter sein. Umgekehrt vermag der MC-Eigner durch seinen Ehrgeiz und durch seine berufliche Stellung dem Neptun-Partner eine gewisse Hilfestellung zu geben, damit dieser seine phantasievollen Wünsche befriedigen kann.

Eigene Erfahrungen:

♆ im Spannungsaspekt zu MC
♆ □ Quadrat, ☍ Opposition — MC 206

Für ein berufliches Zusammenwirken keine vorteilhafte Konstellation, weil vom Neptun-Eigner wenig Verständnis für berufliche Unternehmungen oder für den sozialen Ehrgeiz des MC-Partners aufgebracht wird. Er kann der Karriere auf heimliche Art schaden; wenn noch andere Aspekte in diese Richtung weisen, auch intrigieren. Diese Konstellation erschwert es den Partnern, ehrlich miteinander umzugehen und Geschäfte erfolgreich zu tätigen.

Eigene Erfahrungen:

♆ in Konjunktion mit MC
♆ ☌ Konjunktion — MC 207

Die Konjunktion drückt noch eine engere Einflußnahme des Neptun-Partners auf Arbeit und Berufsverhältnisse des MC-Eigners aus, als dies bei »Neptun in 10« der Fall wäre. Wenn Neptun in günstigen Aspekten steht, kann in jenen Angelegenheiten, die von ihm repräsentiert werden, die Zusammenarbeit gedeihlich sein, also in religiösen oder kulturellen Belangen, künstlerisch oder auf dem Unterhaltungssektor. In der Regel wird man aber davon ausgehen müssen, daß Neptun Verwirrung stiftet, was Beruf und Lebensziele des MC-Eigners angehen. Er vermag für ihn zur Belastung zu werden, was sich allerdings erst nach einiger Zeit des Zusammenlebens oder des Zusammenarbeitens herausstellen dürfte. Diese Konstellation kann ähnlich wie Neptun am Asz einen Skandal begünstigen oder Unzufriedenheit wecken. Diese Konstellation ist ungeeignet für Sachlich-Nüchternes, auch für rasche Durchsetzung gemeinsamer Pläne.

Eigene Erfahrungen:

♆

♇

Pluto im Horoskopvergleich

1. Pluto für sich betrachtet:

Pluto bezeichnet kein bestimmtes Grundprinzip in uns wohnender Kräfte des Lebens. Dafür ist seine Position im Horoskop auf andere Art eine besondere Kennmarke für Periodizität. Man umschreibt Pluto am besten mit »Macht und Masse«, mit höherer Gewalt, die sich als Zerstörung oder Vernichtung zeigen kann. Es darf aber nicht übersehen werden, daß Pluto auch als Symbol eine positive Note haben kann. Je nach seiner Verbindung mit anderen Gestirnen, kann er das, was sie aussagen, nachhaltig verstärken.

2. Pluto in der Partneranalyse:

Im Vergleichshoroskop kann die Position Plutos zeigen, in welchem Sinne dessen Eigner einen bestimmten Einfluß auf den Partner auszuüben vermag. Der Grad der Bindung geht über das alltägliche Maß hinaus, wie auch die Differenzen Hinweise auf eine Art karmischer Verstrickung geben können, so daß im extremen Fall eine Verbindung »auf Leben oder Tod« gegeben ist. Ob und wie weit Plutoaspekte für eine Partnerschaft wichtig sind, kann man nur mutmaßen, wenn man den Entwicklungsstand der betreffenden Personen kennt. Sind diese von ihren Trieben sehr abhängig und nicht in der Lage, ihr Verhalten durch Vernunft zu steuern, sind sie im Sinne des Wortes primitiv, dann kann der plutonische Einfluß als bedrohlich, gewaltig bzw. schicksalhaft angesehen werden. Natürlich hängt es sehr von der Art der Aspekte ab. Konjunktionen haben auch hier ein deutliches Übergewicht. Handelt es sich um geistig höherentwickelte Menschen, kann zwar auch ein schicksalhafter Trend vorliegen, aber es mag auch das Bestreben deutlich werden, im Falle positiver Aspekte wissenschaftlich zusammenzuarbeiten oder in einen parapsychologisch-begründeten Kontakt zu treten. Immer aber wird Pluto das Außergewöhnliche anzeigen. Ein positiver Plutoaspekt kann eine große Hilfe sein, auftauchende Schwierigkeiten zu überwinden. Er kann im besten Sinne anzeigen (je nach Art des Aspekt-Partners), ob und auf welche Weise zwei Menschen aneinander geschmiedet oder gefesselt sind.

3. Besonders zu beachten:

Obwohl Plutoaspekte, besonders die Konjunktionen mit anderen Gestirnen sehr bedeutsame Aussagen möglich machen, die Schlüsse auf den schicksalhaften Gehalt einer Verbindung erlauben, darf man sie doch nicht überbewerten oder gar isoliert sehen. Plutoaspekte fallen in jeder Hinsicht aus dem Rahmen, auch was ihre Bedeutung angeht. Der Bearbeiter einer PA sollte sich zunächst sein Urteil ohne Pluto bilden. Erst wenn das feststeht, sollte man den Planeten hinzunehmen.

4. Stellung des Pluto in den Tierkreiszeichen:

Pluto hat von allen Planeten den weitesten Abstand von der Sonne und braucht ca. zweihundertachtundvierzig Jahre, um durch den Tierkreis zu wandern. Infolge seiner exzentrischen Laufbahn hält er sich unterschiedlich lang in den einzelnen Tierkreiszeichen auf (zwischen zwölf und zweiunddreißig Jahren). Eben darum hat seine Stellung in den Tierkreiszeichen keine individuelle Bedeutung, sondern erlaubt nur Rückschlüsse auf Generationsbezüglichkeiten.

5. Bewertung der Plutoposition im Radix:

Die Felderstellung zeigt, auf welchem Gebiet Schicksalhaftes insofern für den Geborenen in Erscheinung treten kann, als er von Macht abhängt, eine solche über andere ausübt oder aber wie er zur Masse steht. Schließlich hat Pluto auch noch eine Beziehung zum Okkulten.

6. Stellung des Pluto in den Häusern des Partnerhoroskops:

P in 1

Pluto vermag auf den Haus-Eigner einen nachhaltigen Einfluß auszuüben, was dessen bewußte Lebensführung angeht. Er vermag den Haus-Eigner bei dessen Selbstverwirklichung zu fördern, ihm in schlechter Stellung aber auch äußerst zu schaden.

P in 2

Ist Pluto in harmonischen Aspekten, vermögen Partner in finanziellen Belangen ebenso harmonisch zusammenzuarbeiten wie in Versicherungsangelegenheiten, bei wissenschaftlicher Forschung oder auf technischem Gebiet. Vom Pluto-Eigner können Impulse ausgehen, wie der Haus-Partner sich finanzielle Reserven anlegen könnte, ja, er kann sich für ihn auch verantwortlich fühlen.
Ist Pluto dagegen verletzt, dann vermag er den Haus-Eigner unverantwortlich auszunützen oder kann diesem die finanzielle Basis entziehen. Diese Konstellation eignet sich daher nicht, eine Partnerschaft zu begründen, bei der materielle oder finanzielle Dinge im Vordergrund stehen.

P in 3

Die Interessen des Haus-Eigners richten sich auf wissenschaftliche oder okkulte Dinge, er hat Interesse an tiefgreifenden Studien über Wirtschaftsbelange oder kann sich erfolgreich mit Physik, Mathematik, mit Medizin oder Parapsychologie befassen.
Ist Pluto aber in Spannungsaspekten, dann werden diese Aktivitäten des Haus-Eigners zu keinem ersprießlichen Resultat führen. Für die Beziehungen Nahverwandter zueinander, auch für Kontakte zu Nachbarn ist dieser Plutostand nachteilig.

P in 4

Vom Pluto-Eigner kann eine nachhaltige Beeinflussung der familiären Szene des Haus-Eigners erfolgen. Bei Pluto in günstiger Aspektstellung kann sich der Eigner schicksalhaft mit Elternhaus und Familie des Haus-Eigners verbunden fühlen. Ist Pluto jedoch verletzt, wird dies auch der Fall sein, jedoch mit negativer Note. Wenn weitere kritische Aspekte hinzutreten, kann der Pluto-Partner zum Zerstörer jener Basis werden, in der der Haus-Eigner familiär wurzelt.
In positiver Stellung begünstigt Pluto Kontakte von Partnern aus dem Wirtschaftsleben, besonders der Landwirtschaft, aber auch der Nahrungsmittelproduktion.

P in 5

Die Partner sind sexuell stark aufeinander bezogen. Je nach Art der Aspekte, die Pluto im P-Hor empfängt, kann die Auswirkung positiv sein, oder aber Leidenschaften werden geweckt, die zu einer eifersüchtigen Haltung führen. Das Vergleichshoroskop von Eltern und Kindern kann Schwierigkeiten anzeigen, weil der Wille gegeneinander gerichtet ist. Gleiches gilt für Kontakte zwischen Lehrer und Schüler. Handelt es sich um eine Partnerbeziehung auf beruflichem Gebiet, kann die Konstellation schöpferische Kräfte anzeigen, wenn es sich um Künstler handelt. Bei einem Vergleichsaspekt zwischen Finanz- oder Bankleuten ist der Risikofaktor hoch.

P in 6

Nur in bester Stellung vermag Pluto hier günstig Partnerschaften zu beeinflussen, bei denen es um Arbeitsverhältnisse geht. Ist der Planet in kritischen Aspekten, gehen von seinem Eigner sehr bedrängende, schicksalhafte Einflüsse auf den Haus-Eigner aus. Der Pluto-Partner wird versuchen, ihn von sich abhängig zu machen oder zu unterdrücken.

P in 7

Hier betrifft der Einfluß des Pluto-Eigners auf den Haus-Partner die Ehe, die dadurch als ein besonders schicksalhaft begründeter Bund erkannt wird, bzw. richtet sich der Einfluß des Pluto-Partners auf die Beziehungen des Haus-Eigners zur Öffentlichkeit. In günstigen Aspekten vermag der Pluto-Eigner zu fördern. Ist seine Position aber geschwächt, gibt es Probleme in der Zusammenarbeit wegen Geld und Gut. Die Ehe könnte durch Eifersucht leiden oder weil der Pluto-Partner den Haus-Eigner total besitzen will. Je enger Pluto am Deszendenten steht, um so kritischer wird die Situation, um so stärker wird das Bestreben des Pluto-Eigners sein, in der Partnerverbindung zu dominieren.

P in 8

Das Besondere in der Beziehung liegt hier in allem, was Bewußtseinsübergänge angeht, besonders auch in der Einstellung zum Tod. Im günstigen Fall kann der Pluto-Eigner dem Haus-Partner helfen, Gedanken über den Tod begreiflich zu machen. Ein harmonischer Plutostand begünstigt finanzielle Geschäfte, Versicherungsangelegenheiten, wissenschaftliche, technische oder militärische Studien bzw. Zusammenarbeit. Ist Pluto verletzt, werden die angezeigten Verbindungen sich zum Nachteil entwickeln.

P in 9

Fragen der geistigen Orientierung werden in dieser Partnerschaft eine Rolle spielen. Dabei vermag der Pluto-Eigner dem Haus-Partner richtungweisende Perspektiven zu eröffnen. Ist Pluto verletzt, können Okkultismus, Religion, Philosophie, wie auch kulturelle Unternehmungen Anlaß zu heftigen Auseinandersetzungen sein. Dann wird der Pluto-Eigner dem Haus-Partner schaden.

P in 10

Ein harmonischer Plutostand fördert die Arbeitsbelange des Haus-Eigners, begünstigt seinen sozialen Ehrgeiz und kann bedeuten, daß der Pluto-Eigner beim Aufstieg behilflich ist. Ist Pluto aber verletzt, dann wird sich das nachteilig bei jenen Verbindungen auswirken, die Arbeit und Beruf, auch das soziale Engagement des Haus-Eigners zum Inhalt haben.

P in 11

Es kann sich um eine außergewöhnliche, schicksalhaft begründete Freundschaft oder Verbindung handeln. In schlechten Aspekten aber vermag der Pluto-Eigner die Freundschaft zu brechen, kann humanitäres Wirken beeinträchtigen und wissenschaftliche Betätigung in Frage stellen.

P in 12

Pluto muß schon sehr gut gestellt sein, damit ein positiver Einfluß in jenen Bereichen möglich wird, die mit Psychologie, Religion, Mystik, aber auch mit den Fragen von Schuld und Sühne im Zusammenhang stehen. In der Regel wird der Einfluß Plutos hier wenig konstruktiv sein. Möglich, daß ein Geheimnis die Partnerschaft belastet, daß der Pluto-Eigner zum Auslöser höherer Gewalt zum Nachteil des Haus-Partners wird.

P im Aspekt mit P

Alle Aspekte zwischen zwei Pluto-Positionen 208

Über Vergleichsaspekte zwischen zwei Pluto-Positionen liegen keine gesicherten Beobachtungen vor. Bei Konjunktion, wie sie bei annähernd Gleichaltrigen auftreten kann, mag im Fall einer Partnerschaft die Zugehörigkeit zur selben Generation ähnliche diesbezügliche Empfindungen auslösen. Es ist zu vermuten, daß eine gewisse Übereinstimmung bei Halbsextil oder Sextil erleichtert, bei Halbquadrat erschwert ist.

Eigene Erfahrungen:

P harmonisch zu ☊
P △ Trigon, ✳ Sextil — ☊ 209

Es kann sich hierbei um eine außergewöhnliche Verkettung zweier Schicksale handeln. Soweit der Mondknoten-Eigner an einer intensiven Zusammenarbeit mit dem Pluto-Partner interessiert ist, kann diese durch ungewöhnliche Umstände erleichtert werden. Auch der Pluto-Partner wird an dem Kontakt festhalten, weil sich manches daran der direkten Einflußnahme entzieht. Der Eindruck mag entstehen, diese Verbindung sei von einer höheren Macht gewollt. Insofern vermag der Pluto-Partner in den Augen des Mondknoten-Eigners zu einer Art Vollzugsperson von Schicksalhaftem zu werden.

Eigene Erfahrungen:

P im Spannungsaspekt zu ☊
P ☌ Konjunktion, ☍ Opposition, □ Quadrat — ☊ 210

Bei Konjunktion wird die vorstehende Deutung zu berücksichtigen sein, ja, sie ist in noch stärkerem Maße deutlich. Allerdings ist die Auswirkung nur in seltenen Fällen harmonisch. Eher kann eine zwangsweise Verkettung beider Schicksale angenommen werden. Negative Aspekte geben der Verbindung eine tragische Note, bzw. lassen eine Trennung durch unvorhergesehene Ereignisse oder durch höhere Gewalt möglich werden.

Eigene Erfahrungen:

P harmonisch zu Asz
P △ Trigon, ⚹ Sextil — Asz 211

Bei dieser Partnerschaft können wissenschaftliche Interessen gemeinsam verfolgt werden. Die Partner begegnen sich in ihren Auffassungen hinsichtlich okkulter Phänomene oder metaphysischer Anschauungen. Vom Pluto-Eigner gehen dynamische Impulse auf den Asz-Partner aus, die sowohl dessen Selbstgefühl wie seine kreativen Möglichkeiten steigern. Eine vorzügliche Aspektverbindung, um Partnerschaften gelingen zu lassen, bei denen geistige Interessen vorherrschen.

Eigene Erfahrungen:

P im Spannungsaspekt zu — Asz
P □ Quadrat — Asz 212

Ist bei einer Partnerschaft dieser Plutoaspekt gegeben, muß mit Konflikten oder Schwierigkeiten gerechnet werden, was die rein persönlichen Belange des Asz-Eigners angeht. Daher ist die Konstellation für Ehewillige eine Erschwernis, ist aber auch ungünstig für Personalangelegenheiten, für Geldsachen oder für Zusammenarbeit, die sich harmonisch vollziehen soll.

Eigene Erfahrungen:

P in Konjunktion mit Asz
P ☌ Konjunktion — Asz 213

Diese Stellung Plutos ist ähnlich zu beurteilen wie seine Stellung im 1. Haus, jedoch nachhaltiger. Bei Pluto in günstigen Aspekten, vermögen die Partner einander auf positive Weise körperlich und geistig zu fördern. Wenn es sich um eine Partnerschaft handelt, bei der Erotik eine Rolle spielt, darf auf eine starke gegenseitige sexuelle Anziehung geschlossen werden. Vom Pluto-Eigner werden indessen die größeren Anstrengungen gemacht, diese Partnerschaft zustande kommen zu lassen. Es kann eine heftige, leidenschaftliche Liebe sein, die schicksalhafte Züge bekommt und bei einer kritischen Pluto-Stellung auch tragische Konsequenzen haben kann.

Eigene Erfahrungen:

P harmonisch zu MC
P △ Trigon, ⚹ Sextil — MC 214

Vom Pluto-Partner ist zu erwarten, daß er berufliche Ziele oder Aktionen, die zur Befriedigung sozialen Ehrgeizes dienen, fördert. Er vermag dem Partner bei der Arbeit zu helfen, ihn anzuregen. Er kann ihn zur Bewältigung größerer Projekte ermuntern, besonders wenn diese im Zusammenhang mit Grenzwissenschaften, Parapsychologie oder geistigen Anstrengungen stehen.

Eigene Erfahrungen:

P im Spannungsaspekt zu MC
P □ Quadrat, ☍ Opposition — MC 215

Es ist eine Konflikt-Konstellation, die Partnerschaften gefährdet, wenn sie Politisches, Berufliches oder häusliche Angelegenheiten zum Inhalt hat. Der Pluto-Partner könnte versuchen, den MC-Eigner mit Gewalt an der Realisierung seiner Pläne zu hindern, bzw. wird versuchen, ihm zu schaden.

Eigene Erfahrungen:

P in Konjunktion mit MC
P ☌ Konjunktion — MC 216

Die Bedeutung von Pluto im 10. Haus wird voll zutreffen. Unter dem Einfluß des Pluto-Eigners vermag der MC-Partner seinen Beruf zu ändern. Oder er stellt sich ein neues Lebensziel bzw. eine besondere soziale Aufgabe, die er ehrgeizig verwirklichen will. Allerdings ist nicht gesagt, daß diese auch seinen inneren Wünschen (d. h. seiner Veranlagung) entspricht. So ist Pluto am MC auch häufig ein Hinweis, daß dessen Eigner den MC-Partner zu beherrschen versucht und für eine tragische Entwicklung seines Lebens verantwortlich ist. Nur wenn Pluto sich in besten Aspekten befindet und der MC-Eigner selbst eine Persönlichkeit von Format ist, wird diese Auswirkung undeutlicher sein. Möglich, daß zwischen beiden Partnern auch Konfliktsituationen heraufbeschworen werden, die zum Bruch der Partnerschaft führen können, wenn noch andere Aspekte in diese Richtung weisen.

Eigene Erfahrungen:

☊ in Aspekt mit Asz

Alle Aspekte zwischen Mondknoten und Asz 217

Diesen Konstellationen kommt keine besondere Bedeutung zu. Bei Konjunktion darf man aber eine verbindende Tendenz erwarten, die sich bei Trigon und Sextil schwächer zeigt. Gesellschaftlich oder wenn es um das Zusammenleben in einer Gemeinschaft geht, bezeugen diese Aspekte Harmonie. Ist die Verbindung ein Quadrataspekt, ist das gesellschaftliche Zusammenwirken erschwert, bzw. kann die Verbindung zeitweise gestört sein. Das wird immer dann geschehen, wenn Asz oder Mondknoten von Mars, Saturn, Uranus oder Neptun überlaufen werden.

Eigene Erfahrungen:

Asz

Der Aszendent im Horoskopvergleich

Um über das Wesen eines Menschen fundierte Aussagen machen zu können, muß der gewissenhafte Astrologe das Horoskop *in seiner Gesamtheit* studieren. Einzelne Fakten daraus sind jedoch von besonderer Bedeutung. So erlaubt das Zeichen, in dem am Geburtstag die Sonne steht, vor allem Aussagen hinsichtlich des Temperaments. Selbstverständlich kann man einen Menschen daran auch erkennen. Aber gibt er sich wirklich so, wie er ist? Woran liegt es, daß wir oft anders fühlen als wir handeln? Warum machen sich unsere Mitmenschen häufig ein falsches Bild von uns und andererseits, warum mißverstehen wir sie? Das liegt einfach daran, daß wir Menschen nicht »aus einem Guß« sind. Um zu wissen *wie uns die Mitmenschen sehen*, müssen wir auf das zur Geburtszeit aufsteigende Tierkreiszeichen sehen, auf den Aszendenten. Der genaue Tierkreisgrad des Asz ist der *»persönliche« Punkt* unseres Horoskops. »Persona« heißt »Maske«. Hinter unserem Auftreten, hinter der Art, wie wir uns in unserem Milieu bewegen, wie wir uns dort zur Geltung bringen oder wie wir von anderen angesehen werden, verbirgt sich unser wahres Ich. So ist es auch entscheidend, in welches Zeichen des Tierkreises der Asz fällt. Der Planet, der es regiert, ist der *Geburtsgebieter.* Das Tierkreiszeichen und der Planet nach seiner Stellung im Radix geben uns daher wesentlich darüber Aufschluß, wie wir sind, wie wir auf die Einflüsse des Milieus reagieren, aber auch wie unsere Gesundheit beschaffen ist.

Der Aszendent in den Tierkreiszeichen:

Asz in ♈

Das Auftreten ist energisch, der Geborene will jeden Einfall sogleich in die Tat umsetzen und keine Zeit verlieren. Impulsivität und Leidenschaftlichkeit bringen voran, kritische Aspekte auf den Asz können fanatisch oder rücksichtslos handeln lassen. So mancher Fehler geschieht, weil der Asz-Eigner sich immer wieder von neuem selbst bestätigen muß.

Asz in ♉

Ihn drängt es danach, zu erhalten, was er besitzt. Deswegen erstrebt er beständige Verhältnisse. Er packt das Leben von der praktischen Seite an und schätzt das gemütliche Heim, das für ihn zu einer festen Burg wird. Er ist den schönen Seiten des Daseins zugetan und nimmt sich Zeit, das Leben und die Liebe zu genießen.

Asz in ♊

Dieser Asz-Eigner wirkt auf seine Umwelt durch sein lebhaftes und vielseitiges, verbindliches Wesen, durch die Bereitschaft Kontakte aufzunehmen und sich beweglich anzupassen. In ungünstigen Aspekten aber ist er oberflächlich, unbeständig und verspricht mehr, als er halten will und kann.

Asz in ♋

Dieser Asz-Eigner zeigt leidenschaftliche Gefühle, die er gern romantisch oder dramatisch ausdrückt. Seine Familie geht ihm über alles. Er ist von mitfühlendem und aufopferndem Wesen, anlehnungsbedürftig und fleißig, doch mangelt es an Selbstkritik. Er ist sehr von Launen abhängig.

Asz in ♌

Es entspricht der Art des »Löwen« energisch und würdevoll aufzutreten, zu zeigen, daß er Autorität besitzt. So äußert er sich, wann immer es ihm paßt und mischt sich auch manchmal in Situationen, ohne daß er dazu aufgefordert wird. Seinem Imponiergehabe entsprechen Großzügigkeit, Prachtliebe und Lebensfreude.

Asz in ♍

Fällt der Asz in dieses Merkur-Zeichen, ist der Eigner scharfsinnig und praktisch, erstrebt Ordnung im Heim und an der Arbeitsstätte, schafft sich eine einfache, stets geordnete Umwelt, in der er wenig auffällt. Einzelheiten registriert und analysiert er genau. Bei der Entwicklung und Ausführung von Plänen geht er systematisch vor. Infolge seiner kritischen Einstellung, seiner Sorgfalt und Vorsicht, kann man ihn manchmal für einen Kleinigkeitskrämer halten, der voreingenommen und pedantisch ist.

Asz in ♎

Dieser Asz-Eigner braucht Freunde oder Partner, um seine Individualität ausdrücken zu können. Dies geschieht gefühlsbetont, lebhaft und mit guten Umgangsformen. Er ist anlehnungsbedürftig, kunstsinnig, aber nicht frei von Eitelkeit. Oft gibt er sich lässig oder spielerisch. Er handelt gern anmutig, achtet aber auf Disziplin und unterwirft sein Urteil einem starken Gerechtigkeitssinn. Er kann sich gut in die Situation anderer Menschen einfühlen.

Asz in ♏

Energie und Willenskraft erlauben es dem Asz-Eigner, jeder Gefahr gewachsen zu sein. Er kann alles aufs Spiel setzen, um sein Ziel zu erreichen. Dazu bringt er Geduld, Eifer und Ehrgeiz mit, kann aber auch gewalttätig und jähzornig sein, wenn ihn die Leidenschaften hinreißen. Oft gelingt es ihm, Quellen anzuzapfen, von deren Existenz andere nichts wissen.

Asz in ♐

Dieser Asz-Eigner ist ein Optimist, der sich hohe Ziele steckt. Er sucht ein harmonisches Verhältnis zu anderen herzustellen, die er zu begeistern weiß. Gesellig, naturlieb und sportlich ist er auch einem Abenteuer zugetan, empfindet plötzlichen Stimmungsumschwung sehr heftig, wird aber selten seine freundliche Wesensart aufgeben.

Asz in ♑

Keiner versteht wie dieser Asz-Eigner, Disziplin zu halten und durch systematische Anstrengung etwas zu erreichen. Ihm kommt es auf zweckmäßige Handlungsweise an. Deswegen liebt er auch die einfache Häuslichkeit, und was er unternimmt, dient einem nützlichen Zweck. In seiner Wesensart ist er ernsthaft, nüchtern, oft etwas melancholisch und zurückhaltend. Egoismus und Verschlossenheit sind Eigenschaften, die hier oft angetroffen werden.

Asz in ♒

Er ist ein ausgesprochener Idealist, der sich originell gibt, aber auch von dem starken Wunsch beseelt ist, etwas Eigenes, Einzigartiges zu leisten. Er verfolgt daher auch eigene Ideen, paßt sich aber im Umgang an, denn er ist freundlich, schätzt es nicht, Aufmerksamkeit über Gebühr auf sich zu ziehen. Seine Ausdauer ist gering, seine Ziele können wechseln, er ist sehr von Stimmungen abhängig.

Asz in ♓

Häufig ist dieser Asz-Eigner gehemmt und scheu, auch zurückhaltend, oft aber sehr beeinflußbar, mitfühlend und anpassungsfähig. Er erfaßt die Feinheiten der menschlichen Natur intuitiv, hat meistens auch ein künstlerisches und musikalisches Talent.

Der Aszendent in den Häusern des Partnerhoroskops:

Asz in 1

Die Partner kennen und schätzen einander. Sie gewinnen an Selbstvertrauen, weil sie sich vom Partner bestätigt fühlen.

Asz in 2

Persönliche Leistungen des Asz-Eigners bewirken beim Haus-Partner materiellen Zuwachs. Der Ehrgeiz des Asz-Eigners und die materiellen bzw. finanziellen Interessen des Haus-Eigners begegnen einander. Ob sie sich fördern oder schaden, hängt von den Aspekten ab, die auf den Asz bzw. auf jene Planeten fallen, die Asz und Haus regieren.

Asz in 3

Der Asz-Eigner stellt sich positiv oder negativ, je nach Aspektverbindungen, auf Bildungsdrang, Reiselust und auf das Verhältnis zu den nächsten Angehörigen ein.

Asz in 4

Der Eigner des Asz ist mit dem Haus-Partner durch Tradition, Herkunft oder Familiensinn verbunden. Stehen die Regenten des Asz bzw. des 4. Hauses zueinander in harmonischem Aspekt, werden sich die Personen fördern.

Asz in 5

Der Haus-Eigner empfindet durch den Asz-Partner Lebensfreude. Sie fühlen sich triebhaft verbunden, lieben evtl. gemeinsame Kinder und teilen auch die Neigung hinsichtlich Spekulationen. Eine Konstellation, die romantische Verbindungen fördert.

Asz in 6

Der Asz-Eigner beeinflußt Arbeitsverhältnisse, aber auch Gesundheit des Haus-Partners. Stehen die Planeten, die Asz und 6. Haus regieren in harmonischem Aspekt, ist der gegenseitige Einfluß fördernd, im anderen Fall negativ zu beurteilen.

Asz in 7

Eine sehr positive Konstellation, die jede Art von Partnerschaft begünstigt. Je enger die beiden Asz durch Opposition verbunden sind, um so inniger ist die Beziehung zwischen beiden Menschen.

Asz in 8

Der Asz-Eigner steht in einem besonderen Verhältnis zum Tod oder zu Hinterlassenschaften des Haus-Eigners. Die Konstellation begünstigt Partnerschaften, bei denen es um parapsychologische Phänomene oder um Erbangelegenheiten geht.

Asz in 9

Der Asz-Eigner und der Haus-Partner können ungewöhnliche Erfahrungen miteinander erleben. Sie teilen die entsprechende Einstellung zu Reisen, können auch durch Auslandsbeziehungen verbunden sein.

Asz in 10

Der Asz-Eigner nimmt Interesse an den beruflichen Belangen oder an den sozialen Bestrebungen des Haus-Partners. Bei Auseinandersetzungen dürfte der Asz-Eigner seine Meinung durchsetzen.

Asz in 11

Die beiden Personen sind einander in Freundschaft verbunden oder können sich beim sozialen Fortkommen gegenseitig helfen. Dies allerdings wird schwierig, wenn sich die beiden Gestirne, die Asz und Haus regieren, zueinander in kritischer Stellung befinden.

Asz in 12

Keine sehr günstige Konstellation, denn die Partner hemmen einander. Der Asz-Eigner kann an irgendwelchen Geheimnissen des Haus-Eigners scheitern, bzw. wird in dessen Auseinandersetzungen mit Gegnern verwickelt.

Asz harmonisch zu Asz
Asz ☌ Konjunktion, ☍ Opposition, △ Trigon, ⚹ Sextil — Asz 218

Bekanntlich ist der Asz der Individualpunkt des Radixhoroskops. Der harmonische Abstand von zwei Asz zeigt, daß die Partner eine ähnliche Veranlagung haben, daß es sie danach verlangt, sich im gleichen Milieu zu bewegen. Der stärkste Aspekt ist in diesem Fall nicht die Konjunktion, sondern die Opposition. Versteht man den Horizont mit seinen Eckpunkten Asz und Desz als eine Entwicklungslinie, so wird die Opposition anzeigen, daß hier das Ich im Du die erstrebte Ergänzung findet. Es ist ein Aspekt, der die Totalität der Persönlichkeit betrifft, also eine körperliche, geistige und seelische Lebenseinheit anstreben läßt. Selbst wenn äußere Umstände, die nicht aus dem Horoskop zu ersehen sind, einer Verbindung im Wege stehen, wird diese doch zustande kommen können. Ist der Orbis weiter als 3°, bleibt mindestens ein ausgesprochenes Sympathieverhältnis bestehen.

Bei der *Konjunktion* liegt nicht nur eine ähnliche Veranlagung vor, sondern wenn die Geburtsorte nicht zu weit in der Nord-Süd-Richtung voneinander abweichen, werden auch Meridian und Zwischenhäuser übereinstimmen, was anzeigt, daß beide Partner die verschiedenen Lebensbereiche, die durch die 12 Sektoren des Horoskops dargestellt sind, ähnlich beurteilen. Von daher ist ein gewisses Harmoniegefühl gegeben, das bei entsprechenden anderen Vergleichskonstellationen sehr tragfähig ist. So begünstigen Asz-Aspekte, besonders Opposition und Konjunktion, Eheleute, Familienmitglieder oder jene Personen, die miteinander in einem engen, intimen Verhältnis stehen.

Eigene Erfahrungen:

Asz im Spannungsaspekt zu Asz
Asz □ Quadrat — Asz 219

Auch in diesem Fall sind die beiden Partner eng aufeinander bezogen. Allerdings ist die Einstellung, was Fragen des Milieus angeht, sehr unterschiedlich. Körperlich mag eine gewisse Anziehung bestehen, aber es gibt auch Dinge, welche die Partner abstoßen. So ist die Harmonie recht störanfällig. Es gibt Gegensätze, auf die das Sprichwort nicht zutrifft, daß sie sich anziehen.

Eigene Erfahrungen:

Asz harmonisch zu MC
Asz △ Trigon, ⚹ Sextil — MC 220

Eine günstige Konstellation für alle Formen von Partnerschaften, weil eine harmonische Übereinstimmung zwischen den ganz persönlichen Wünschen und Vorstellungen des Asz-Partners und den beruflichen Ambitionen oder dem sozialen Ehrgeiz, bzw. auch den Lebenszielen des MC-Partners vorliegt.

Eigene Erfahrungen:

Asz im Spannungsaspekt zu MC
Asz □ Quadrat — MC 221

Auch in diesem Fall ist eine Zusammenarbeit möglich, aber es gibt Mißverständnisse, bzw. bleibt die gegenseitige Förderung aus. Lebensansichten, Erfahrungen und Zielstellungen der Partner sind zu unterschiedlich, um in jedem Fall harmonisch aufeinander abgestimmt werden zu können.

Eigene Erfahrungen:

Asz in Konjunktion mit MC
Asz ☌ Konjunktion,
☍ Opposition — MC

222

Die Konjunktion ist ein Sonderfall. Häufig ist zu beobachten, daß der Asz-Partner bei dieser Verbindung der stärkere ist, daß er den MC-Eigner nach seinen Vorstellungen beeinflußt oder formt, ja, daß er verhindert ist seinen Zielen zu folgen. Die Opposition bringt zwar eine besondere Abhängigkeit voneinander, doch ist nicht zu beobachten, daß der Asz-Eigner den MC-Partner beherrschen will.

Eigene Erfahrungen:

MC

Das MC im Horoskopvergleich

Das MC in den Zeichen des Tierkreises:

MC in ♈

Streben nach Führung und Anerkennung im Beruf, Ehrgeiz, aber auch Neigung zu voreiliger Handlungsweise.

MC in ♉

Der Beruf muß Sicherheit bieten, sollte mit schönen Dingen umgehen lassen und ästhetisch befriedigen. Günstig für alle Tätigkeiten, die mit der Versorgung der Menschen zu tun haben.

MC in ♊

Vielseitige berufliche Ziele, besonders wenn sie mit Wort und Schrift zu tun haben. Günstig für Reisetätigkeit, aber Gefahr der Zersplitterung.

MC in ♋

Die berufliche Tätigkeit muß die Gefühle befriedigen. Die Durchsetzung im Beruf erfolgt taktvoll. Günstig für alles, was mit Ernährung, Versorgung oder Fürsorgetätigkeit zu tun hat.

MC in ♌

Organisationstalent, Streben nach Ansehen und Führerstellung, Befähigung zu leitender Position.

MC in ♍

Klar umrissene Lebensziele, Streben nach Sicherheit, in Berufen aufgehen, die Detailkenntnis verlangen.

MC in ♎

Günstig für Berufe, die dem ästhetischen Empfinden entgegenkommen oder die den Gerechtigkeitssinn ansprechen. Gute Umgangsformen und ein harmonischer äußerer Rahmen sind wichtig.

MC in ♏

Erwerbssinn, Streben nach Selbständigkeit, ehrgeizige Ziele. Günstig für Berufe, bei denen eine konsequente Einstellung nötig ist.

MC in ♐

Streben nach Geltung und Ansehen, günstig für berufliche Beziehungen zu Religion, Reisen, zu Recht und Ordnung.

MC in ♑

Ein ausgesprochener Praktiker, der zu großen Aufbauleistungen befähigt ist, sich geduldig einsetzt, Mittel sparsam verwendet und der keine Protektion und Hilfe braucht.

MC in ♒

Moderne Berufe interessieren, bzw. solche, die aus dem Rahmen fallen oder die der originellen Einstellung entgegenkommen. Mit anderen wird gut zusammengearbeitet, sofern sie sich führen lassen.

MC in ♓

Sehr geeignet als Mitarbeiter, der sich anzupassen weiß, auch seine Pflichten gut erfüllt. In schlechten Aspekten aber Neigung zu Bequemlichkeit. Oft wird der rechte Augenblick verpaßt.

Das MC in den Häusern des Partnerhoroskops:

MC in 1

Je enger MC und Asz zusammenfallen, um so stärker ist der Einfluß des Asz-Eigners auf das berufliche Wirken des MC-Partners. Allerdings gehen auch von diesem und von seiner Tätigkeit Einflüsse aus, die das Milieu des Asz-Eigners betreffen.

MC in 2

Die berufliche Tätigkeit des MC-Eigners oder seine soziale Stellung sind von Einfluß auf die finanzielle Situation, bzw. auf die materiellen Reserven des Haus-Partners.

MC in 3

Sehr günstig, wenn der Beruf beider Partner mit Reisen, schriftlichem oder mündlichem Gedankenaustausch zu tun hat. Je nach Aspektlage ist der Einfluß des MC-Eigners auf die näheren Verwandten des Haus-Partners einzuschätzen.

MC in 4

Stehen Regenten des MC und des 4. Hauses zueinander in harmonischem Kontakt, kann auf eine Förderung familiärer oder häuslicher Belange durch den MC-Partner geschlossen werden. Im anderen Fall sind Schwierigkeiten zu vermuten.

MC in 5

Triebhaftes, Leidenschaften für Spiel und Spekulation des Haus-Eigners üben auf den MC-Partner einen großen Einfluß aus. Umgekehrt vermag dieser durch sein berufliches Wirken oder durch sein soziales Engagement bestimmten Hoffnungen und Wünschen des Haus-Partners entgegenzukommen.

MC in 6

Die Erwerbstätigkeit beider Partner steht in einem gewissen Zusammenhang. Der Haus-Eigner erweist sich als Mitarbeiter des Partners.

MC in 7

Der Haus-Eigner profitiert vom MC-Partner durch Ehe oder durch dessen Beziehungen zur Öffentlichkeit. Eine Konstellation, die eine vielfältige Verknüpfung von Interessen anzeigt.

MC in 8

Eine vorteilhafte Verbindung für gemeinsames finanzielles Wirken oder für berufliche Beziehungen, bei denen parapsychologische Studien eine Rolle spielen.

MC in 9

Die berufliche Tätigkeit des MC-Eigners steht in einem bestimmten Zusammenhang mit jenen Interessen des Haus-Eigners, die große Reisen oder Auslandsaufenthalte betreffen.

MC in 10

Die Partner hegen beruflich gleiche Ambitionen oder erstreben auf ähnliche Weise gesellschaftliche Anerkennung, bzw. äußere Ehren. Auch ihre Lebensziele sind ähnlich.

MC in 11

Beruf und Freundschaft sind aufeinander abstimmbar. Gemeinsame Hobbies oder Geselligkeit verschaffen Anregung und Vergnügen.

MC in 12

Der Haus-Eigner übt einen hemmenden Einfluß auf die berufliche Tätigkeit des MC-Partners aus. Er kann seine Geschäfte durch Gegnerschaften des Haus-Eigners bedroht sehen.

MC harmonisch zu MC
MC ☌ Konjunktion, △ Trigon, ⚹ Sextil — MC 223

Beim Sonderfall der Konjunktion werden auch Horizont (Asz–Desz) und Zwischenhäuser einen ähnlichen Verlauf haben, wenn die Geburtsorte nicht zu weit in Nord-Süd-Richtung voneinander entfernt waren. Dann werden ähnliche Ansichten zu den verschiedenen Lebensbereichen möglich, wie sie durch die 12 Sektoren des Horoskops repräsentiert werden. Die Konjunktion begünstigt ähnliches soziales Engagement, ähnliche Lebensziele und auch eine ähnliche Veranlagung, was Berufseignung und berufliche Interessen angeht. Trigon und Sextil sind undeutlicher in ihrer Wirkung, doch überwiegen auch hier Gemeinsamkeiten.

Eigene Erfahrungen:

MC im Spannungsaspekt zu MC
MC □ Quadrat,
☍ Opposition — MC 224

Während die Opposition noch eine gewisse ergänzende Auffassung im sozialen Bereich oder hinsichtlich der Lebensziele erkennen läßt, werden bei der Quadratur gegensätzliche Auffassungen störend sein. Diese Aspektverbindung ist aber nicht ausgesprochen disharmonisch zu beurteilen. Sie ist auch weniger wirksam als Aspekte des MC mit Planeten.

Eigene Erfahrungen:

Das Wichtigste auf einen Blick

Worauf es ankommt

Ein Anfänger in der Kunst des Horoskopierens sollte erst einige Übung in der Berechnung und Auswertung von Radixkonstellationen haben, ehe er sich an eine PA wagt. Sodann ist er gut beraten, zunächst in der Reihenfolge der Planeten vorzugehen und, nachdem er die Aspekttabelle aufgestellt hat, wie Seite 15 angegeben, diese auszuwerten. Es ist kein Fehler, wenn dies wiederum der Reihe nach geschieht, jedoch kommt bei einer einfachen Auflistung nicht zur Geltung, wo die Schwerpunkte liegen. Ein Sonne-Saturn-Quadrat hat einen ganz anderen Stellenwert als ein Mondknoten-Saturn-Quadrat. Bereits bei der Durcharbeitung der Radixhoroskope wird ja ersichtlich, welches die starken Seiten einer Persönlichkeit und wo die »schwachen Stellen« sind. Jeder Fall liegt hier anders, weshalb auf eine Ausarbeitung eines umfassenden Deutungsbeispiels verzichtet wird. Statt dessen soll an einigen Beispielen erläutert werden, worauf es *besonders* ankommt, wo gewissermaßen der Hebel anzusetzen ist. Es wird ja häufig auch so sein, daß *nur ein bestimmtes Problem* interessiert, z. B. ob ein Chef in einem bestimmten Mitarbeiter einen ehrlichen und offenen Helfer hat; oder es ist die Frage gestellt, ob zwei Politiker miteinander gedeihlich zusammenarbeiten können, was aus verschiedenen Gründen interessant sein kann. Vorstellbar, daß z. B. bei Spitzenpolitikern verschiedener Parteien zu untersuchen wäre, ob sie geeignete Repräsentanten einer Koalitionspolitik sein könnten. Schließlich kann man wissen wollen, ob sich zwei Menschen miteinander befreunden können oder – das ist die am häufigsten gestellte Frage – ob und wie sie miteinander in einer Ehe verbunden sein könnten. Allerdings ist im letztgenannten Fall eine ausführliche Analyse einer oberflächlichen Beurteilung vorzuziehen. Aber bereits eine Untersuchung der Hauptpunkte kann zeigen, ob eine Verbindung aussichtsreich ist oder ob der Bearbeiter einem Auftraggeber eröffnen muß, daß er sich besser keine Hoffnung machen sollte. Worauf kommt es also an:

Freundschaft

Von einem echten Freund wird erwartet, daß er offen, ehrlich, selbstlos und treu ist. Deswegen sollten die Jupiterpositionen harmonisch verbunden sein. Ist es eine geistige Beziehung, werden harmonische Neptunkonstellationen fördern. Hat die Freundschaft aber auch einen sachlichen Aspekt, berührt sie Berufliches oder ist es wichtig, miteinander im Gespräch zu sein, dann sind günstige Merkuraspekte unabdingbar. Mars- und Venusaspekte können zwar auf gesellige Kontakte ebenso hinweisen wie auf Beziehungen zu einem gleichen Hobby, sie können aber auch einen erotischen Einschlag in die Freundschaft bringen. Ob dies nun wünschenswert ist, hängt vom speziellen Fall ab. Stehen aber Uranus und Venus in Aspekten, können homosexuelle Neigungen begünstigt sein, möglicherweise also eine problematische Seite einer Freundschaft. Ein günstiger Saturn kann als ein Hinweis auf eine Treuebindung verstanden werden.

Liebe

Sonne und Mond sollten günstig stehen, weil dadurch die allgemeinen Voraussetzungen hinsichtlich des Temperaments eine gute Basis schaffen. Wichtig aber sind vor allem Venus und Mars, die durch Aspektverbindungen den Grad der Qualität der sexuellen Anziehung vermuten lassen. Günstig, wenn die Asz im Aspekt sind. Erwartet man von der Liebe Dauer, dann muß Saturn fördern; soll die Verbindung legalisiert werden, geht es nicht ohne Jupiter.

Geschäftliche Partnerschaft

In erster Linie sind bei geschäftlichen Beziehungen Merkurkonstellationen signifikant. In zweiter Linie folgt das MC. Ob Verträge etwas bringen, ob Harmonie und ehrliche Gesinnung zu erwarten ist, zeigt Jupiter an. Harmonische Aspekte können z. B. die Dauer einer Zusammenarbeit angeben, sind auch hilfreich, wenn es um Grund und Boden geht.

Chef und Mitarbeiter

Es hängt von der Art des Verhältnisses zwischen Chef und seinem Mitarbeiter ab, ob das Schwergewicht auf der reibungslosen geistigen Zusammenarbeit liegt, die durch gute Merkuraspekte verbürgt ist, ob eine besondere Anpassungsfähigkeit gefordert ist, was aus der Lage von Asz und MC, bzw. aus Stand von Sonne und Mond zu ersehen ist. In jedem Fall wird Jupiter offene und ehrliche Beziehungen bringen. Saturn kann Dauer verleihen, ist aber etwas problematisch. Handelt es sich um Chef und Sekretärin, dann können zusätzliche Venusaspekte zwar sympathiefördernd sein, aber Venus und Mars sind bekanntlich auch Geschlechtsplaneten, wodurch neue Probleme entstehen könnten.

Lehrer und Schüler

Harmonieren Sonne und Mond, sind die Asz im Erfolgsaspekt, darf man allgemeines Verständnis füreinander erwarten. Treten Venusaspekte hinzu, kann das noch hilfreicher sein. Sehr schön sind Jupiterkonstellationen, weil sie Wohlwollen signalisieren. Es geht aber keinesfalls ohne Merkuraspekte, denn dieser Planet hat am deutlichsten Bezug zum Lernen. Je nach Fachrichtung können Uranus oder Neptun hinzugenommen werden, bei Saturnaspekten läßt sich sagen, ob der Altersunterschied fördernd oder schädlich ist. Venus und Mars müssen auch hier als Geschlechtsplaneten betrachtet werden, was bei Personen im entsprechenden Alter ähnliche Komplikationen geben könnte, wie bei einem Arbeitsverhältnis zwischen Chef und Sekretärin. Zu achten ist auch auf den 3. und 9. Sektor.

Arzt und Patient

Hier sind in erster Linie Jupiteraspekte von Bedeutung. Dazu kommen Konstellationen, die den Asz (hier Geburtsgebieter) betreffen und die sich auf das 6. Haus des Horoskops beziehen.

Grundsatz sollte sein, zuerst immer nach den negativen, d. h. die Partnerschaft erschwerenden Konstellationen zu fahnden. Sind solche nicht vorhanden, ist dies grünes Licht, dann können die harmonischen Vergleichsaspekte sich auswirken. Leider wird es in den mei-

sten Fällen so sein, daß harmonische und Spannungskonstellationen gleichzeitig auftreten, bzw. daß es nur die sorgfältige Durcharbeitung möglich macht, eine brauchbare Aussage abzugeben. Häufig liegt ein Sowohl-als-auch-Fall vor. Dazu kann man, generell gesehen, sämtliche Scheidungsfälle von Eheleuten rechnen. Die meisten Paare werden aus Liebe (oder anderen positiven Beweggründen) mit dem Vorsatz geheiratet haben, gemeinsam für immer durchs Leben zu gehen. Es zeigte sich aber dann, daß Negatives nicht erkannt oder zu gering eingeschätzt wurde, so daß die Partnerschaft scheiterte. Ebenso mag es dem Chef ergehen, der einem Mitarbeiter z. B. wegen Untreue oder Unzuverlässigkeit kündigen muß.
Der Beispiele sind viele. Am besten lernt man Partnerschaftsanalysen zu beurteilen, wenn man Beziehungen untersucht, deren Ende schon bekannt ist. Das gilt z. B. für historische Partnerschaften oder auch für solche aus dem persönlichen Verwandten- oder Bekanntenkreis.

Astrologische Aphorismen über die Ehe

Für sehr viele astrologische Deutungsregeln gibt es psychologische Erklärungen. Sofern sie sich in der Praxis bewährt haben, wird der seriöse Astrologe mit ihnen arbeiten können, nur darf er sie nicht als starre Rezepte auffassen.
Es ist berechtigt, eine Revision astrologischen Gedankengutes zu verlangen, wenn man das Ansehen der Deutungskunst oder der Lehre heben möchte. Aber wer darf sich anmaßen, durch Jahrhunderte überlieferte Hinweise, die den Alten wertvoll waren, heute als unnützen Ballast über Bord zu werfen? Dabei besteht die Gefahr, daß man sich auch von jenem Gedankengut trennt, das man nicht für sich erprobt hat. Darum seien nachstehend einige astrologische Aphorismen angeführt, die der Tradition entstammen. Hier wird aber ausdrücklich der Hinweis gegeben, diese lediglich für Forschungszwecke zu verwenden und keinen wahrsagerischen Gebrauch davon zu machen.

Von der Ehe der Männer:
1. Signifikatoren (das sind Anzeiger) für die Ehe eines Mannes sind Mond, Venus und der Herr des Zeichens, in das die Spitze des 7. Sektors (Desz) fällt. Weiter sind die Planeten zu beachten, die im 7. Haus stehen.
2. Wird der Geborene heiraten oder ehelos bleiben?
Man betrachte die Ehesignifikatoren Mond und Venus. Stehen sie in unfruchtbaren Zeichen wie Jungfrau, Löwe oder Zwillingen, dazu in den Häusern 3, 6, 8, 9 oder 12, ist der Geborene der Ehe abgeneigt.
3. Steht Saturn im Radix stark, wird der Geborene einsam sein und daher zur Ehelosigkeit neigen. Sind Mond oder Venus bei Saturn und schwächer als dieser gestellt, dann trifft das ebenfalls zu. Sind Mond und Venus aber kräftiger als Saturn, ist die Regel ungültig.
4. Ist Saturn über Mond und Venus eleviert (d. h., daß er näher am MC steht), entspricht das der Bedeutung einer Konjunktion.
5. Wird Venus im Radix eines Mannes von Saturn angegriffen, ist er ehescheu.

Über die Zeit der Eheschließung
6. Stehen die wichtigsten Ehesignifikatoren östlich von der Sonne oder in den Häusern 10, 11, 12, 4, 5 oder 6 wird die Heirat in der Jugendzeit geschlossen oder der Geborene heiratet im reifen Alter eine noch jugendliche Frau.
7. Stehen die wichtigsten Ehesignifikatoren westlich der Sonne oder in den Häusern 1, 2, 3, 7, 8, 9 bezeichnen sie eine späte Ehe oder eine Verbindung eines jungen Mannes mit einer reiferen Frau.
8. Sind die Ehesignifikatoren in direktem und schnellem Lauf, verheißen sie eine frühe Eheschließung, sind sie rückläufig, aber einen späten.

Von der Zahl der Gattinnen
9. Viele Gestirne im 7. Haus deuten auf viele Ehen.
10. Steht der Mond im 7. Haus und ist durch Saturn nicht verletzt, heiratet der Mann mehrmals.
11. Hat der Mond nur einen Aspekt, gibt es nur eine Ehe.
Ist der Mond im Radix stark, der Aspektplanet schwach, so überlebt der Mann die Frau.

Ist der Mond im Radix schwach, sein Aspektplanet aber stark, wird der Mann vor der Frau sterben.

12. Die Anzahl der Gattinnen ergibt sich aus den Applikationsaspekten des Mondes (das sind jene Aspekte, auf die der Mond zuläuft, d. h. die sich als Direktion noch bilden werden).

13. Nähert sich der Mond den Planeten nicht, mit denen er im Aspekt ist, so sehe man nach, wie viele Planeten nahe, aber nicht zu eng bei der Sonne stehen und sich dabei zwischen MC und Venus befinden.

Über die Art der Gattin

14. Venus ist nicht nur Generalsignifikator für die Ehe, sie zeigt im Horoskop eines Mannes nach ihrer Position in den Zeichen auch die Art der Gattin an (nach Aspekten und Zeichenstellung):

♀ **in** ♈ Die Frau ist viril, er sucht die maskuline Gattin.

♀ **in** ♉ Er sucht die sinnliche, natürlich-feminine Gattin.

♀ **in** ♊ Wunsch nach mehreren Verbindungen mit intellektuellen Frauen. Die Ehe soll ein Gespräch sein.

♀ **in** ♋ Der Sinnengenuß wird angestrebt, die Gattin soll ihn bemuttern.

♀ **in** ♌ Bezeichnet die großzügige Gattin, die in Luxus repräsentiert.

♀ **in** ♍ Die Frau soll unberührt und moralisch rein sein.

♀ **in** ♎ Der Typ der kultivierten Dame.

♀ **in** ♏ Läßt für die faszinierende und leidenschaftliche Partnerin schwärmen.

♀ **in** ♐ Die gesellige, bürgerliche Frau, die nicht besonders auffällt.

♀ **in** ♑ Der gesetzte, ernste, treue Frauentyp.

♀ **in** ♒ Die Frau soll raffiniert, originell und kein Allerweltstyp sein.

♀ **in** ♓ Der Typ der gefühlvollen und empfindsamen, anhänglichen Frau.

15. Ist Venus im Aspekt
mit der Sonne, wird die überlegene Gattin gesucht,
mit Mond, wird die mütterliche Gattin begehrt, die dem eigenen Idealbild der Mutter entspricht,
mit Mars, begehrt der Mann die sinnliche und leidenschaftliche Frau,

mit Jupiter, die moralische, geachtete reiche Frau,
mit Saturn, sucht er eine Frau, die sozial unter ihm steht.
16. Steht der Herr des 7. Hauses im 10. oder umgekehrt, der Herr des 10. Hauses im 7., wird die Gattin vornehm sein.
Ist der Herr des 2. Hauses im 7. oder der Herr des 7. im 2., verspricht dies eine reiche Gattin.
Ist der Herr des 7. Hauses aber im 12. oder umgekehrt der Herr des 12. im 7., so wird die Gattin arm und von niedriger sozialer Herkunft sein.

Von der Ehe der Frauen:
17. Die Ehesignifikatoren (d. h. Anzeiger) sind im Horoskop einer Frau die Sonne und Mars, der Planet, der das 7. Haus regiert, der oder die Planeten im 7. Haus.
Generalsignifikator für die Liebe ist im Radix einer Frau stets Mars, der das Triebhafte bedeutet. Die Sonne bezeichnet mehr den Gattentyp, welcher der Frau die allgemeine Erfüllung bringt, während der Herr des 7. Hauses als Signifikator für die äußere Form einer bürgerlichen Ehe zuständig ist.
18. Für Frauen gelten die gleichen Deutungsregeln wie für Männer, doch nehme man statt Venus Mars und statt Mond die Sonne.
19. Nach den Aspekten, die Mars hat, urteilt man über den Gatten.
Mars im Aspekt mit
der Sonne läßt einen strahlenden Helden als Gatten gewünscht sein,
Merkur soll der Gatte klug und beredt sein,
mit Venus wird der gefühlvolle, etwas feminine Typ bevorzugt,
Jupiter ist der reiche, würdige und angesehene Gatte gewünscht,
Saturn der ernste, zuverlässige, treue Mann gesucht.
♂ **in** ♈ Sucht den maskulinen, draufgängerischen Partner.
♂ **in** ♉ Wünscht den sinnenfrohen, aus dem vollen schöpfenden Genußmenschen.
♂ **in** ♊ Der Mann soll geistig gewandt und ein guter Unterhalter sein.
♂ **in** ♋ Erstrebt den Typ des Familienvaters.
♂ **in** ♌ Der Mann soll etwas darstellen und Autorität haben.
♂ **in** ♍ Bezeichnet den praktischen, lebensklugen Handwerkertyp.

♂ **in** ♎ Sucht den sorglosen, ausgeglichenen, dem schönen Leben zugewandten Gatten.

♂ **in** ♏ Der Ehemann soll mutig, geduldig, faszinierend und von geheimnisvoller Ausstrahlung sein.

♂ **in** ♐ Wünscht sich einen Beamten.

♂ **in** ♑ Will einen ehrgeizigen, pflichtbewußten, sparsamen Gatten.

♂ **in** ♒ Sucht den technisch begabten Gatten, der modern, originell und fortschrittlich eingestellt ist.

♂ **in** ♓ Sie möchte einen Gatten, der ihr Opfer bringt und der sie umsorgt.

Die Liebenden

George Sand und Frédéric Chopin

Eigentlich hieß sie Amandine Aurore-Lucie Baronne Dudevant, geborene Dupin, doch gab sie sich den männlichen Decknamen George Sand (nach J. Sandeau, mit dem sie ihren ersten Roman verfaßt hatte). Zum Entsetzen ihrer Zeit trug sie Hosen und rauchte Zigarren. Trotzdem ging sie als eine der großen Liebenden in die Geschichte ein.

Die Nachkommin des Marschalls Moritz von Sachsen, Augusts des Starken und der Aurora von Königsmarck, stand sie Musset und anderen Großen der Zeit nahe.

Schicksalhaft war die Begegnung der sich betont »emanzipiert« gebenden (Asz Wassermann!) George Sand mit dem sechs Jahre jüngeren sensiblen polnischen Komponisten Frédéric Chopin. (In diesem Zusammenhang sei auf den Erfolgsroman des Autorenteams Matray/Krüger verwiesen »Die Liebenden«, Verlag Langen-Müller.)

Der schwankende empfindsame Musiker (Sonne in Fische) war in seinen Gefühlen unbeständig (☽ ☍ ♂), auch gehemmt, in der Art und Weise, wie er sie ausdrückte (♆ und ♄ □ **Asz**), aber doch sehr spontan (♅ ⚹ **Asz**) und doch aufgeschlossen für ungewöhnliche geistige Kontakte (♅ □ ☿). Das Inbild des Idealtyps wird durch Ve-

Außenring: George Sand
1. Juli 1804 21.48 Uhr Paris

Innenring: Frédéric Chopin
22. Febr. 1810 18.32 Uhr (korr.)
Warschau

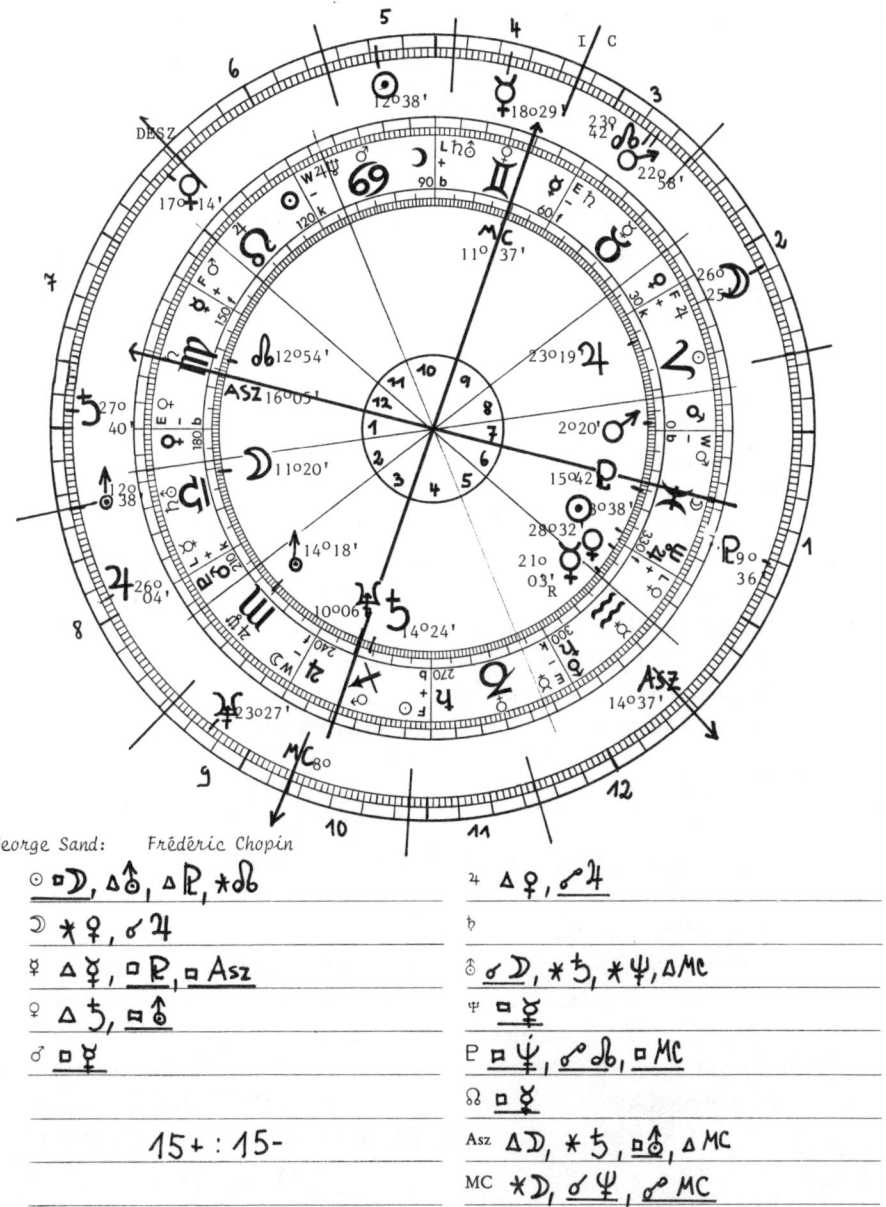

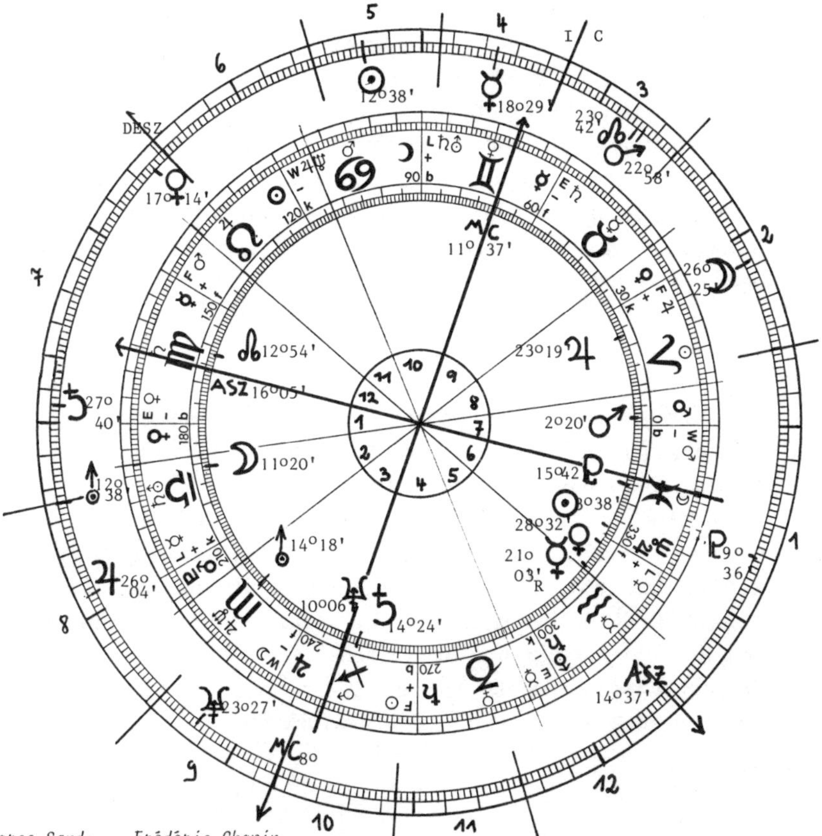

George Sand: Frédéric Chopin

☉ □☽, △♅, △♇, ⚹☊	♃ △♀, ☍♃
☽ ⚹♀, ☌♃	♄
☿ △☿, □♇, □Asz	♅ ☌☽, ⚹♄, ⚹♆, △MC
♀ △♄, □♅	♆ □☿
♂ □☿	♇ □♆, ☍☊, □MC
	☊ □☿
15+ : 15-	Asz △☽, ⚹♄, □♅, △MC
	MC ⚹☽, ☌♆, ☍MC

Partnerschaftsvergleich-Formulare vom Karl Rohm Verlag, 712 Bietigheim, Postfach

nus im Wassermann dargestellt, dem Aszendentenzeichen der George Sand. Sie war im Grunde eine mütterliche, sehr warmherzige Natur (Sonne in Krebs), die den oft Kranken fürsorglich pflegte. Ihre triebhaften Wünsche konnte sie nur schwer beherrschen (♀ □ ♂), war diesbezüglich auch leichtsinnig (☽ ☍ ♃) bzw. ließ sich von wohlwollenden Impulsen überwältigen.
Im Partnervergleich fällt die Konjunktion Mond GS (d. i. George Sand) – Konjunktion Jupiter FC (d. i. Frédéric Chopin) auf. Diese Liebeskonstellation erfährt eine Verstärkung durch Jupiter GS Trigon Venus FC und durch die Aspekte, die ihren Aszendenten mit Mond, Saturn, Uranus und MC von FC verbinden. Neptun FC in Konjunktion mit MC GS zeigt, daß sie von ihrem Partner künstlerisch angesprochen wurde. Die Leidenschaft ergibt sich vor allem aus der Konjunktion ihres Uranus in Konjunktion mit Mond FC. Außerdem stand ihre Venus im Quadrat zu seinem Uranus und seinem Merkur nahezu gegenüber. Eine legitime Verbindung war nicht möglich, die beiden Jupiter standen in Opposition. Chopin war für die Ehe nicht geschaffen: Pluto an der Spitze des 7. Hauses und Mars im Widder in diesem ist ungünstig für eine gedeihliche Dauerbeziehung. Hinzu kommt, daß zwar Venus GS im Trigon zu Saturn FC eine Treuebindung darstellt, doch verletzen ihr Mars und Neptun seinen Merkur, was die Trigonverbindung der beiden Merkur stört. Dennoch war Chopin wohl von seiner Anlage her der Treue, sie aber hatte das unruhige Blut und verlangte nach Abwechslung.

Die Liebe des Diktators

Adolf Hitler zu Eva Braun
Hitlers Horoskop ist in mehrfacher Hinsicht auffällig. Zur Geburtszeit stieg Uranus auf, was Hitler auf seine Art als exzentrisch ausweist. Eva Braun hat nahezu den gleichen Asz, wodurch sich eine gewisse Faszination erklären läßt, die er auf sie, die Wassermann-Geborene (Uranus ist in diesem Zeichen Regent!) ausübte. Ihre Sonne ist im Trigon mit seinem Asz und seinem Uranus. Der Pferdefuß:

Außenring: Eva Braun
geb.5.Dez.1912 (nach AKB)

Innenring: Adolf Hitler
20.April 1889, 18.30 Uhr, Braunau

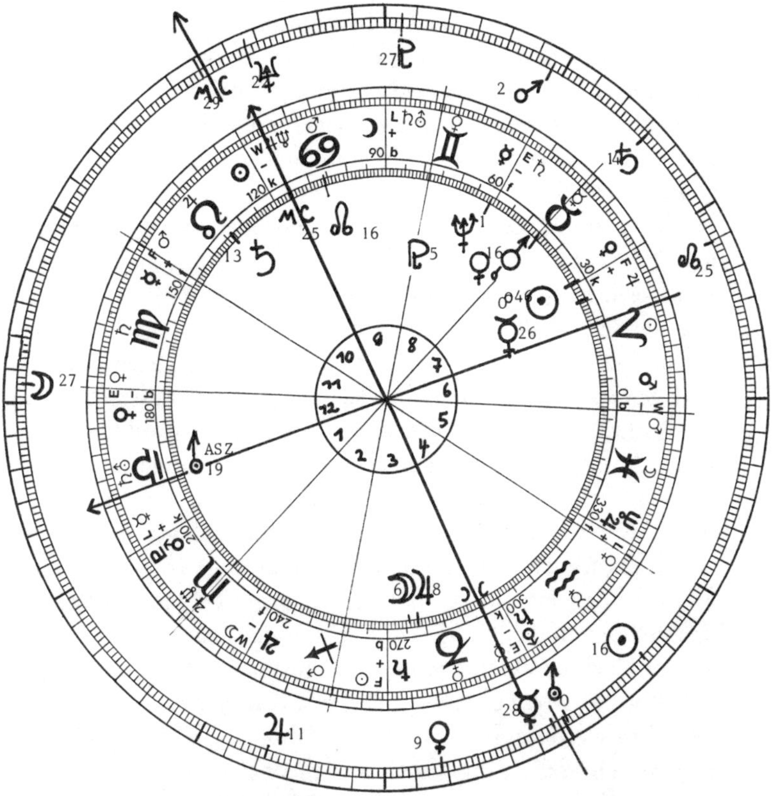

Eva Braun — Adolf Hitler

☉ □♀, □♂, ☌♄, △♅, △Asz
☽ ✱ MC (L♄)
☿ □☉, □☿, △♆, ☌MC
♀ ☌☽, ☌♃
♂ ☌♆, ☌♇

18- : 16+

♃ △♄
♄ ☌♀, ☌♂, □♄, ✱☋
♅ □☉, △♆
♆ □☿, □♅, □Asz, ☌MC,
♇ ✱☉, ✱♆
☊ ☌☿, □MC
Asz ☌♅, ☌Asz, □MC
MC □☉, ✱♆

Partnerschaftsvergleich-Formulare vom Karl Rohm Verlag, 712 Bietigheim, Postfach

Ihre Sonne ist aber auch im Quadrat zu Venus und Mars und in der Opposition zu Saturn. Hitlers Popularitätskonstellation, die Konjunktion von Mond und Jupiter, mußte Eva Braun besonders ansprechen, da sie ihre Venus dazu in Konjunktion hat. Hitler gehört zu jenen Menschen, die Venus und Mars in Konjunktion haben. Diese Konstellation drückt entweder besondere Sinnenfreude aus oder aber ein Geschlechtsleben voller asketischer Züge. Da Hitlers Saturn ein Quadrat zu dieser Konjunktion von Venus und Mars bildet, erschien er der Öffentlichkeit dem anderen Geschlecht gegenüber steif und förmlich, was seinem Charisma eine besondere Note gab. Saturn EB in Konjunktion mit Venus und Mars AH, zugleich im genauen Quadratsaspekt zu Saturn AH und an der Spitze von Hitlers »Todeshaus« mag die schicksalhafte Verkettung dieses Paares erklären. Daß die beiden Asz und auch die MC-Positionen nahezu gleich waren, hatte zur Folge, daß trotz des sehr beträchtlichen Altersunterschieds ähnliche Auffassungen über die verschiedenen Lebensprobleme gegeben waren. Ihre Venus in Konjunktion mit seinem Mond und Jupiter ist ohne Zweifel Liebe. Es ist primär keine sexuelle Partnerschaft, auch wenn Hitler Eva Braun attraktiv gefunden haben mag. Die verschiedenen Saturn-Verbindungen lassen die ungewöhnliche Note dieser Beziehung erkennen. Sie mag ihn inspiriert haben (Neptun EB Konjunktion MC AH). Hitlers 5. Haus, das über sein Triebverhalten urteilen läßt, hat die Spitze im Wassermann, was die ungewöhnliche Gestaltung seiner Kontakte zu Frauen deutlich macht. Neptun und Pluto AH in Konjunktion mit Mars EB mögen als Hinweis auf eine in gewisser Hinsicht dämonische Verfallenheit der Geliebten dienen. Pluto ist bei einer Verbindung mit Mars immer der stärkere. Das durchlaufende Trigon von Uranus/Merkur – Mars und Mond in EBs Radix und zugleich das Quadrat zwischen Mond und Pluto in ihrem Horoskop zeigen, daß sie geistig-seelisch direkt aufgeschlossen für jene Art von Liebe war, die Hitler ihr bieten konnte. Es ist müßig zu fragen, was aus diesem Paar und aus ihrer kurz vor dem Selbstmord eingegangenen Ehe geworden wäre, wenn die Zeiten anders gewesen wären. Ein »bürgerliches Eheglück« wäre beiden nicht beschieden gewesen.

Außenring: Dt.Kaiser Franz I.Stephan

geb.8.12.1708 Nancy (Gebzt.spekulativ)

Innenring: "Kaiserin" Maria Theresia

geb.13.5.1717 ca.7.32 Uhr Wien

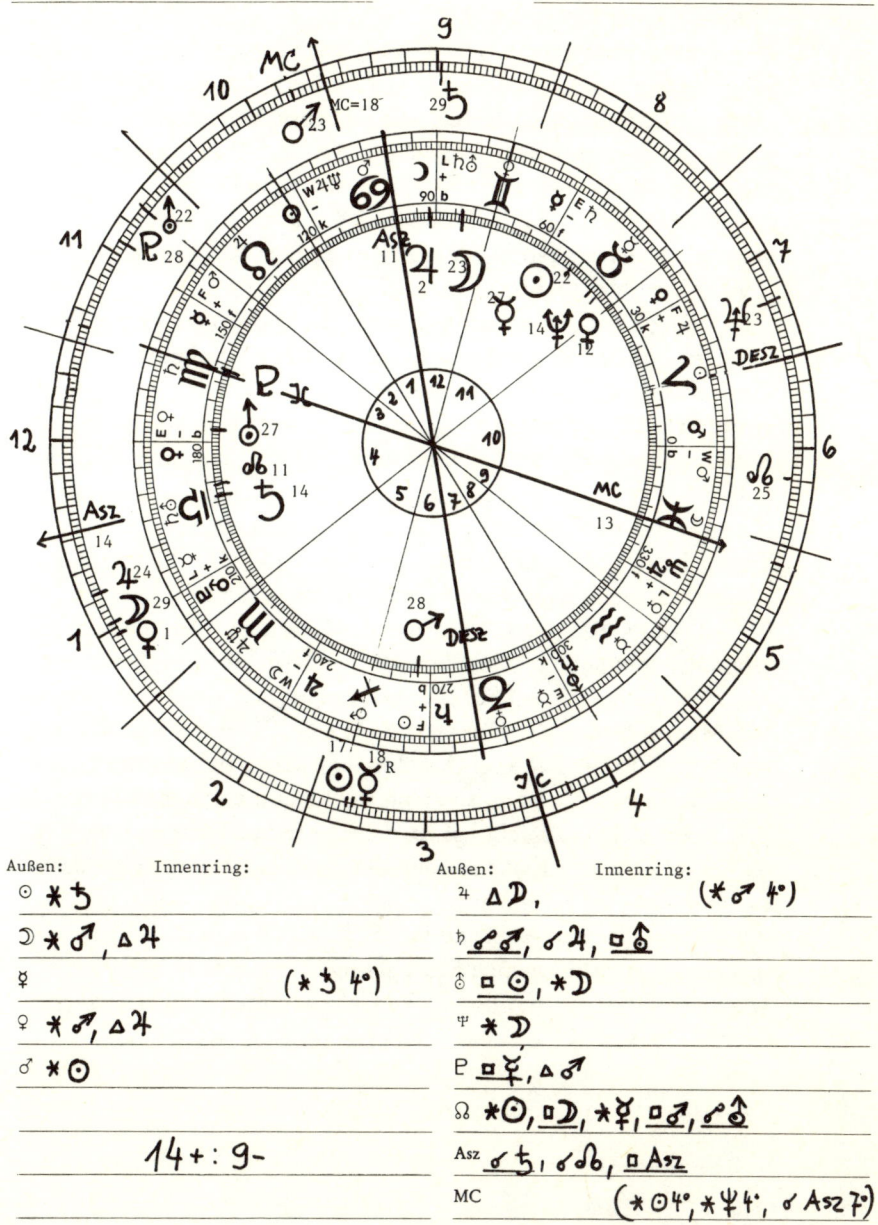

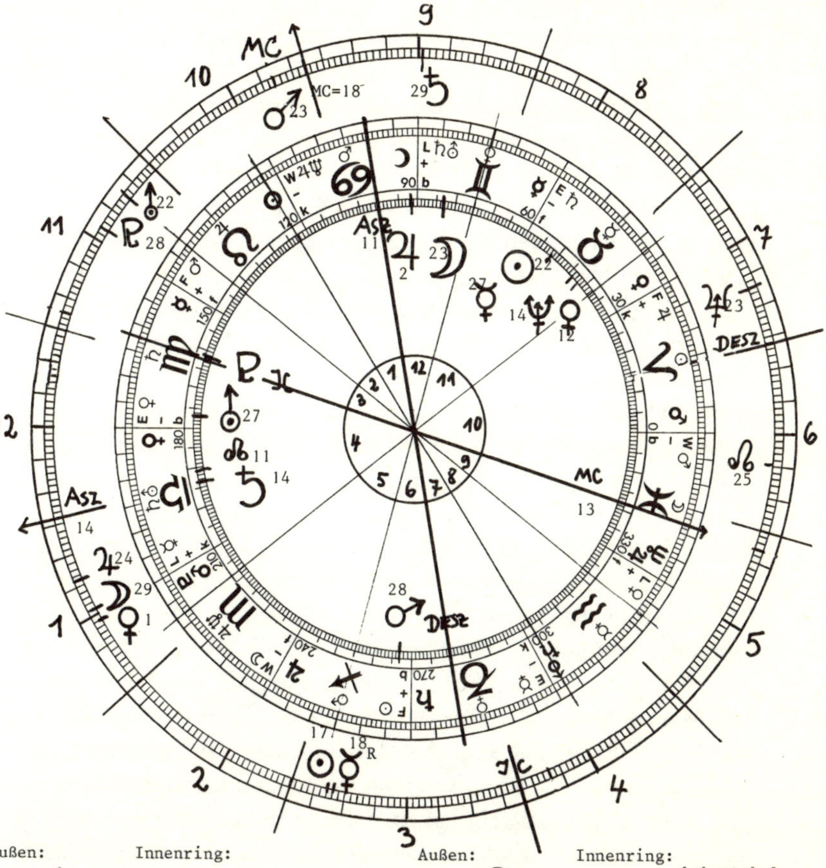

Außen:	Innenring:
☉ ✱♄	
☽ ✱♂, △♃	
☿	(✱♄ 4°)
♀ ✱♂, △♃	
♂ ✱☉	
14+ : 9-	

Außen:	Innenring:
♃ △☽,	(✱♂ 4°)
♄ ☍♂, ☌♃, □♅	
♅ □☉, ✱☽	
♆ ✱☽	
♇ □☿, △♂	
☊ ✱☉, □☽, ✱☿, □♂, ☍♅	
Asz ☌♄, ☌☊, □Asz	
MC	(✱☉ 4°, ✱♆ 4°, ☌ Asz 7°)

Partnerschaftsvergleich-Formulare vom Karl Rohm Verlag, 712 Bietigheim, Postfach

Thron und Liebe

Maria Theresia und Franz I.

Der Stimme ihres Herzens zu folgen, war Herrschenden in der Vergangenheit nur selten vergönnt. Daß Kaiserin Maria Theresia ihren »Franzl« hatte heiraten dürfen, war die Ausnahme. Trotz aller Eskapaden, die der Schütze-Geborene mit Asz und Mond in Waage (eine Mischung, die selten zur Treue ermuntert, auch wenn Saturn zur Konjunktion von Jupiter, Mond und Venus im stabilisierenden Trigon steht, Venus allerdings im Skorpion, dem Zeichen der Leidenschaft), sich leistete, war es eine sehr glückliche Ehe.

(Das Radix der Kaiserin ist im Lorcher Kalender 1976 besprochen.)

Da Saturn MT in Konjunktion Asz F ist, dürfte sich Franz von seiner Gattin bedrückt gefühlt, daher auf seine Weise versucht haben, seinen erotischen Wünschen nachzugeben. Die Opposition von Sonne und Mond im Vergleichshoroskop ist zwar ungenau, zeigt aber doch eine gute Ergänzung der beiden Partner an. Sehr schön das Trigon zwischen Mond und Jupiter, das doppelt vorkommt, sodann Venus F Trigon Jupiter MT und Mars F Sextil Sonne MT. Das Bild wird noch plastischer, wenn man den Orbis etwas erweitert. Die Tatsache, daß das MC des Gatten nahe beim Asz der Gattin ist, zeigt, daß die sehr feminine, aber auch resolute Stier-Dame das Heft in der Hand hatte. Ihr Ideal-Mann war ein Schütze-Geborener, was durch die Position von Mars in diesem Zeichen signalisiert wurde, sich dann in Wirklichkeit auch zutrug. Die drei Aspekte von Mars, Jupiter und Uranus zum Saturn von F und dessen Uranus Quadrat zu Sonne MT mögen jene Spannungen gebracht haben, die eine andere Ehe nicht ausgehalten hätte. Der kaiserliche Lebensstil einerseits, aber auch die daraus sich ergebenden Verpflichtungen andererseits boten Möglichkeiten, die Reibungsflächen gering zu halten, bzw. bewirkten, daß gewissermaßen aus Staatsräson eine Kluft gar nicht erst aufreißen durfte. Das Übergewicht der harmonischen Vergleichskonstellationen wird es erleichtert haben.

Zwei Politiker im Gespann?

Politiker, auch wenn man sie zur Spitzengarnitur rechnet, können sich nicht aussuchen, mit welchen Männern oder Frauen sie zusammenarbeiten müssen. Aber gerade von ihrem harmonischen Zusammenwirken ist die Wohlfahrt eines Landes oft entscheidend abhängig. Im vorliegenden Fall soll durch eine Kurzuntersuchung die Chance für ein Zusammengehen des Politikers A mit dem Politiker B untersucht werden. Die große Zahl der gemeinsamen Aspekte weist auf viele Berührungspunkte, aber es ist irreführend, wenn man das beträchtliche Übergewicht der günstigen Konstellationen als ein gutes Omen auffassen wollte. Das meiste sind Sextilaspekte, die nur schwach wirksam sind. Daß Asz A in Konjunktion mit Jupiter B steht, ist natürlich günstig, zeigt, daß B, der Jüngere, in gewisser Hinsicht bereit ist, dem Älteren Respekt zu zollen, was einem Widder-Geborenen, der noch dazu Uranus bei der Sonne hat, schwerfällt, überhaupt wohl nur möglich gemacht durch ein gewisses Talent zur Anpassung, wie es der Mond bei Venus/Asz ausdrückt.

Grundregel ist, immer zuerst nach den Spannungsaspekten im Vergleichshoroskop zu fahnden. Da zeigt sich eine Menge. A ist ein äußerst dynamischer Mensch, in dessen Horoskop Mars in Konjunktion mit Saturn steht, die allerdings durch das Sextil zu Sonne und Venus auch eine Harmonisierung erfährt, doch liegt hier genau der wunde Punkt. Diese Gewalt-Konstellation verletzt die Gestirngruppe von Uranus, Sonne und Merkur B im Widder, steht dem Saturn B gegenüber und in Konjunktion mit Pluto B. Selbst das Trigon zu Mars muß da explosiv wirken. Zehn ausgesprochen schwere negative Aspekte plus den beiden Marskonstellationen und die Tatsache, daß Sonne A in Opposition zu Mars B steht und im Quadrat zu Jupiter B ist, zeigten, daß das Zusammenwirken eine ständige Zerreißprobe ist, unheilvoll für die Beteiligten, vor allem für B, der viel zu naiv und spontan reagiert, nicht so nachhaltig, trickreich und strategisch vorgeht wie A (Sonne in Jungfrau). Beide Politiker dürften sich nach diesem Vergleichshoroskop bis aufs Messer bekämpfen, auch wenn dies vor der Öffentlichkeit verborgen wird. Würde z. B. eine Regierung nach astrologischen Gesichtspunkten zusammengestellt, dürften diese beiden Politiker niemals zusammen darin Sitz und Stimme haben, schon gar nicht, wenn der eine dem anderen übergeordnet wäre, ganz kraß im Falle B das Sagen bekäme.

Außenring:

Politiker A

Innenring:

Politiker B

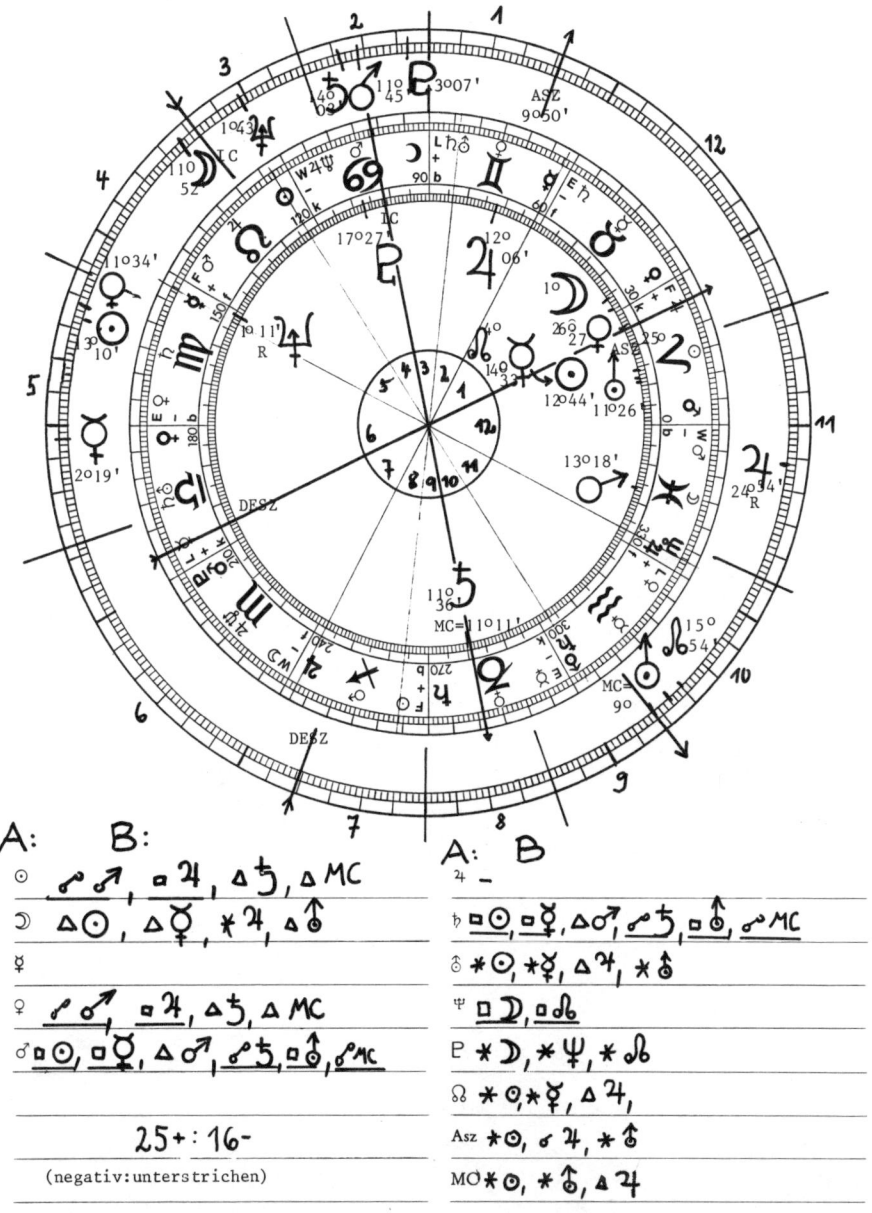

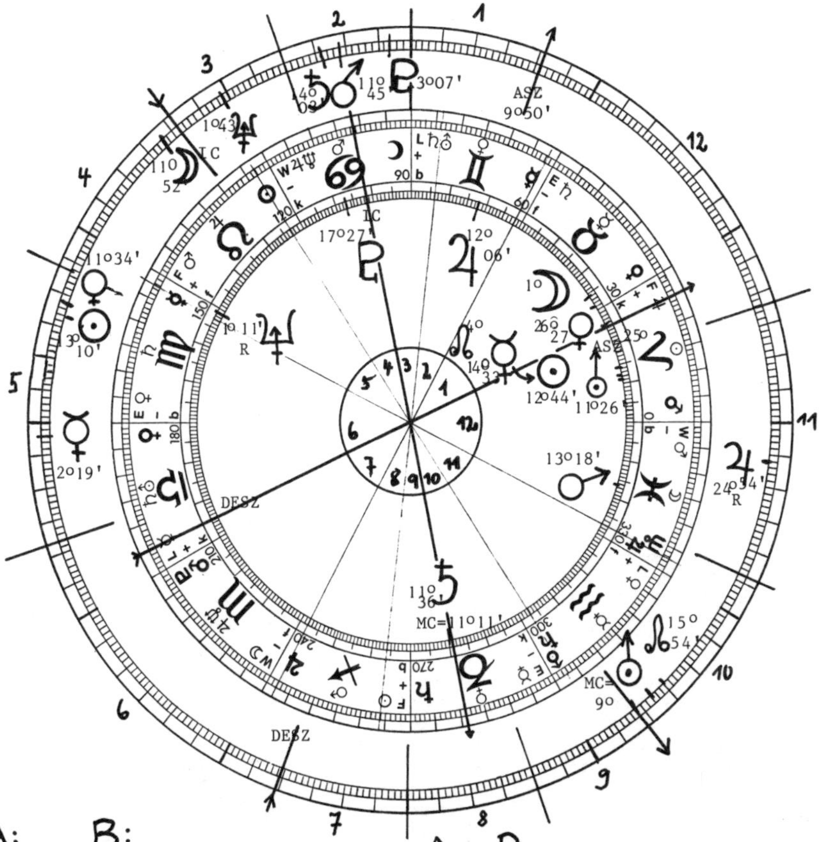

A:	B:
☉	☍♂, □♃, △♄, △MC
☽	△☉, △☿, ✶♃, △♅
☿	
♀	☍♂, □♃, △♄, △MC
♂	□☉, □☿, △♂, ☍♄, □♅, ☍MC
	25+ : 16-

(negativ: unterstrichen)

A:	B
♃	–
♄	□☉, □☿, △♂, ☍♄, □♅, ☍MC
♅	✶☉, ✶☿, △♃, ✶♅
♆	□☽, □☊
♇	✶☽, ✶♆, ✶☊
☊	✶☉, ✶☿, △♃,
Asz	✶☉, ☌♃, ✶♅
MC	✶☉, ✶♅, △♃

Partnerschaftsvergleich-Formulare vom Karl Rohm Verlag, 712 Bietigheim, Postfach

Anhang

Die Planeten
Die zwölf Sektoren
Die zwölf Tierkreiszeichen als vorgeformte planetare Zonen – Merkwörter und journalistische Darstellung des Typischen

Die Planeten

Grundprinzipien der in uns wohnenden Kräfte des Lebens, Kennmarken für Periodizität, ihr Symbolgehalt.

☉	Prinzip der Lebenskraft; Ich. Individualität, Machtstreben; vital, feurig, furchtlos, Vater, Gatte; Herz, Kreislauf.
☽	Seele, Gefühl, Phantasie, Erlebnistiefe; Sammlung, Gestaltung, Wechsel; Mutter, Heimat, Volk; Stoffwechsel, Sekretion, Fortpflanzung, Fruchtbarkeit. Magen.
☿	Intelligenz und Zwecksinn; Vermittlung, Klugheit, Berechnung, Mittler sein, Sachdenken; Rede und Schrift, Erziehung, Verkehr, jüngere Geschwister, Nerventätigkeit. Lunge und Arme.
♀	Prinzip der Harmonie, Empfindung und Hingabe. Ausgleichen, Kontakte herstellen, Reize empfinden, Sinnenfreude, Zärtlichkeitsverlangen, Erotik; Geselligkeit, Kunst, die Geliebte, Spiel und Spekulation; innere Sekretion, Sexualfunktion. Niere.
♂	Prinzip der aufbauenden oder zerstörenden Energie, Trieb und Drang, Heftigkeit, Wille, Mut, Impuls, Initiative. Machtwille, Soldaten, Sportler, Techniker, der Geliebte; Geschlechtstrieb, Muskelkraft, Unfall, Fieber, Entzündung, Verletzung.
♃	Prinzip der Expansion. Kraft zur Entfaltung, das Lebensoptimum, Hoffnung, Entfaltung, Ausgleich, „das Glück"; das Erhabene, Religion, Philosophie, Recht und Gerechtigkeit. Fülle, Reife. Leber.
♄	Prinzip der Konzentration, Grenzen setzen, Einengen, das Notwendige anerkennen, Verdichtung; Hemmung, Bindung, Angst, Vorsicht; Vater, Vorfahren, Landwirte; Knochenbildung, Milz, Haut, Erkältungen, chron. Zustände, als „großes Unglück" Trennung, Mißtrauen, Isolation.
♅	Prinzip des Umschwungs, der Erneuerung, des „Zufalls", Intuition, Überraschung, Blitz, Krampf, Katastrophe. Erfinder, Techniker, Revolutionäre; Nervensystem, Krämpfe, Unfall, Operation.
♆	Prinzip des Grenzüberschreitens, Phantasiekraft, allumfassende Menschenliebe, Romantik, Mystik, Hingabe, Inspiration; Schwindel, Schwäche, Rausch, Gift, Haltlosigkeit, Illusion, Täuschung, Intrige; Medien, Musiker, Schwärmer; Gärungsprozesse, Süchte, Rausch, Lähmung.
♇	Stichwort: „Macht und Masse", höhere Gewalt, Zerstörung, Vernichtung, das Gewaltige hervorbrechen und die radikale Umgestaltung, Kollektivismus, Massenpsychose.
☊	Im Horoskop wichtiger Faktor für Gemeinschaftsleben, Gemeinsamkeiten, für mitmenschliche Beziehungen.

Die zwölf Sektoren (»Häuser«) des Tierkreises

1 Das Ich, Charakter, der Körper als Werkzeug der Seele, äußere Erscheinung, Ausdrucksformen des Willens, der Manieren, Konstitution, Habitus, Gesundheit.
2 Materielle Mittel und Reserven, Ökonomie des Verhaltens im Materiellen, Geld, Kapital.
3 Geistige Fähigkeiten, Denken, nähere Umwelt, Erziehung, Blutsverwandte, kurze Reisen.
4 Herkunft, Eltern, Heimat und eigenes Heim, Alter.
5 Triebkräfte, was aus den Sinnen kommt, Lebensfreude, Liebe, Kinder, Spekulation.
6 Das Notwendige, Arbeit, Abhängigkeit, Widerstandskraft, Gesundheit.
7 Das Du, Partner, Ehe, Öffentlichkeit, Bündnisse.
8 Bewußtseinsübergänge, Tod, Erbschaft, Forderungen, Gewinn und Verlust als Bilanz.
9 Höhere geistige Interessen, Weltanschauung, Ausland, große Reisen.
10 Gesellschaftliche Position, Beruf, Erfolg, Ansehen, Ehre.
11 Freunde, Gönner, Wünsche und Hoffnungen, Protektion.
12 Prüfungen, Feinde, Besinnung, Läuterung, Einschränkung, Verlust, Auflösung.

Die zwölf Tierkreiszeichen als vorgeformte planetare Zonen
Merkwörter und journalistische Darstellung des Typischen

Widder

Die Sonne ist im Widder zwischen 21. März und 20. April.
Widder ist eine *Zone des Mars*: Eifriges Wollen, Initiative, Verlangen nach Selbständigkeit, Gefahr durch Gewalt. Aktivität, Impulsivität. Kopf, Gehirn, Augen.
Ein rechter Widder ist einem Flirt nur selten abgeneigt, vorausgesetzt, er ist noch ledig und findet Zeit dazu. Denn im Beruf ist er ehrgeizig, will vorankommen und Geld verdienen. Oder seine verschiedenen Hobbies füllen ihn so aus, daß er zu nichts anderem kommt.
Der Widderbeeinflußte weiß immer, was er will, und meistens hat er recht präzise Vorstellungen davon, wie es klappen könnte. Die Partnerin will der Widder jedenfalls total mit Haut und Haaren, wenn auch nicht gleich fürs ganze Leben. Ihr gegenüber ist er liebenswürdig, oft ein bißchen der unbekümmerte »große Junge« und steuert schnell auf sein Ziel zu. Da er im Grunde seines Herzens aggressiv ist, schätzt er diplomatischen Umgang wenig. Für jegliches »Getue« hat er weder Sinn noch Lust, noch Zeit. Deswegen läßt er sich auch nicht gerne lange hinhalten; dazu ist er viel zu vital, aber auch zu unbeständig.
Scharfe Sinne und ein gutes Kombinationsvermögen lassen den Widder rasch die schwachen Stellen bei seiner Herzensdame erspähen – und ausnützen. Kommt er nicht an das Ziel seiner Wünsche, wird er zwar sehr heftig reagieren und seinem Herzen Luft machen, aber er wird sich weder aufhängen noch den Gashahn aufdrehen (das wären Todesarten, die ihm ganz und gar unsympathisch sind), er wird auch kaum zur Pistole greifen (als Mars-Mensch hat er vermutlich irgendein Schießeisen), sondern sich rasch trösten. Es wäre allerdings falsch, den Widder als oberflächlich empfindend abzutun.
Freilich, besonders schätzt er Partnerinnen, die für ihn gut und preis-

wert kochen, etwas von Technik verstehen, ihm bei seiner Auto-Bastelei die Lampe halten und den Schraubenschlüssel (den richtigen!) reichen und die recht realistisch sind. Den Widder-Mann denkt man sich am besten als Soldat, als Techniker, Chirurg oder Forscher. Gerät der Widder-Mann an eine Widder-Frau, wird das möglicherweise eine kurze, aber sehr heiße Liebe werden.
Beide sind sehr aktive Menschen. Und die Widderdame bringt es nur schwer fertig, die anschmiegsame, recht weibliche Partnerin zu sein, die danach verlangt, »beschützt« zu werden. Sie paßt schon selbst auf sich auf und will auch in der Liebe aktiv sein. Da sie dazu neigt, ihre Partner »aufzumöbeln«, läßt sich leicht das Feuerwerk ahnen, das es gibt, wenn zwei Menschen Partner werden, die beide marsischer Natur sind.
Beim Mann, der viele Wesenszüge des Widder (oder Skorpion) in sich verkörpert, kann es in seiner »Sturm- und Drang-Periode« Potenzstörungen geben, denn er ist leicht überreizt und neigt zur Nervosität.

Stier

Die Sonne ist im Stier zwischen 21. April und 20. Mai.
Stier ist eine *Zone der Venus*: Auf materielle Sicherheit bedacht, Beharrlichkeit, Wirklichkeitssinn, eigenwillig, langsame Reaktionen. Hals, Nacken, Kehle, Mandeln, obere Atmungsorgane bzw. Luftwege, Stimme, Ohren.
Stiergeborene sind vorsichtig und geduldig. Obwohl sie sehr kontaktfreudig und absolut gegen das Alleinsein sind, dauert es bei ihnen doch ein Weilchen, bis Stierbeeinflußte sich dazu aufraffen, eine Bekanntschaft zu schließen. Sie haben etwas gegen Experimente und sind gegen unerwünschte Veränderungen allergisch. Auch ein Flirt soll sich bei ihnen in geordneten Bahnen bewegen, d. h. überschaubar sein. Partner sollen einen Stiergeborenen nicht drängeln, denn er braucht seine Zeit, um in der Liebe (oder in anderer Hinsicht) munter zu werden. Bis er richtig warmgelaufen ist, verhält er sich konventionell und ist wenig aufregend.

Die meistens musikalischen Stiermädchen sind hübsch und reizvoll. Aus ihnen werden Vollblutfrauen, die körperliche Liebe und andere leibliche Genüsse zu schätzen wissen. Ihre Partner gewinnen Stierdamen im Handumdrehen, nicht zuletzt durch ihre sympathische offene Art und ihre Herzlichkeit. Sie sind die denkbar besten Gastgeberinnen, die kultiviert zu leben und zu lieben verstehen. Ihr schönes Heim ist ihre Burg – und immer geschmackvoll eingerichtet.
Fürs Materielle und für die Sicherung ihrer Existenz haben Stiergeborene in der Regel mehr Sinn als fürs Ideelle. Psychologische Einsichten sollte man ihnen nicht abverlangen. Sie urteilen sehr stark nach ihren Gefühlen; deshalb sind sie auch eifersüchtig, eine ihrer hauptsächlichsten Untugenden.
Ist das Zeichen Stier in einem Kosmogramm sehr betont, kann das ein Hinweis sein, daß der Partner von ihnen als eine Art Besitz vereinnahmt wird. Die in einer solchen Partnerschaft bestehenden sexuellen Bindungen können dann früher oder später in eine Gewohnheit münden, die lästig empfunden wird.
Grundsätzlich schätzen männliche und weibliche »Stiere« in der Partnerbegegnung mehr die Qualität des Soliden und die Dauer des Genießens als Raffinesse oder Rausch. Sie empfinden tief, äußern ihre Gefühle aber nur ungern und sind in ihren Zärtlichkeiten eher zurückhaltend. In der Ehe sind sie treu, denn das entspricht ihrer Einstellung zu allen Lebensproblemen.
Beruflich sind Stiergeborene tüchtige Praktiker, die in allen Berufen ihren Mann stehen. Sie sind Realisten, deren Horizont ganz sicher immer das Nächstliegende erfaßt. Oft haben sie mit Mode oder Kunst zu tun, sind in der Ausstattungs- oder Vergnügungsbranche tätig, zeichnen sich als Gartengestalter, Architekten oder Sänger aus.

Zwillinge

Die Sonne ist in den Zwillingen zwischen 21. Mai und 21. Juni.
Zwillinge ist eine *Zone des Merkur*: Vielseitige und vielfältige Aus-

drucksmöglichkeit, geistige Gewandtheit, unruhig, schwankend, beweglich, sprunghaft. Schultern, Arme, Hände, Lunge.

Der männliche »Zwilling« erweist sich als geborener Gesellschafter, der elegant und verbindlich auftritt. Überall ist er willkommen und findet Anschluß, denn er ist anpassungsfähig und von lebhaftem Naturell. Dem brillanten Erzähler und Plauderer fliegen denn auch Frauenherzen zu. Er selbst nimmt solches nicht allzu ernst, hat auch gern mehrere Eisen gleichzeitig im Feuer. Da er tiefer Leidenschaften nur sehr bedingt fähig ist, sterben Zwillingsgeborene selten an einem gebrochenen Herzen.

Die schwachen Seiten der Menschen, die von diesem Tierkreiszeichen her geprägt sind: Vieles wird begonnen und nicht beendet. Die stete Geschäftigkeit hat zur Folge, daß es ein bißchen an Konzentration fehlt und manches nur oberflächlich erledigt wird. Einen Wunsch nach Abwechslung kann man auch im Liebesleben beobachten: Treue gibt es nur in Partnerschaften, die den Zwilling immer aufs neue fesseln. Fräulein Zwilling ist die intelligente, lustige und optimistische Geliebte, die aber leider ihre Launen hat. Vom Himmelhoch-jauchzend-zu-Tode-betrübt ist eine Stimmung, die den Partnern solcher Damen wohlbekannt ist.

Zwillingsdamen entwickeln oft eine charmante Neugier. Sie weiß stets das Neueste, hat flinke Augen und ist hellhörig. Ihre Ziele erreicht sie am liebsten diplomatisch, manchmal auch durch eine kleine List oder einen Schwindel, den man ihr verzeihen muß.

Der männliche Zwilling setzt solche Gaben vor allem in journalistischen Berufen ein. Er kann dann geradezu unverschämt aufdringlich sein.

Esprit und Schwung zeichnen den Zwilling-Flirt aus und ähnlich, dazu ein bißchen schillernd und im ganzen recht faszinierend, fallen die Liebesbriefe aus.

Es bleibt zu hoffen, daß der Partner ebenfalls nicht langweilig ist, eine geistige Anregung als Impuls aufgreift und selbst einiges tut, um zu unterhalten.

Bei einer Zwillingsdame hat gewonnen, wer ihre Wünsche vorausahnt, was ein gleiches sensibles Nervensystem voraussetzt. Sie hat ihren eigenen Rhythmus. Eine Zwillingsdame hält Knaus-Ogino

zwar für eine sehr vernünftige Methode, doch ist Liebe nach dem Kalender absolut nichts für sie. Mal liebt sie heiß und mimt dabei doch nur die Leidenschaftliche, dann wieder scheint sie mit ihrem Partner zu spielen und meint es hinreißend ernst. Routine mag sie um alles in der Welt nicht.
Zwillingsbeeinflußte sind häufig nervös und oft starke Raucher. Beruflich leisten sie ihr Bestes im Handel und in der Wirtschaft, in der Politik, auf der Bühne oder im Schrifttum.

Krebs

Die Sonne ist im Krebs zwischen 22. Juni und 22. Juli.
Krebs ist die *Zone des Mondes*: Gefühlvolle Empfänglichkeit, Phantasie, Hingabe, dabei aber doch auch auf Distanz bleiben. Langmut, labiles Verhalten. Brust, Magen, z. T. auch Leber.
Der gefühlvolle, empfindsame und anschmiegsame Krebsbeeinflußte ist ein sehr zärtlicher Liebhaber, der die Seele seiner Partnerin mit Phantasie und mit Geduld umwirbt. Nur ungern wird er von seinen erotischen Wünschen sprechen oder sich seine intimen Regungen anmerken lassen. Krebse wissen immer, was sich schickt. Sie achten auf Tradition und Konvention. Deshalb sind sie auch in ihrem Lieben gern ein bißchen konservativ.
Macht man ihnen Ärger, explodieren sie nicht gleich, sondern fressen ihn lieber in sich hinein, anstatt sich abzureagieren. Das kann dann freilich aufs Gemüt schlagen. Da sie friedliebend sind, beginnen sie von sich aus selten einen Streit und suchen gern eine friedliche Beilegung, wenn er erst einmal ausgebrochen ist. Sie könnten den Kompromiß geradezu erfunden haben. Allerdings sind Krebsgeborene oft nachtragend. Ebenso lassen sie sich nur ungern von einer einmal gefaßten Idee abbringen. Zwar geben sie momentan nach, um keinen Streit zu haben, aber hintenherum setzen sie ihren Willen dann doch durch.
Übrigens verstehen sie es auch, mitunter spontan zu reagieren. Krebs-Mädchen erweisen sich schon in jungen Jahren als mütterlich-für-

sorgliche Naturen, die oft ein bißchen pessimistisch eingestellt sind und auch »nahe am Wasser gebaut« haben. Sie entdecken schon früh ihr Herz für die Romantik und lieben das Sentimentale.
Als reifere Frauen sind sie das Heimchen am Herde und natürlich treu.
Bis zur Heirat ist es freilich ein langer Weg, zumal Krebse sich in der Liebe Zeit lassen.
Freundschaften und Aufenthaltsorte wechseln Krebsbeeinflußte so häufig wie der Mond seine Scheibe. Auch zieht es sie magisch in die Ferne, besonders ans Wasser, wo sie auch gern den Urlaub verleben.
Krebsgeborene sind die eigentlichen Lebenskünstler, die zu genießen verstehen und genau wissen, was ihnen gut tut.
Entsprechend dieser Einstellung wird auch das Leben zu zweien so eingerichtet, daß es beim geringsten Geld-, Zeit- und Energieaufwand ein Höchstmaß an Genüssen bietet.
Aus diesen Gründen schätzen Krebsgeborene auch die Ehe, weil sie ihnen die intensivsten körperlichen Beziehungen in der für sie am bequemsten empfundenen Form bietet. Natürlich auch, weil sie einen ausgeprägten Familiensinn haben.
Krebsbeeinflußte heiraten immer aus Liebe und sehr oft wegen der Kinder.
Unter diesem Zeichen findet man viele Künstler, aber ebenso auch viele Beamte, denen an der geregelten Laufbahn liegt. Ferner gibt es die Vertreter dieses Tierkreiszeichens oft in Berufen, die mit Flüssigkeiten oder mit der Seefahrt zu tun haben.

Löwe

Die Sonne ist im Löwen zwischen 23. Juli und 23. August.
Löwe ist die *Zone der Sonne*: Schöpferkraft, Machtwille, Gestaltungsfähigkeit, Organisationsgabe, Selbstsicherheit. Herz, Rücken, Zwerchfell, Schlagader, Blutkreislauf.
Wenn Sie einem »Kavalier alter Schule« (der es den Jahren nach durchaus nicht zu sein braucht) oder einer strahlenden »Königin«

begegnen, dann treffen Sie wahrscheinlich auf Menschen, die stark vom Zeichen Löwe her geprägt sind. Es sind zugleich die Egoisten des Tierkreises, denn sie verbergen unter ihrer zu Schau gestellten Würde sehr präzise Ansprüche an das Leben. Im allgemeinen sind es gesellige Menschen, die stets imponierend auftreten und die gleich zu erkennen geben, daß sie die Chefs sind, in der Familie, auf der Baustelle, im Büro, in Verwaltung oder in welcher Institution sie sich bewegen.

Meistens verdanken sie ihrem Fleiß und einer Portion Glück ihre leitenden Posten, sei es im Staatsdienst, in der Wirtschaft oder beim Militär.

Löwe-Damen nehmen es mit jedem Mann auf, sowohl was Arbeit und Beruf angeht, aber auch die Aktivität in der Liebe ausmacht.

Das weite Herz der Löwe-Herren hat Platz für eine ganze Sammlung reizvoller Damen. Als Salon-Löwen sind sie die großen Eroberer. Als Egoisten teilen sie nicht gern. Sie möchten überall die ersten und die einzigen sein. Daß das in Partnerschaften nicht immer zu machen ist, ist ihr stiller Kummer.

Löwegeborene könnten die Erfinder der Autorität sein. In der Liebe sieht das so aus, daß sie sich selbstverständlich alle Freiheiten gewähren, die sie anderen keinesfalls zugestehen mögen.

In den eigenen vier Wänden geben sie sich häuslich, außer Haus aber ist ihre elegante Erscheinung nicht zu übersehen. Schon gar nicht ihr selbstbewußtes Auftreten. Auf der Bühne des Lebens erweisen sie sich als Showmaster.

Dies gilt auch für Damen, die selbstverständlich für ihre Person jeden Respekt fordern. Bewerber um ihre Hand und um ihr Herz haben es nicht einfach. Sie sollen möglichst etwas darstellen, sollen glänzen, sei es durch Geld oder Besitz, Herkunft oder soziales Prestige, denn die Löwin will sich mit ihren Partnern sehen lassen können.

Wenn ihre Eitelkeit ihnen zum Fallstrick wird, ist dies die Stunde der Neider, die nunmehr triumphieren dürfen.

In der Liebe fordern Löwen alles, aber sie geben auch viel. Offen bekennen sie sich zu den Wünschen ihrer Sinne und sind gegen Heimlichkeiten.

Die weiten, großen Gefühlsregungen fordern eine natürliche und

klare Art der Partnerbegegnung, die nicht sentimental und nicht raffiniert sein soll. Aber sie brauchen für die Liebe auch immer ein bißchen den rechten Rahmen, der ihrer würdig sein soll.
In der Ehe sind Löwebeeinflußte zuverlässig, aber eben sehr eifersüchtig, und das kann zu Komplikationen führen.

Jungfrau

Die Sonne ist in der Jungfrau zwischen 24. August und 23. September.
Jungfrau ist eine *Zone des Merkur*: Sorgfalt, Ordnungsliebe, Gründlichkeit, ruhig, nicht sehr aufgeschlossen, Streben nach Bewußtheit, Stabilität. Verdauungsorgane, Milz, Nerven Bauchspeicheldrüse.
Irdisch und ohne romantische Höhenflüge mutet das Liebesleben der Jungfraugeborenen an. Möglichst nüchtern wägen sie ihre Herzensangelegenheiten ab, bevor sie einen Entschluß treffen. Deswegen wird auch selten aus spontanen Gefühlen heraus zum Standesamt geschritten. Vielleicht ist auch ein Grund darin zu suchen, daß sie gern das Risiko scheuen oder weil sie wissen, wie fragwürdig und subjektiv unsere Empfindungen sind, denen sie daher immer ein bißchen mißtrauen.
So bietet oft eine Vernunftehe für sie einen annehmbaren Kompromiß, sofern sich die Partner dabei auch herzlich zugetan sind. Haben sie sich und vor allen Dingen den Partner nach allen Richtungen hin getestet, haben sie sich einmal an ihn gebunden, dann sind sie auch treu.
Dem Zug der Jungfraugeborenen zum Reinen und Sauberen entspricht wohl auch ihr Bedürfnis nach Hygiene. Auch moralisch soll alles »sauber« sein.
Jungfrau-Herren sind meistens korrekt und legen es selten darauf an, eine Partnerin zu überrumpeln. Sie halten nicht viel davon, die Gunst einer schwachen Stunde auszunützen. Es wäre aber verfehlt, wollte man sie deswegen als langweilig schelten oder ihre Zurückhaltung als Gefühlskälte deuten. Haben sie erst einmal die Weichen gestellt, zei-

gen sie in intimen Situationen sehr bald, wie leidenschaftlich sie sein können.
Jungfraubeeinflußte lieben Details – auch in der Liebeskunst. Man möchte fast sagen, daß es die Techniker der erotischen Praktiken sind. Wenn das auch für Jungfrau-Damen gelten sollte, zeigen sie es gewiß nie. Sie verkörpern den Typ der schönen, aber stets ein wenig blaß wirkenden Mädchen, schwärmen von der Ehe und haben noch Ideale. Müssen sie sich dann aber für einen Gatten entscheiden, denken sie praktisch und bevorzugen den Fleißigen und Strebsamen, der in einer gesicherten Position ist und ihnen etwas bieten kann, vor allem auch die Aussicht, später einmal gut versorgt zu sein.
Jungfraugeborene eignen sich gut als Lehrpersonen, Erzieher, Schriftsteller, Kritiker, Ärzte oder Schwestern, Kaufleute, Techniker oder Handwerker.

Waage

Die Sonne ist in der Waage zwischen 24. September bis 23. Oktober. Waage ist eine *Zone der Venus*: Harmoniebedürfnis, Sympathiefähigkeit, Schönheitssinn, Entgegenkommen. Beweglich, anregbar, kann sich gut äußern. Lenden, Nieren, ableitende Harnwege, Blase, Gefäßnerven des Kopfes und der Haut.
Die charmanten, meist eleganten und amüsanten Waage-Herren werden gern zu Partys eingeladen, weil sie sich darauf verstehen, Damen zu unterhalten. Sie gewinnen sie durch ihr gutes Benehmen, verstehen sich auf Komplimente, vertreten zwar konservative Ansichten, lassen aber auch die Meinung anderer gelten.
Sie können nicht nur gewandt plaudern, dank ihres angeborenen Taktgefühls können sie auch zuhören.
Wenn Waagebeeinflußte in der Liebe sogar für moderne, vielleicht gar revolutionäre Ansichten sind, dann im Grunde nur, weil sie sich davon eine besondere Form des Genusses versprechen. Man wird unter solchen Geborenen Menschen finden, die gegen Partnertausch prinzipiell nichts einzuwenden haben, sofern nur die Methode elegant ist

und das Dekorum gewahrt bleibt. Wenn sie sich also zu so etwas hinreißen lassen, dann als ein Mittel zur Steigerung der Raffinesse. Grob-sinnliche Triebbefriedigung ist ihnen unverständlich und daher ein Greuel.
Waage-Damen zeigen sich leidenschaftlich, wenn es ihrem Partner gelingt, sie durch Geist oder den Zauber einer kultivierten Erotik zu fesseln. Ein bißchen Luxus wird geschätzt, weil ihm die besondere Note zukommt.
Die Gefahren dieses Zeichens sind naturgemäß der Hang zum Vergnügen, zum Seichten, zur Eitelkeit oder zum Raffinement. Steht die Zeichenherrin Venus in sehr schlechten Aspekten, kann dies leicht moralisches Abgleiten anzeigen.
Nieren-, Blasen-, Venen- oder Hautleiden sind hier häufiger anzutreffen. Waagegeborene oder Menschen mit dem MC in diesem Zeichen wählen sich gern einen Beruf, in dem sie ihre künstlerischen Anlagen entfalten können oder in dem sie ihre Gabe der Vermittlung unter Beweis stellen können.
Da dieses Zeichen auch zu gerechtem Denken und Handeln geneigt sein läßt, findet man hier auch juristische Berufe vertreten.

Skorpion

Die Sonne ist im Skorpion zwischen 24. Oktober und 22. November.
Skorpion ist eine *Zone von Pluto und Mars*: Selbsterhaltungstrieb, physische Aktivität, praktischer Sinn, Geschicklichkeit, Gefahr durch Jähzorn, Hemmungslosigkeit, widersprüchliche, grüblerische Natur. Geschlechts- und Ausscheidungsorgane, Mastdarm.
Der Selbsterhaltungstrieb ist eine der hervorstechendsten Eigenschaften der Skorpionbeeinflußten. Triebhaft reagieren sie auch im sexuellen Bereich, sind aggressiv und unbeugsam in ihrer Haltung. Da sie manuell sehr geschickt sind und realistisch denken, haben sie auch oft Erfolge.
Der niedere Skorpiontyp bleibt zeitlebens ein Spielball seiner verzehrenden Leidenschaften, andere stürzen in die Abgründe ihrer Seele;

denn der Kampf zwischen gut und böse ist die eigentliche Problematik dieses Zeichens. Wer ihn besteht, kann zu den höchsten Höhen der Erkenntnis aufsteigen. Dies zeigt den anderen, den positiven Skorpiontyp, dessen Wesenszüge und dessen Verhalten Goethe im »Faust« darstellt. Männliche Skorpionbeeinflußte faszinieren durch ihr leidenschaftliches und unnachgiebiges Wesen. Sie lassen nicht lokker, bis sie ihr Ziel erreicht haben. Stürmisches und festes Zupacken ist diesem Typ ebenso selbstverständlich wie der Gebrauch der List.
Skorpione wollen alle Tiefen ausschöpfen und verausgaben sich dabei leicht bis zum Letzten. Sie sind aber in der Lage, ihre physische Erschöpfung rasch zu überwinden. Der sagenhafte Vogel Phönix, der aus der Asche wiederaufersteht, ist mit Recht das Symbol dieses Zeichens.
Niederlagen, auch in der Liebe, machen Skorpione nur noch hartnäkkiger. Oft leiden sie unter ihrer Triebhaftigkeit selbst am meisten und beginnen sich dann selbst zu hassen.
Skorpionbeeinflußte sezieren ihr (und anderer Leute) Verhalten, den Charakter, sehen sich aber außerstande zu verhindern, daß Jähzorn sie packt oder rasende Eifersucht über ihre Klugheit triumphiert. Partnerinnen solcher Männer müssen vieles übersehen und verzeihen können, dürfen sich dafür aber mit brennender Sinnlichkeit begehrt und geliebt wissen. Skorpione werden auch immer für ihre Partner oder Freunde eintreten und sie verteidigen. In reiferen Jahren, wenn die Glut ein wenig abgekühlt ist, sind Skorpione verläßlich und treu. Das ist dann auch die Zeit, in der sie beruflich in festere Bahnen gekommen sind.
Zeit zum Reifen braucht auch die Skorpionin, die in vielem dem männlichen Vertreter dieses Zeichens ähnelt. Auch in ihr wühlen heiße Empfindungen.
Sie schätzt nicht so sehr die zärtliche Liebkosung, sondern die Leidenschaft. So ergeben sich Skorpione beiderlei Geschlechts auch dem Rausch, in dem der Verstand ausgeschaltet ist und alle Hemmungen über Bord geworfen werden. Für Sex als Spiel haben sie daher wenig übrig.

Schütze

Die Sonne ist im Schützen zwischen 23. November und 21. Dezember.
Schütze ist eine *Zone des Jupiter*: Begeisterung, Verinnerlichung, Tatkraft, impulsive Erregbarkeit. Oberschenkel, Becken, Hüfte, Adern, Venen, Ischiasnerv.
Schützegeborene betreiben viele ihrer Aktionen als Sport. Deshalb lassen sie auch die Gelegenheit zu einem Flirt selten ungenützt vorübergehen. Sie fangen schnell Feuer, verlieben sich daher auch häufiger (und mit Temperament), bis sie der Frau fürs Leben begegnen. Die jugendliche Begeisterung dieser fröhlichen Optimisten wirkt ansteckend. Man sieht sie gern um sich, zumal sie die Meinung anderer gelten lassen.
Dem Gerechtigkeitssinn der Schützebeeinflußten mag es zuzuschreiben sein, daß sie auch für Mauerblümchen ein nettes Wort finden und gern als ritterliche Beschützer des schwachen Geschlechts auftreten. Schützen lieben die Natur und die Bewegung; sie sind gute Tänzer. Auch die Schütze-Dame ist so ganz das Kind dieses Feuerzeichens. Sie tritt selbstbewußt auf und ist gern stolz, am liebsten auf ihren Partner. Sie fühlt sich nicht so sehr als dessen Geliebte, eher als eine gleichberechtigte Partnerin. Vielleicht ist sie auch deswegen oft die patente Kameradin, die sich für die Interessen ihres Gatten um Verständnis bemüht.
In den Feuerzeichen regiert der Wille. In der Liebe sieht das so aus, daß Zeit und Ort einer Begegnung ziemlich gleichgültig sind, denn die Leidenschaften regieren die Stunde. Schützen fühlen sich als Teil der Natur, sind daher auch nicht für irgendwelche Formen hochstilisierter Erotik. Auch Stimulantien lehnen sie ab. Die Gesundheit ist meistens recht widerstandsfähig. Bei ihren meistens sportlichen Unternehmungen setzen sie voraus, daß der Partner ebenso veranlagt ist wie sie und mithalten kann.
Den Nerven sollten Schützebeeinflußte nicht zuviel zumuten – sie neigen ohnehin schon zu raschem Stimmungswechsel. Ferner werden Rheuma, Leberleiden, Schenkelbrüche oder Sportverletzungen unter diesem Zeichen häufiger beobachtet.

Beruflich werden Tätigkeiten bevorzugt, die eine sichere Existenz gewährleisten.

Steinbock

Die Sonne ist im Steinbock zwischen 22. Dezember und 20. Januar.
Steinbock ist eine *Zone des Saturn*: Konzentration, Gründlichkeit, Ausdauer, Verengung, gehemmt und einseitig reagieren. Knie, Knochen, Gelenke, Haut.
Echte Steinböcke wissen, daß sie vom Glück nur wenig Hilfe erhoffen dürfen. Deswegen stellen sie es auch nur ungern auf die Probe. Bei Begegnungen mit dem anderen Geschlecht bleiben sie daher auch am liebsten kühl und reserviert, sind eher sachlich als aufgeschlossen und verbindlich. Sie leiden unter dem Mangel an Sympathie. So sind Steinbockbeeinflußte auch dankbar, wenn man ihnen mit Wärme begegnet, was indessen nicht einfach ist, da es sie leicht mißtrauisch macht.
Es ist Steinbockart, auf Nummer sicher zu gehen. Deswegen werden alle Aktionen ausgiebig und gründlich geplant und organisiert. Das ist auch in der Liebe so. Was sie tun, machen sie gründlich. Sie wissen, daß die Zeit ihr Verbündeter ist. Steinböcke können warten, denn Geduld ist ihre größte Tugend. Es kommt auch für sie immer noch die Stunde, die sie an das Ziel ihrer Wünsche bringt.
Wer einen Steinbock als Partner hat, sollte ihn nie drängen. Er weiß genau, was er zu tun hat, denn seine Pflichten nimmt er sehr genau.
Mit den Jahren werden diese Menschen auch milder, verträglicher und einsichtsvoller. Die Damen werden attraktiver.
Steinbock-Mädchen haben etwas Herbes an sich. Sie wirken solide und sind gewissenhaft. Da sie recht rationell veranlagt sind, vermögen sie auch allein auszukommen, denn in Kontakten haben sie es nicht gerade leicht.
Steinbock-Damen verstehen gut zu wirtschaften und ihre Barschaft einzuteilen. Stetes Kontrollieren ist ihnen ein inneres Anliegen. So sind auch Entgleisungen ihrer Gefühle selten. Allerdings werden die Partner überwacht. Dennoch erweisen sich diese Damen im »Ernst-

fall« als eine gute Partie, da sie lebenstüchtig sind. Entsprechend ihrem Temperament lieben Steinbockbeeinflußte nicht sehr heiß, steigern aber die Intensität ihrer Leidenschaften, so daß man übersehen könnte, daß auch darin Regelmäßigkeit liegt. Es entspricht diesem Naturell, in der Liebe aus den Erfahrungen zu lernen.
Wie sie sich mit Fleiß in die Arbeit hineinknien können, vertiefen sie sich in ihre Partnerangelegenheiten.
Gesundheitlich inklinieren Steinböcke besonders zu chronischen Leiden, vor allem an den Gelenken, zu Hautkrankheiten und Erkältungen. Beruflich bewähren sie sich als Sekretärinnen, Handwerker, Mechaniker, Ingenieure, Lehrer, Beamte oder Prüfer.

Wassermann

Die Sonne ist im Wassermann zwischen 21. Januar und 19. Februar.
Wassermann ist eine *Zone von Uranus und Saturn*: Geistige Aktivität, Originalität, jedoch anpassungsfähig sein und sich wandeln können. Neuerungsbestrebungen, vielseitig und widersprüchlich reagieren. Unterschenkel, Venen, Kreislauf; Krämpfe.
Wenn man in einer Gesellschaft einen künstlerisch aufgeschlossenen Menschen trifft, der zwar bescheiden, aber selbstsicher auftritt und bei allem mitsprechen kann und mag, der moderne Kleidung bevorzugt, nicht alltägliche, vielleicht sogar revolutionäre Ansichten vertritt, darf man auf einen Wassermannbeeinflußten tippen. Der Grundtyp dieses Zeichens ist der geistig aktive Idealist, der es versteht, brillante Ideen zu entwickeln.
Für ihn ist die menschliche Natur vor allem ein Studienobjekt. Als hätte er Röntgenaugen, durchschaut er z. B. seine Partnerin. Deshalb weiß er auch schnell, woran er mit ihr ist und wird ihr das beim ersten Flirten schon klar machen. Die Dame wird dabei merken, daß er gar keine so festumrissene Weltanschauung hat (von der er allerdings dauernd redet). Einerseits erweist er sich als Kriegsdienstgegner, andererseits möchte er gern Revolutionen veranstalten. Wenn seine Ideen die Zuhörerin auch nicht direkt interessieren werden, so wird

sie doch von seiner Beredsamkeit gefesselt sein. Die Art, wie er etwas sagt, hebt ihn von anderen ab. Dabei wirkt er zwar etwas nervös, aber rassig.
Die Wassermann-Dame fasziniert durch ihren Charme. Sie wirkt wahrscheinlich sehr apart und anziehend. Auch sie flirtet gern, meistens geistvoll, bisweilen etwas romantisch. Solche Damen schwärmen von Mystik, halten viel von Astrologie, wenig dagegen von bürgerlicher Konvention. Vielleicht vertritt sie gerade deshalb in Sachen Liebe und Erotik eigene Ansichten. Geht sie eine feste Bindung ein, wird sie sich mehr als Kameradin denn als Geliebte fühlen.
Wassermann ist ein »luftiges« Zeichen. Luftig-leicht, sprunghaft sind daher auch die Wünsche. In der Partnerbegegnung interessiert das Neue und Ungewohnte, keinesfalls Routine.
Berufe dieses Zeichens sind Erfinder, Psychologen, Techniker, Pädagogen, Schauspieler.

Fische

Die Sonne ist in den Fischen zwischen 20. Februar und 20. März.
Fische ist eine *Zone von Neptun und Jupiter*: Empfänglichkeit, Phantasie, Unaufmerksamkeit, zwiespältig, labil, gehemmt sein. Füße, Zehen, Därme; empfindlich für Gifte.
Fischegeborene sind diejenigen Liebhaber, die am schwersten zu durchschauen sind. Es kann sich bei ihnen um Idealisten handeln, die von innerer Sehnsucht und großer Menschenliebe erfüllt sind, es können aber auch Menschen sein, die sich völlig haltlos treiben lassen, bis sie in den niederen Genüssen versumpfen. Hat der Fisch gute Laune, ist er ein brillanter Unterhalter, der humorvoll ist und sich intuitiv auf seinen Partner einstellt. Leider aber hat er oft schlechte Laune und ist dann ungenießbar, jedoch nie bösartig (sofern nicht ein böser Mars ihn aggressiv sein läßt). Fischegeborene sind friedfertige Naturen.
Solche Geborene hängen zu sehr von Stimmungen ab, sind zu sensitiv und zu labil, um großen Zielen nacheifern zu können. Meistens verlieren sie vorschnell die Geduld und den Mut. Schwierigkeiten begeg-

nen sie weniger mit Härte als mit Sanftmut. Vieles erledigt sich nach ihrer Auffassung auch durch Liegenlassen.
Als Hobbies der Fischbeeinflußten gelten Musik, aber auch Mathematik. Bequemlichkeit kann zum Laster werden.
Beide Geschlechter sind sehr sinnlich. Die blühende Phantasie und ihre große Einfühlungsgabe macht sie zu romantischen oder sensiblen Liebesbriefschreibern. Sie wissen sehr genau um ihre Schwächen, tun aber wenig oder nichts, um ihnen zu begegnen oder um z. B. zu einer realistischeren Einstellung zu kommen.
Fischemädchen kennt man als zarte, bewegliche Nymphen, die gern tanzen. Nach der Ehe sehnen sie sich sehr, denn sie verspricht ihnen Geborgenheit und eine bequeme Form der körperlichen Liebe. Als romantische Grazien möchten sie von ihren Partnern am liebsten auf den Händen getragen werden. Wenn schon das nicht gehen sollte, was sie insgeheim doch für möglich halten, so soll der Partner ihnen immer wieder zeigen, wie sehr er sie liebt. Fischegeborene bevorzugen Berufe, die ihrer Natur liegen. Sie sind geschickte Kaufleute, Musiker, Mathematiker, Künstler. Man findet sie im Versicherungswesen ebenso wie in Berufen, die mit Flüssigem zu tun haben.

Bemerkung:

Es ist unerläßlich für jeden, der ein Radix- oder Vergleichshoroskop bearbeitet, gründlich über das Wesen der zwölf Tierkreiszeichen Bescheid zu wissen. Sehr empfehlenswert ist das Studium einschlägig bekannter Werke, so von Thomas Ring (»Astrologische Menschenkunde«) und Fritz Riemann (»Lebenshilfe Astrologie«). Es würde den Rahmen dieses Buches übersteigen, auf diese Grundlagen des Horoskopierens ausführlich einzugehen. Jedoch schien es sinnvoll, das Wesen der zwölf Grundtypen dem Leser in Erinnerung zu bringen. Wenn dazu Texte aus dem *Lorcher Astrologischen Kalender* entnommen wurden, geschah das in der Absicht, das Typische möglichst plastisch darzustellen. Die Anwendung der lockeren journalistischen Form soll lediglich dem besseren Verständnis dienen und das Merken der Eigentümlichkeiten erleichtern, ohne freilich einen Anspruch auf Vollständigkeit zu erheben und im vollen Bewußtsein dessen, daß die zwölf Typen natürlich nicht »rein« auftreten.

Der Ausdruck *Radix* (lat. *die* Wurzel) wurde gemäß dem heutigen astrologischen Sprachgebrauch mit dem sachlichen Artikel *das* verwendet.